시

대학생들이 던진 33가지 질문에 답하기

시

대학생들이 던진 33가지 질문에 답하기

엄경희 지음

차례

프롤로그_ 경험의 시학으로 말 걸기   8

I 시인의 초상

누가 시를 쓰는가?   18
낭만적 정신은 어떻게 탄생하는가?   25
시인은 외부와 내부 가운데 어느 쪽에 관심하는가?   31
어떻게 공감을 자아내는가?   39

II 독자의 즐거움과 괴로움

내 마음대로 읽으면 안 되나?   56
감추어진 시의 묘미는 어떻게 찾아낼 수 있는가?   63
시인과 독자의 역할, 어디까지 분담하나?   72
내게 감동을 주면 좋은 시 아닌가?   88
나에게 말하는 자는 누구인가?   96
류시화 시를 좋아하는 게 왜 문제인가?   106

III 제한 없는 몽상과 사색의 세계

시의 깊이란 무엇인가? 122
자유로운 발설은 시가 될 수 없는가? 133
이성적 사유는 시가 될 수 없는가? 149
예쁜 말로 이루어진 게 시 아닌가? 158

IV 일상적 말하기 방식과
    시인의 말하기 방식의 차이

시인은 왜 애매하게 말하나? 178
모르는 시어가 없는데 해석이 쉽지 않은 이유는? 186
함축을 풀어내는 최초의 열쇠는? 195
시 읽기의 목표는 무엇인가? 202

V 시적 표현의 재미와 의도 읽기

시의 언어는 추상적인가 구체적인가?	212
A를 A라고 말하지 않고 B라고 말하는 이유는 무엇인가?	223
은유와 상징, 알레고리의 차이는?	237
왜 뒤틀어서 말하나?	244
상투적 표현이란 어떤 것인가?	253

VI 시의 혈관에 흐르는 음악 읽기

내재율이란?	260
쉼표는 어떤 역할을 하는가?	273
여백의 미란?	281

VII 그 밖의 질문들

이야기시는 소설과 어떻게 다른가?	292
조합도 창조인가?	308
기괴한 이미지의 진실은?	320
우리는 왜 사랑시에 열광하는가?	330
우리 시에서 결핍된 것은?	341
비실용적인 것의 가치는?	350

에필로그_ 나는 왜 시를 추구하는가   357

프롤로그

경험의 시학으로 말 걸기

　여기서 '경험의 시학'이 지시하는 경험은 시 읽기의 경험보다는 시 교육의 경험을 뜻한다. 수년간 대학 강의실에서 이루어진 시에 관한 질문과 답변이 이 글의 토대이다. 내가 『詩 - 대학생들이 던진 33가지 질문에 답하기』를 고민하기 시작한 것은 상당히 오래 전부터이다. 고민의 출발은 시의 소통 영역이 점점 더 협소해지고 있다는 사실에서 비롯되었다. 이는 나 같은 비평가보다 시인들 자신이 더 절감하는 문제일 것이다. 고귀함과 신성함이 사라진 시대의 기류가 시의 근본정신과 너무 동떨어져 있다는 사실에 대해 굳이 설명할 필요는 없을 듯하다. 그런데 이러한 고민이 시의 대중성 확보와 관련된 일련의 노력으로 해결되기에는 한계가 있다. 나 자신은 시의 대중화에 앞장설 재간도, 마음도 별로 없는 사람이다. 모든 것이 대중화된다고 해서 그 진가가 빛을 발하는 것은 아니다. 나는 시가 여전히 소수자의 것일 수밖에 없다는 사실을 부정하지 않는다. 시의 독자층이 희박하다는 사실은 시의 소외를 증거해주는 것이라 할 수 있다. 그러나 시의 소외가 곧 무가치함을 뜻하는 것은 아니다. 나는 시의 소외를 인정하는 가운데 차라리 그 소외의 가치와 진실을 드러내고자 한다.

나는 시 독자층이 극단적으로 희박한 상황에서 시 수업을 듣겠다고 찾아오는 학생들이 시의 독자층을 형성하는 마지막 보루일지도 모른다는 생각을 하기도 한다. 그들은 나에게 묻는다. 시를 왜 읽어야 하죠? 내 마음대로 읽으면 안 되나요? 자기에게 감동적인 시가 좋은 시 아닌가요? 깊이가 뭐죠? 류시화나 용혜원을 좋아하면 수준이 낮은 건가요? 함축을 어떻게 풀죠? 난해한 시가 쉬운 시보다 예술적인가요? 여백을 어떻게 읽죠? 시인은 왜 분명하게 말하지 않고 애매하게 말하죠? 내재율을 어떻게 실감하죠? 등등. 이러한 질문에는 시의 본질에 접근하고자 하는 열망이 담겨 있다. 나는 그간 학생들의 소중한 질문에 대해 무언가 시의 실체와 진실이 울려갈 수 있는 성의 있는 답을 해야겠다는 생각을 하곤 했다.

그것을 위해 현란한 이론을 앞세운 글이 아니라 소박하지만 성실한 인내의 글을 준비하고자 한다. 무엇보다 시적 미감과 감동의 깊이를 '체감'할 수 있는 글이 필요하다는 생각에서이다. 따라서 이 글은 시 전문가들이 보기에 시시한 수준에 머물지도 모른다. 분명히 말할 수 있는 것은, 내가 목적했던 바대로 이 글이 시인이나 비평가가 아니라 되도록이면 시와 거리가 먼 사람들에게 읽혀지길 희망한다.

이 책의 본문은 서른두 개의 물음으로 이루어져 있다. 앞으로 제시할 '시는 어렵다'가 아니라 '시는 왜 어려운가?'라는 물음을 포함해 모두 서른세 가지의 물음에 답한 것이 이 책의 전체 내용이다. 각 장의 말미에는 생각을 보다 연장시키기 위해 책 소개의 글을 준비해두었다. '사유의 끈'이라는 제목 하에 소개된 서른두 권의 책은 각각의 장과 직접적인 연관이 없는 것들이다. 그저 희미한 끈으로 연결될 수 있는 사유의 또 다른 영토일 뿐이다. 우주의 시공을 연결하는 초끈superstring처럼 다양한 사유의 끈들을 연결하여 생각의 두께를 만들기 위함이다. '사유의 끈'을 준비하는 과정에서 소개되지 않은 채 다시 책꽂이로 되돌아간 고전들이 많다. 나는 책 선정의 과정에서 그것이 반드시 고전이어야 한다는 생각을 버렸다. '사유의 끈'은 생각과 호기심과 지식 욕구를 자극하고 상상력을 풍부하게 해줄 수 있는 것들로 채워졌다. 그 끈을 통해 책은 '좋은 것' 이전에 '재미있는 것'이라는 사실을 말하고 싶었다. 그야말로 '사유의 끈'은 '독서 호객'을 위한 글이다. 책이 재미있다는 사실을 알게 되면 고전을 읽어야겠다는 충동은 자연스러운 수순이다. '방학이 되면 무슨 책을 읽어야 좋을까요?'라고 물었던 학생들에게 '사유의 끈'이 도움이 되길 바란다.

'시는 어렵다'가 아니라 '시는 왜 어려운가?'

시는 어렵다. 시를 읽고 즐기며 시에 대한 글을 쓰고 가르치는 과정을 거듭했음에도 나는 시가 어렵다는 사실을 솔직히 고백할 수밖에 없다. 시에는 다 헤아릴 수 없는 아름다움의 깊이와 정신의 경지가 있기 때문이다. 그것을 알아가는 과정에는 괴로움과 즐거움이 병행한다. 그러나 시를 어렵다고 못 박아 말하기 이전에 '시는 왜 어려운가?' 스스로에게 묻기를 권한다. '시는 어렵다'라는 움직일 수 없는 판단을 유보하기 위함이다. '시는 어렵다'라는 문장에는 시에 대한 축적된 체험과 그 체험이 빚어낸 믿음이 담겨 있다. 체험에서 비롯된 믿음이야말로 움직일 수 없는 진실 혹은 편견이 아니던가! 그렇기 때문에 우린 자명한 것에 대해 더 이상 물음하지 않는다. 자명한 것은 언제나 확고하게 자명하다. 여지가 없다. 물음은 사라지고 생각의 문이 닫힌다. 그런 의미에서 자명한 것은 나에게서 의식되지 않는 세계이다. 더 이상 모험도 의문도 애정도 없는 의식 밖의 세계. 이미 의식 밖에 있는 이 세계를 다시 호출하는 방법은 그것의 진위를 되묻는 사유의 활동에 있다. 자명하기 때문에 물을 필요가 없다고 생각했던 모든 것에 의문이 시작되는 순간 의식의 영토는 동요와 균열과 확장을 시작한다. 비록 확고한 답에 도달하지 못할지라도 자명한 것에 대한 회의는 이 세계에 또 하나의 지도를 잇대어 놓는 일이다. 때로 하나의 물음이 광활한 사유의 입구가 되기도 한다. 자! 그러니 자명한 것들의 진위를 거침없이 되물을 일이다.

여기는 내게 자명한 세계
낙엽 더미 아래는 단단한, 보도블록

보도블록과 나 사이에서
자명하고도 자명할 뿐인 금빛 낙엽들

나는 자명함을
퍽! 퍽! 걷어차며 걷는다

황인숙,「자명한 산책」부분
(『자명한 산책』, 문학과지성사, 2003)

 '나'와 단단한 보도블록 사이에 금빛 낙엽이 있다. 그러나 화자는 금빛 낙엽을 밟으며 가을날의 정서에 도취하지 않는다. 감상적이 되기에는 '여기'가 너무도 자명한 세계이기 때문이다. 금빛으로 덮여 있다 하더라도 의문의 여지없이 확고한 여기를 이 시의 화자는 퍽! 퍽! 걷어찬다. 아마 그는 낙엽이 아니라 낙엽 밑에 숨어 있는 완고하게 고착된 세계를 걷어차고 싶은 것이리라. 단단한 것에 붙들린 자는 자체가 단단하다. 거기 다른 세계가 파고들 틈이 없다. 물음은 단단한 것에 생긴 균열이다. 그 틈은 정신이 호흡하는 구멍이 될 것이다. 그러니 자명한 것을 거듭 걷어찰 일이다.
 자명한 것을 걷어차는 일은 진리로 군림한 문장을 물음의 형태로 바꾸는 행위이다. 그러면 이제 '시는 어렵다'를 '시는 왜 어려운가?'라는 물음으로 바꾸어 시에 이르는 긴 여정을 출발해보자. 그 이전에 잠시 '시가 소수의 독자층을 벗어나지 못하는 이유는 어디에 있는가?'라는 물음부터 짚고 넘어갈 필요가 있다. 고등학교 졸업과 더불어 대부분의 사람들은 시와 결별한다. 사람들은 교과서에서 배운 서정주의 「국화 옆에서」, 이상의 「거울」, 윤동주의 「서시」, 김수영의 「풀」 등 몇몇 작품을 기억할 뿐이다. 다시 말해 시는 일상에서 즐기는 다른 문화예술 장르, 예를 들어 소설, 영화, 음악, 드라마 등과 달리 여전히 낯선 것으로 인식된다. 그것은 취향이 남다른 소수자를 제외한 많은 사람의 생활 밖으로 밀려나 배제된다.

이 낯섦은 어디에서 연유하는 것인가? 일차적으로는 시에 대한 강렬한 매혹을 일깨워주는 교육의 장이 전무하다는 점을 들 수 있다. 학생들에게 시는 매혹이 아니라 풀어야 할 암담한 시험문제일 뿐이다. 수업시간에 다루었던 시를 벗어나 전혀 새로운 작품을 제시했을 때 학생들은 난감해하기 일쑤다. 왜냐하면 수업시간에 주입된 지식만으로는 새로운 시를 독해할 수 없기 때문이다. 응용이 불가능한 것이다. 한국말로 되어 있지만 의미해독이 불가능한 골치 아픈 수수께끼가 시인 것이다. 이는 시의 실체가 무엇인지 실감할 기회가 없었기 때문에 발생하는 결과라 할 수 있다. 시와 관련한 입시교육은 있지만 진정한 의미에서 미적 체험으로서의 시 교육은 이루어지지 않고 있다는 것이 현실적 판단이다. 따라서 시는 학생들만이 아니라 일반 성인들에게조차 늘 낯선 것으로 여겨진다. 문제는 이러한 결과가 시에 다가서기 꺼려지는 선입견을 만듦과 동시에 시를 기피하게 하는 가장 큰 장애로 작용한다는 것이다. 시 교육이 시와 멀어지게 하는 역설을 낳고 있는 것이다. 그 결과 수많은 시인들이 시를 창작하고 있지만 시의 향유자는 극단적으로 말해 시인 자신이거나 전문 비평가라 해도 과언이 아니다.

그러나 분명한 것은 시가 지닌 가치를 함부로 폄하할 수 없다는 것이다. 논리의 힘만으로 다 해결할 수 없는 인간의 복잡한 내면을 시만큼 섬세하게 드러내는 장르는 없다. 시는 인간을 이해할 수 있게 하는 중요한 매개일 뿐만 아니라 삶의 척박함을 견디게 하는 정신적, 심미적 힘을 그 안에 간직한 예술 장르이다. 시의 매력을 되살리기 위해 우리는 시를 경험할 때 촉발되었던 최초의 물음, 즉 '시는 왜 어려운가?'를 묻지 않을 수 없다. 시가 무엇인지를 알기 원하는 사람이라면 이러한 질문을 비껴가서는 안 될 것이다.

앞서 시가 어렵게 받아들여지는 까닭을 시 교육의 열악함에서 비롯되었다고 말했지만, 사실 시의 어려움은 본질적으로 시 자체 구조로부터 발생하는 문제라 할 수 있다. 내가 강조하고자 하는 것은 바로 이 점이다. 예를 들어 '시란 무엇인가?'라는 질문에 대한 가장 많은 빈도수를 차지하는 대답은 '시란 함축적 언어로 이루어진 문학 장르'라는 것이다. 그렇다면 함축이란 무엇인가? 단단한 당구공이나 골프공을 만들듯이 언어의 밀도를 최대한 조밀하게 만드는 것이 함축이다. 일반적으로 하나의 단어가 하나의 뜻을 가지고 있다는 점에 합의한다. 이렇게 규범적 언어규약에 합의함으로써 우리의 일상적 소통이 이루어진다. 그러나 시인은 하나의 단어가 여러 개의 의미를 갖도록 맥락화한다. 말하자면 언어의 강력한 폭발물을 제조하는 것이다. 하나의 단어, 혹은 하나의 문장이 여러 겹의 의미를 내포할 때 이것을 함축이라 할 수 있다. 시가 어렵게 느껴지는 근본 요인이 여기에 있다. 함축은 즉각적 이해가 불가능함을 느끼게 함과 동시에 해석해달라는 전언을 내포한다.

  이와 같은 문제 앞에서 우리는 수많은 질문을 떠올리게 된다. 시인은 왜 언어의 폭발물을 만들고자 하는가? 내가 그 언어의 폭탄을 해부하여 해석에 도달한다는 것은 어떤 가치가 있는가? 도대체 힘겨운 시 읽기를 감내한 끝에 무엇을 얻을 수 있는가? 거기에는 어떤 즐거움이 있는가? 이러한 수많은 의문에 대한 답을 얻는 과정이 곧 '시란 무엇인가?'에 대한 답을 얻는 과정이기도 하다. 이 글은 '시는 왜 어려운가?'라는 근원적 물음을 다시 구체적인 질문으로 쪼개어 답함으로써 '시란 무엇인가?'라는 문제에 구체적 사유와 몽상의 도정을 만들고자 기획한 것이다. 그 과정에서 나는 시에 관해 자명하게 받아들여졌던 과거의 전제들을 다시 문제적인 것으로 호출하고자 한다.

2011년 2월
엄경희

하얗게 핀
민들레 꽃씨를
후우,
불었다.

조그만
민들레 꽃씨가
바람을 타고

　　　　　　후
　　　　　후　　후
후　후　후　후　후
　　　　후　후　후
　　　　　후　후

날아간다

송찬호, 「민들레 꽃씨」 전문
가벼운 물체는 마음의 하중을
가벼움으로 치환시키는 마술적 힘이 있다.

I

시인의 초상

누가 시를 쓰는가?

외부인이 차단된 공간에 혼자 앉아 피눈물을 짜내며 무언가를 적고 있는 사람이 있다면 그는 자기 마음속에 있던 시의 언어들을 이 세계로 쏟아내는 자이다. 그가 적고 있는 말들이 조잡하고 거칠지라도 그는 분명 짓눌린 자기 자신을 그 말들을 통해서 세계 밖으로 끄집어내고 있는 것이다. 왜? 자기를 죽일 수 없음으로. 말하지 않으면 죽을 수도 있다는 것은 과장인가? 그렇지 않다. 침묵 속에 매장된 자아는 육체적 생명을 가지고 있다 하여도 자신을 잃어버린 것이나 마찬가지다. 달관에 이른 자가 아니라면 침묵은 자기 존재를 위해 아무것도 하지 않는 억압일 뿐이다. 자신의 내부에 갇혀 있다는 사실을 예민하게 의식하는 순간 존재를 둘러싸고 있는 외적 안녕은 무가치한 것이 되고 만다. 이 고통의 출발점은 매우 근원적인 것이라 할 수 있는데, 여기에는 '나는 누구인가?'라는 물음이 담겨 있기 때문이다.

그렇다면 인간은 왜 종종 이러한 질문에 휩싸이는가? 나는 누구이며, 나는 어디에 있는가? 이 물음은 나의 현존성을 스스로 받아들일 수 없을 때 밀려오는 질문이다. 나는 분명 여기에 있음에도 불구하고 그 '있음'이 너무도 불완전할 때 나는 내가 온전히 있지 못함을 의식하게 되는 것이다. 이때 나는 나를 부정하는 무수한 질문과 혼란 가운데서 나를 되찾아야 하는 기로에 서게 된다. 자기부정과 혼란 속에서 자신을 되찾아야 하는 상황은 두 가지 존재론적 의미를 함의한다. 하나는 상실한 나를 영원히 잃어버릴지도 모른다는 위기감이며, 다른 하나는 이를 기화로 자신이 새롭게 태어날 수 있다는 가능성이다. 즉 이는 한 존재가 실종과 재생의 경계에서 고통받고 있음을 뜻한다.

자기 자신이 실종될 수도 있다는 위기감은 언제 오는가? 죽음이라는 절대적 사건을 제외한다면 이 위기감을 일깨워주는 것은 나 자신이 아니라 나와 가장 밀착되어 있는 타자들이다. 그들이 나를 먼 곳으로 유배시킨다. 애인에게 버림받은 자, 무신경한 타인들 속에서 혼자 자기의 상처와 고통을 위로해야 하는 자, 열심히 일해도 가난한 자, 권력과 폭력에 노출되어 있는 자, 거짓 세상을 혐오하는 자, 자기가 속물이 되어가고 있다는 사실에 염증을 느끼는 자, 세상에게 배신당한 자, 삶을 누리지 못하고 싸워야만 하는 자, 가족과 고향을 잃어버린 자, 없는 것이 없는데 허무한 자, 비인간적 세계를 견딜 수 없는 자. 이들은 모두 삶의 균형감을 상실하고 소외된 자들이다. 중요한 것은 자신이 세계 안에 안착하지 못했다는 사실을 의식하는 순간이다. 소외를 의식하는 순간 고통은 증폭되고 절망감은 배가된다. 그러나 의식하지 않는다면 삶은 맹목이 된다. 맹목은 자아 상실이다.

 외부인이 차단된 공간에 홀로 앉아 자기 안에 갇혀 있는 이 소외되고 가난한 자아를 백지 위에 토해내고 있는 사람은 이러한 맹목으로부터 자기를 구원하기 위해 온몸으로 울고 있는 자이다. 이때 그가 적고 있는 말은 그것이 일기일지라도 시가 될 가능성을 내포한다. 왜냐하면 존재의 소외는 그 존재를 드러내는 언어의 소외이기 때문이다. 단적으로 시의 언어는 규범적 세계에서 소외된 언어이다. 내가 누구인지 아무도 알려 하지 않는 외로움 앞에서 상처받고 뒤틀려버린 마음. 그 마음이 쏟아내는 언어는 정도의 차이는 있을지언정 결코 평이할 수 없을 것이다.

 셰익스피어William Shakespeare, 1564~1616는 시인과 광인과 사랑에 빠진 자를 동일하다고 말한다. 이들의 공통점은 비정상적 사유와 행동에 있는 것이 아니다. 공통점은 이들이 정상과 비정상의 공식화에 의해 구축된 '체제' 밖으로 밀려난 존재라는 점에 있으며, 때로 체제를 공격하고 위협한다는 데 있다. 이때 체제에 의해 세워진 정상과 비정상의 기준은 동요한다. 사실 체제에 의해 세워진 정상과 비정상의 기준은 체제를 합법화하고 보존하는 데 부역할 뿐이다. 체제에 의해 세워진 규범과 질서 밖으로 쫓겨난 자, 혹은 그로부터 적극적으로 자신을 추방시킨 자는 일차적으로 보편적으로 합의한 규범과 질서를 경멸하고 냉소하면서 자기의 세계를 구축할 수밖에 없다. 이 일탈의 세계에서 외로움과 고독을 무릅쓰면서 그는 자기의 왜소함을 치유하고 존재의 정당한 가치를 되찾지 않으면 안 된다. 그렇기 때문에 그는 무엇이든 써야만 한다. 펜 끝으로 자신을 구원하기 위해.

> 때마침 진눈깨비 흩날린다
> 코트 주머니 속에는 딱딱한 손이 들어 있다
> 저 눈발은 내가 모르는 거리를 저벅거리며
> 여태껏 내가 한번도 본 적이 없는
> 사내들과 건물들 사이를 헤맬 것이다
> 눈길 위로 사각의 서류 봉투가 떨어진다, 허리를 나는 굽히다 말고
> 생각한다, 대학을 졸업하면서 참 많은 각오를 했었다
> 내린다 진눈깨비, 놀랄 것 없다, 변덕이 심한 다리여
> 이런 귀가길은 어떤 소설에선가 읽은 적이 있다
> 구두 밑창으로 여러 번 불러낸 추억들이 밟히고
> 어두운 골목길엔 불켜진 빈 트럭이 정거해 있다
> 취한 사내들이 쓰러진다, 생각난다 진눈깨비 뿌리던 날
> 하루종일 버스를 탔던 어린 시절이 있었다
> 낡고 흰 담벼락 근처에 모여 사람들이 눈을 턴다
> 진눈깨비 쏟아진다, 갑자기 눈물이 흐른다, 나는 불행하다
> 이런 것은 아니었다, 나는 일생 몫의 경험을 다했다, 진눈깨비
>
> 기형도, 「진눈깨비」 전문
> (『기형도 전집』, 문학과지성사, 2000)

현실적인 희망에 부푼 사람은 결코 시를 쓰지 않는다. 그는 아마 그 희망을 이루기 위해 여러 가지 각오를 실천하면서 삶의 보람을 찾을 것이다. 그러나 삶에는 공식화할 수 없는 무수한 우연과 의지만으로는 다 해결할 수 없는 사건들이 분명 존재한다. 의지로 다 될 수 없다는 것을 확인할 때 인간은 가장 비극적인 상태에 빠지게 될지 모른다. 최선을 다했음에도 지금 여기를 벗어날 수 없을 때 좌절은 깊어진다. 한계가 무엇인지 안다는 것은 얼마나 불행한 일인가! 시간은 그것을 일깨워주는 가장 냉정한 스승일 것이다. "대학을 졸업하면서 참 많은 각오를 했었다"고 고백하는 기형도의 화자가 어느 날 발견한 딱딱한 손. 그것은 미래의 희망을 잃어버린 비생명적인 손이다. 그 손은 새로운 시간을 반죽할 수 없는 마비된 손이며 누구와 악수할 수 없는 손이다. 수없이 했던 각오는 다 어디로 갔는가? 왜 "어떤 소설에선가 읽은 적"이 있는 빤한 삶이 나의 삶이어야 하는가? 이런 질문이 떠오르는 순간 시간은 늙어버린다. 인간의 정신은 물리적 시간을 따라 순차적으로 늙지 않는다. 어느 순간 "이런 것은 아니었다"는 자기 부정성에 빠질 때 성숙과 늙음의 기로가 생겨난다. 이 시의 화자는 일생 몫의 경험을 한꺼번에 다해버린 자의 불행함과 피로로 휘청거린다.

　나는 누구인가? 외롭고 불행한 나는 누구인가? 나는 왜 나이어야만 하는가? 나의 손을 딱딱하게 만든 세계는 내게 무엇인가? 내가 왜 이 빤한 삶의 주인공이란 말인가? 진부하고 권태롭고 때로 악의적인 이 세계를 가로지를 수 있는 방법은 무엇인가? 이제 시인인 그는 이 세계로부터 스스로를 추방하지 않으면 안 된다. 꺼지지 않는 등불을 밝히고 자신의 위축된 마음과 삶의 완강한 외곽을 부수면서, 소외되면서, 추락하면서, 다시 튀어 오르며, 그는 쓴다.

사유의 끈

『월든』의 작가 소로우는 19세기 미국 출신의 저술가이다. 그는 명문 하버드대학을 졸업했으나 전문직을 마다하고 주로 측량일이나 목수일 같은 노동으로 자신의 생계를 꾸리며 글을 썼다. 말하자면 비정규직의 삶을 고수하며 자신이 지향했던 자유정신을 생활과 글 모두에 실천했던 소설가이며 사상가이다. 『월든』은 소로우가 1845년(28세)부터 콩코드강 유역에 있는 월든 호숫가에 통나무집을 짓고 이 년간 성공적으로 살았던 시기를 그린 자전적 소설이다. 소로우는 홀로 월든에 들어가 자연과 문명을 동시에 통찰하는 생활인으로서의 철학을 이 글에 담아내고 있다. 오로지 도끼 한 자루를 들고 숲이 우거진 월든 호숫가에 들어가 고독하게 감행한 삶에 대한 의도적 실험. 내가 이 책을 소개하며 강조하고 싶은 것은 자연으로 돌아가라는 삶의 지침이 아니라 의도적 기획을 실천하는 용기이다. 삶에 대한 의도적 기획의 가치는 자유정신에 있다. 기획자는 선택과 포기와 감행 모두를 스스로 진행한다. 자신의 삶을 의도적으로 실험해본다는 것은 분명 큰 용기이다. 왜냐하면 우리는 권태에 찌들면서도 언제나 어느 한 지점에 안주하기를 갈망하는 모순된 삶을 살고 있기 때문이다. 그런 우리에게 소로우는 "당신이 꿈꾸는 세계는 불가능한 것이 아니다"라고 말한다.

헨리 데이빗 소로우(Henry David Thoreau, 1817~1862), 『월든』, 강승영 역, 이레, 1993

낭만적 정신은 어떻게 탄생하는가?

밥벌이의 지겨움! 소설가 김훈은 우리의 생활세계를 밥벌이와 지겨움으로 요약한다. 틀리지 않은 말이다. 밥벌이는 모든 가치에 우선한다. 아니 밥벌이는 모든 가치를 짓밟는다. 생존권을 보장받는 근본 행위이기 때문이다. 이로부터 자유로울 수 있는 사람은 아무도 없다. 밥벌이는 냉정하게 말해 자신의 노동과 정신과 마음을 파는 행위이다. 때로 자존심과 양심을 팔아야 가능하기도 하다. 이때 우리의 가면 뒤에 숨겨진 얼굴은 구겨지고 일그러진다. 구겨진 얼굴로 우리는 웃는다. 화난 얼굴로 웃는다. 우는 얼굴로 웃는다. 속악하고 비천한 세계와 악수하며 밥을 구하고 안정을 구하고 가족을 구한다. 지겨워도 끈질기게 해야 하는 의무이며 책임인 밥벌이. 그러는 가운데 우리의 정신은 점점 왜소해진다. "바람아 먼지야 풀아 나는 얼마큼 적으냐"(「어느날 古宮을 나오며」)고 김수영이 뼈아프게 고백하지 않았던가.

이 지겨움이 어느 순간 존재를 삼켜버린다면? 밥을 구하다 밥이 되어버린 인생이 자신의 삶이라는 것을 망각한 채 일생이 지나

가버린다면? 아무도 그것을 보상해줄 수 없을 것이다. 우리는 생각한다, 차라리 이러한 존재 상황에 대한 자의식을 망각할 수만 있다면 노동하는 육체는 고통스러울지언정 우리들의 내면은 고통에서 벗어날지도 모른다고. 인간은 집요하게 의미를 추구하는 특이한 종種이다. 자신이 무엇을 하는지 의식하면서 자신을 괴롭히기를 그치지 않는다. 역설적이게도 인간이 위대한 존재가 될 가능성은 이로부터 비롯된다. 노예로 전락한 자신을 용납할 수 없는 순간 인간은 자신의 비천함과 슬픔을 순결한 정신으로 닦아내고자 욕망한다. 좌절과 절망을 딛고 보다 큰 영혼이 되기 위해 스스로를 부정하고 상처낸다. 이 고통의 과정은 완성되지 않는다. 그러나 그것은 분명 여기에서 저기로의 탈주이다. 꿈꾸기의 시작이다. 현실에 주저앉기를 거부하는 낭만적 정신의 탄생을 예고하는 것이다. 서정시든 참여시든 해체시든 모든 시의 정신은 이 같은 낭만성으로부터 태동한다. 일상의 편안함보다 고달픈 자유를 사랑하는 자, 그가 바로 시인인 것이다.

1
들은 길을 모두 구부린다
도식주의자가 못 되는 이 들[平野]이
몸을 풀어
나도 길처럼 구부러진다

2
종일
바람에 귀를 갈고 있는 풀잎
길은 늘 두려운 이마를 열고
나를 멈춘 자리에 다시
웅크린 이슬로 여물게 한다

모든 길은 막막하고 어지럽다 그러나
고개를 넘으면
전신이 우는 들이 보이고
지워진 길을 인도하는 풀이 보이고
들이 기르는 한 사내의
편애와 죽음을 지나

먼 길의 귀 속으로 한 발자국씩
떨며 들어가는
영원히 집이 없을 사람들이 보인다

바람이 분다 살아봐야겠다

3
바람이 분다, 살아봐야겠다

숲이 깊을수록 길을 지워버리는 들에서
무엇인가 저기 저 길을 몰고 오는
바람은
저기 저 길을 몰고 오는 바람 속에서
호올로 나부끼는
몸이 작은 새의 긴 그림자는

무엇인가 나에게 다가와 나를 껴안고
나를 오오래 어두운 그림자로 길가에 세워두고
길을 구부리고 지우고
그리고 무엇인가 멈추면서 나아가면서
저 무엇인가를 사랑하면서
나를 여기에서 떨게 하는 것은

오규원, 「순례 序(서)」 전문
(『오규원 시 전집 1』, 문학과지성사, 2002)

  이 시는 생활 속에서 구겨져 쓴웃음조차 나오지 않을 때 우리의 비참한 심경을 치유해줄 수 있는 약과 같은 작품이다. 나는 간혹 이 시를 통해서 치유와 위로를 받기도 했던 것이 사실이다. 이 시는 길을 찾아 헤매는 어느 순례자의 목소리를 통해서 당신의 속악하고 비천한 삶이 전부가 아니라고 말한다.
  순례자는 구부러진 먼 길 위에 있다. 그는 "영원히 집이 없을 사람들" 가운데 하나이다. 안식과 정착의 편안함을 버리고 바람에 몸을 맡긴 자이다. 우리는 구부러진 길을 피해 직선로로 달려가는 존재들이다. 직선은 욕망의 산물이다. 지금의 도시는 끊임없이 직선로를 만들면서 건설되었다. 목표점에 빨리 도달하기 위해서다. 그러나 이 순례자는 이러한 도식주의자들의 길을 버린 자이다. 그는 길처럼 구부러져 우회한다. 그의 길은 "늘 두려운 이마"를 여는 미지의 세계이다. 거기에는 멈춤과 막막함과 어지러움이 있다. 때로 길은 지워져 보이지 않는다. 길이 보이지 않으면 마음은 절벽이다. 그러나 절벽을 이겨낼 때 인간은 위대해진다. "바람이 분다 살아봐야겠다"고 순례자는 프랑스의 위대한 시인 발레리Valéry, Paul, 1871~1945의 말을 빌려 자신을 고무시킨다. 마음을 고무시키는 이 절절한 바람은 어디에서 오는가? 주저앉으려는 마음을 다시 일으켜 세우는 바람은 인간의 내부에 있다. 그것이 정신이다. 정신의 동력이 지워진 길 위에 다시 "저기 저 길을 몰고" 온다. 그때 멈추면서 나아가면서, 저 무엇인가가 나를 껴안고, 나는 저 무엇인가를 사랑하면서 떨림으로 시간의 갈피를 낱낱이 걸어보는 것이다. 삶의 진정한 맛을 살갗으로 느껴보는 것이다. 이 순례자가 시인이 아니라면 무엇이겠는가!

사유의 끈

위대한 예술가의 전기를 읽는 일은 때로 위대한 소설을 읽는 것만큼이나 흥미롭다. 그들의 비범함이 숙명적 우여곡절을 만들기 때문이다. 평범한 것에 행복이 있다고 하지만 그것은 행복이라기보다 안정감일 것이다. 누구나 행복하고자 노력하며 살아간다. 그러나 행복이 진실과 하나일 경우는 매우 드물다. 일반적으로 사람들이 진실을 원한다고 생각하지만 실상은 진실을 두려워하거나 부담스러워한다. 사람들은 폭로를 일삼는 자를 얼마나 증오하는가! 예술가들의 비범한 삶에는 일상을 비껴난 자의 고뇌와 진실과 용기가 있다. 그들의 삶을 읽는다는 것은 일상적 자아의 왜소함을 쇄신해줄 링거를 꽂는 것과 같다. 그 자신 천재였던 슈테판 츠바이크는 세계적인 전기 작가이다. 그의 명작 『천재와 광기』는 발자크를 비롯한 예술가들의 전기를 모아놓은 글이다. 이 책에 실린 예술가들의 삶 못지않게 츠바이크의 예리한 해부력과 문체가 빛나는 저서이다.

슈테판 츠바이크(Stefan Zweig, 1881~1942), 『천재와 광기』,
원당희·이기식·장영은 역, 예하, 1995

시인은 외부와 내부 가운데 어느 쪽에 관심하는가?

'나는 나를 건설한다'는 문장은 오만하기 그지없는 주체의 정신을 드러낸다. 과연 이 세계에서 스스로를 건설한다는 게 가능한 일일까? 오히려 세계는 나를 구성한다고 말하는 것이 솔직하지 않을까? 생활 전체를 지배하는 거대한 구조, 조직 속에서의 역할과 타협, 나와 동일하게 구조를 벗어날 수 없는 타자들과의 관계, 구조 안으로 편입되고자 하는 복속의 욕망 그리고 구조 일탈에 대한 후회와 그것 때문에 행한 낭비들에 대한 자책 등등에 의해 지배되고 있는 '나'. 물론 이러한 삶의 과정 가운데 자아의 판단과 의지와 선택이 완전히 무시되는 것은 아니다. 그럼에도 만일 개체의 판단과 의지와 선택까지도 조정하고 조작하고 길들이는 것이 구조의 힘이라면? 구조의 막강한 영향에서 완전히 벗어나는 일은 불가능할지도 모른다.

그러나 모든 예술적 행위는 이 같은 불가능을 꿈꾸며 세계 속에서 희미해져가는 자신을 구원하는 데 헌신한다. 인간 개체는 구조와 맞바꿀 수 없는 고유의 가치를 지닌다. 개체는 다른 무엇으로 대체 불가능한 존재이기 때문이다. 개체의 고유성과 가치를 이 세계에 폭로하고 선언하는 구체적 행위 가운데 하나가 예술 활동이라 할 수 있다. 언어예술의 일환인 소설과 시 또한 이와 같은 문제와 결부된다.

소설은 부조리한 세계와 투쟁하는 주인공의 이야기가 주가 된다. 소설의 주인공이 시종일관 행복한 모습으로 등장하는 경우는 없다. 모든 게 만족스럽고 행복하다면 사실 할 이야기도 없을 것이다. 그냥 행복을 즐기면 될 일이다. 모든 소설에서의 사건은 기막힌 불행이나 우여곡절과 관련한다. 사람들의 흥미를 끄는 부분은 바로 이것이다. 불행한 주인공이 어떻게 자신의 불행에 맞서는가. 거기에는 갈등과 해결해야 할 삶의 문제가 개입되어 있다.

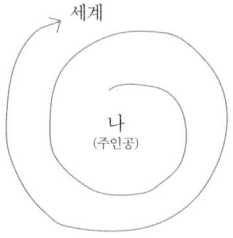

주인공은 자신의 내면이 아니라 자신을 둘러싸고 있는 외부 세계에 대응하는 방법에 대해 고민하고 행동한다. 물론 주인공의 기획이 모두 성공을 거두는 것은 아니다. 그는 끝끝내 비극적인 인물로 남겨질 수도 있다. 인생의 모든 실천이 성공으로 이어지는 것이 아니듯이. 이처럼 소설의 주인공은 외부와 직접 대응함으로써 자신의 존재의미를 확인하고 우리가 안락 속에서 망각했던 현실의 지평을 문제적인 것으로 부각시킨다. 그에게 문제는 외부인 것이다.

타자들과의 관계에서 빚어진 사건과 갈등, 해결이 서사물의 기본 골격이라면 소설가는 이 같은 내용을 제대로 전달하기 위해 이야기의 순서를 짜야만 한다. 이야기의 앞뒤를 설정한다는 것은 인과론적 맥락형성을 의미한다. 그런 의미에서 서사물의 맥락은 시에 비해 논리 지향적이다.

반면 시는 소설에 비해 상대적으로 비논리적이라 할 수 있다. 시인, 특히 서정 시인이 문제 삼는 것은 외부와의 갈등이나 불협화음이 아니라 그 끝에 맞닥뜨린 자신의 정념pathos이다. 그 자체 비논리적인 정념을 논리화한다는 것은 불가능한 일이다. 니체는 "서정시인의 형상들은 '그' 자신에 지나지 않고 자기 자신의 다채로운 객관화(대상화) 이외의 아무것도 아니다"* 라고 말한다. 생략과 함축, 비약으로 이루어진 시의 문법은 이처럼 비논리적인 내용을 담기 위한 방법이며 시를 길게 쓰기 어려운 것도 이와 관련한다. 이에 대해서는 '함축을 풀어내는 최초의 열쇠'를 설명하면서 다시 언급하기로 하겠다.

자신의 내부에 벌어지는 온갖 기분과 감정, 예를 들어 슬픔, 분

---

* 니체, 『비극의 탄생 / 바그너의 경우 / 니체 대 바그너』, 김대경 역, 청하, 1993, p.54.

노, 기쁨, 그리움, 외로움, 우울, 사랑, 연민이 그에게는 문제인 것이다. 마음속을 점령해버린 정념은 한 채의 지옥이며 천국이다. 감정이 밖으로 빠져나가는 것을 통제할 수 있어도 그것과 자신을 즉각적으로 분리시키는 것은 불가능하다. 어떤 정념의 상태에 빠져든다는 것은 그 정념에 도취되거나 노예가 되거나 둘 중 하나를 말한다. 정념으로부터 벗어나기 위해서는 시간이 필요하다. 이 같은 내면적 사태가 때로 죽고 사는 문제일 수도 있다. 젊은 베르테르가 사랑의 정념에 휩싸여 자살했던 것처럼. 정념은 결코 인간 삶에서 가볍게 넘겨버릴 문제가 아니다. 시인은 이것에 집중한다.

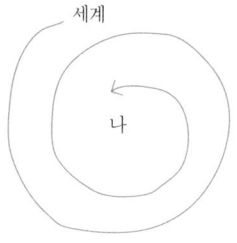

그런데 인간은 마음속에서 솟아나는 감정의 상태를 왜 드러내고 싶어 하는가? 어느 것을 감추고 어느 것을 드러내야 하는가? 감춘다는 사실을 알리면서 감추는 방법은 무엇인가? 남과는 전혀 다른 나의 이 독특한 감정을 전혀 손상시키지 않은 채 고스란히 전달할 수 있는 방법은 무엇인가? 시인은 고뇌한다. 그는 자신의 내부에서 일어나는 정념을 통해 누군가와 소통하고 싶은 것이

다. 누구나 정념의 고립감을 견뎌낸다는 것이 힘겨운 일이기 때문이다. 시인들이야말로 비밀이 말해지기 위해 있다는 역설을 가장 잘 알고 있는 존재인지도 모른다. 정념에 휩싸인, 아니 압도된 그는 온 세계를 그의 정념으로 용해시켜버린다.

> 봄 가을 없이 밤마다 돋는 달도
> 「예전엔 미처 몰랐어요」
>
> 이렇게 사무치게 그리울 줄도
> 「예전엔 미처 몰랐어요」
>
> 달이 암만 밝아도 쳐다볼 줄을
> 「예전엔 미처 몰랐어요」
>
> 이제금 저 달이 설움인 줄은
> 「예전엔 미처 몰랐어요」

김소월, 「예전엔 미처 몰랐어요」 전문
(『김소월 전집』, 도서출판 문장, 1981)

아무런 감흥도 없이 그냥 지나쳤던 사물과 풍경이 어느 날 갑자기 울컥 아프게 다가올 때가 있다. 어느 저녁의 노을, 카페의 불빛, 사람들의 웃음소리, 길을 천천히 지나가는 노인과 개, 단풍들,

멀리서 보이는 나의 집, 바람, 낡은 엽서……. 나와 풍경이 하나의 정념 속에서 반죽되는 시간이다. 이 순간 존재는 모든 소란과 잡음으로부터 분리된 채 풍경과 반죽된 자아에 몰입한다. 황홀한 독이 스미듯 그 정념은 쓰고 달콤하다.

김소월의 「예전엔 미처 몰랐어요」는 이러한 순간을 고백한 시이다. 단조로운 반복 어구로 이루어진 이 시의 진가를 단번에 알아보기란 쉽지 않다. 김소월의 명성을 염두에 두지 않는다면 이 시는 얼마나 싱거운가! 복잡한 기교도 수사도 없는 듯한 이 시의 울림은 어디에서 오는가? 이 시가 부질없는 기교와 수사를 제거함으로써 화자의 절절한 마음을 오히려 더 잘 드러내고 있음을 알기까지 나는 오랜 시간이 걸렸다. 젊은 날 슬픔과 외로움은 알아도 '설움'을 알기는 어려웠기 때문이다. 장석남은 시 「꽃 본 지 오래인 듯」에서 설움을 "우리가 스무 살이 넘도록 배우지 못한" 것이라고 말한다. 다른 감정과 달리 설움을 배우는 데는 세월의 대가가 필요한 듯하다.

설움이 가득한 자에게 기교나 수사는 거추장스러운 허위일지도 모른다. 장식이 제거된 담박함 속에서 김소월은 서러운 화자의 육성을 살려낸다. 이 화자는 밤마다 돋아나던 달이 사무치는 그리움과 설움인 줄 예전엔 미처 몰랐다고 고백한다. 아무런 감흥도 없던 달이 어느 날 사무침으로 느껴졌다는 것은 그가 이미 복받치는 감정을 안고 있는 상태였음을 말해준다. 내면에 가득했던 설움과 그리움이 어느 순간 밤하늘에 떠 있는 달과 융합되고 있는 것이다. 이제 그에게 달은 다만 달이 아니라 설움이며 그리움이다. 외부의 사물과 화자의 내면을 분할했던 경계가 무너지고 온 세계가 그의 정념으로 가득 차게 된다. 이 비논리적 일치는 마술적 세계이다. 사물과 내면이 하나가 된 마술적 세계에 빠져들면서 그는 설움과 그리움의 절절함을 더 깊게 구체적으로 맛보는 것이다.

  이때 우리는 그에게 무슨 일이 있었는지 모른다. 시는 그것을 말하지 않는다. 시는 설움과 그리움을 촉발시켰던 경험적 사실을 생략해버린다. 혹은 암시함으로써 끝낸다. 시인에게 중요한 것은 사건의 전개가 아니라 사건 이후의 감정이다. 어찌해볼 수 없는 내면의 사태를 그는 언어로 어찌해보고자 한다. 문제는 내면인 것이다.

사유의 끈

우리는 종종 자신의 내적 사태를 망각한 채 오로지 외부 상황에만 매달리곤 한다. 이때 존재는 실종되고 그간 돌보지 않았던 내면은 어느 순간 황폐한 얼굴이 되어 세상과 자기 스스로를 비난하게 된다. 내면을 돌본다는 것은 건강한 자아를 가꾸는 일이다. 그러나 내면을 돌보는 일이 자기 안으로 숨어드는 자폐적 행위로 오해되어서는 안 된다. 우리의 내면은 외부와 단절되어 있지 않다. 사유의 영토는 밖을 들여다보며 확장되고 자신의 내부를 성찰하는 가운데 깊어진다.

투르니에의 『외면일기』는 일상의 자잘한 사건을 매우 짧은 토막 글로 기록한 에세이다. 외부를 관찰하고 그것을 아주 간명하게 그려낸 이 저서에서 '글맛'이라는 것을 실감했다면 그것은 매우 귀한 소득이 될 것이다. 군더더기 없는 명쾌한 문장과 유머 감각, 극적인 아이러니를 기분 좋게 구사하는 『외면일기』를 읽으며 우리들의 무수한 내적 고백을 그야말로 '외면일기'가 압도할 수도 있다는 생각을 처음 하게 된다. 내면에 충실하기 위해 외면일기를 써보는 행위는 자신을 반사해줄 거울 만들기가 될 수 있다.

미셸 투르니에(Michel Tournier, 1924~), 『외면일기』,
김화영 역, 현대문학, 2004

어떻게 공감을 자아내는가?

 공감을 자아내는 일은 타인의 마음을 움직이고 사로잡는 것을 뜻한다. 시를 읽는다는 것은 내가 모르는 사람의 목소리와 마주하는 행위이다. 그럼에도 어떻게 공감대가 이루어질 수 있는가? 시인의 목소리에 공감한다는 것은 그의 언어가 환기하는 일체의 것에 동의하고 더 나아가서는 감동함으로써 그와 하나가 되는 것을 의미한다. 시적 공감은 언어를 매개로 정신과 마음과 감정이 번지고 섞이는 일이다. 우리는 무엇에 대해 공감하는가? 친숙한 것인가 아니면 낯선 것인가? 친숙한 것에 공감하는 것은 재발견(재확인)과 관련하며 낯선 것에 공감하는 것은 발견과 관련한다. 이때 독자는 자신의 경험과 기억과 상상을 정돈하고 갱신하는 의식의 과정을 수행하게 된다.
 현대 예술의 공감대는 친숙함보다 낯섦을 매개로 형성되는 것처럼 보인다. 예술미가 개성미와 등가적인 것으로 평가되기 때문이다. 개성에 대한 욕망은 차이에 대한 욕망이다. 차이는 이것과 저것이 다름을 드러내주는 요소이다. 현대인이 추구하는 미는 차이를 기반으로 한 개성미라 할 수 있다. 남과 나를 구별해주는 '다름'에 대한 욕망은 왜 생겨나는가? 차이에 대한 욕망은 근본적으로 이 세계에서 자신이 타인과 비슷할 수 없는 유일한 존재임을 입증하고자 하는 구별욕망이다. 나는 민중이나 군중이나 대중이기 이전에 나이며 너나 그와도 다른 그 무엇이다. 다양한 조직과 집단 속에 소속되어 있을지라도 나는 그 조직과 집단의 일원이기 이전에 나이다.

 이 같은 차이에 대한 욕망이 표면화되기 시작한 것은 개인의 가치가 부각되기 시작한 근대에 이르러서이다. 절대군주제가 무너진 이후 개인은 숙명적으로 받아들여야 하는 신분적 위계로부터 해방되었다. 개인은 더 이상 자신의 존재 가치를 가문이나 혈통에 의한 신분적 위계질서에 양도하지 않을 수 있게 된 것이다. 상하의 위계는 계약관계로 대체되었으며 모든 개인은 계약관계에 의해 자신의 위치를 점유하게 되었다. 물론 신분적 위계만큼이나 부조리한 계층 간의 갈등이 이 사회에서 다 해소된 것은 아니다. 자본주의의 물적 토대에 의한 폭력적 위계가 우리를 고통스럽게 하는 것 또한 사실이다. 그럼에도 개인에게 부여된 자유는 전근대와는 비교할 수 없을 정도로 커졌다 할 수 있다.

 이제 개인은 법질서를 위반하지 않는 한에서 무엇이든 선택할 수 있게 되었다. 생활방식에서 패션에 이르기까지 자유로운 선택이 가능해진 것이다. 이는 나를 표현하는 데 커다란 장애가 없음을 말해준다. 마음껏 자신을 표현하고 싶은 욕망의 분출이 시작된 것이다. 가문이나 혈통의 대변자로서의 나는 역사 속으로 사라지고 모든 개인은 비로소 그 무엇도 아닌 나 자신일 수 있게 되었다. 그러나 나 자신을 유일한 나로 만드는 일은 쉽지 않다. 누구에게나 선택의 자유는 있지만 나는 무엇을 통해 나를 말해야 할지 자주 혼란을 겪는다. 끊임없이 획일화된 구조 속에 용해되어버리기 때문이다.

남과 다를 바 없는 일상, 유행에 뒤처지지 않으려고 애쓰는 나. 이 같은 나의 모습을 오가는 가운데 개성에 대한 욕망은 더욱 증폭된다. 이제 사람들은 남과 다른 것, 새로운 것에 열광한다. 낡은 것과 진부한 것에 쉽게 권태를 느끼는 현대인들은 새로움을 추종하면서 동시에 강박증을 일으키곤 한다. 현대 예술의 미학은 이로부터 파생한다.

현대시의 미학도 이러한 흐름에 연류되어 있다. 개별 작품의 수준을 평가하는 데 강조되곤 하는 독자성과 창의성은 다름 아닌 개성을 뜻한다. 아무리 멋진 말로 이루어진 시일지라도 정민의 말을 빌자면 "비슷한 것은 가짜다". 진정성이 없는 것으로 판정받는다. 이로부터 세 가지 의문이 파생한다. ① 무엇이 개성미인가? ② 개성미는 전통과의 단절을 의미하는가? ③ 극단적인 개성미가, 다시 말해 극단적인 이질성이 어떻게 보편의 공감을 얻고 감동을 불러일으키는 데까지 나아갈 수 있는가? 이 세 개의 질문은 개성은 어떻게 만들어지며 어떻게 소통되는가의 문제로 귀결된다.

우리는 무엇을 개성미로 판단하는가? 앞서 이야기했듯이 개성미는 다른 것과 구별되는 차이로부터 발생한다. 차이는 사람들에게 고유함과 새로움으로 인식된다. 모든 새로움을 개성미로 귀결시킬 수 없지만 개성미는 분명 새로운 가치의 창출이라 할 수 있다. 그렇다면 무엇이 새로움인가? 이 질문에 대해 쉽사리 대답하기는 어렵다. 새로움에 대한 인식이 상대적이기 때문이다. 그럼에도 새로움을 인지하는 기본 척도는 다소 막연하지만 보편성으로부터의 일탈에서 비롯된다. 보편성에서 벗어난 것은 일단 새로움으로 파악된다. 보편성은 다수가 묵시적으로 합의한 관념과 그 관념을 반영한 외형물들이다. 집을 예로 들면, 구체적 형상을 갖춘 집을 짓기 이전에 집의 기능과 필요에 대한 관념이 먼저 전제된다. 관념이 반영된 설계도에 맞추어 이러저러한 재료로 사람들은 집을 짓는다. 만일 어떤 사람이 나무 위에 집을 짓거나 와인 병과 같은 재료로 집을 지었다면 거기에는 그 사람의 상상과 생각이 반영된 것이다. 이러한 집들은 아파트나 일반 단독주택보다 상대적으로 개성적이다. 새로움은 이 같은 보편의 일탈로부터 탄생한다. 너도나도 새처럼 나무 위에 집을 짓게 되면 그것이 보편이 될 것이다.

이처럼 보편미와 개성미의 경계는 유동적이다. 중요한 것은 시대에 따라서는 낡은 전통의 복귀가 개성이 될 수도 있다는 점이다. 이 시대에 초가는 철근과 콘크리트로 지은 집보다 훨씬 낯설고 새롭다. 그것은 전통의 재발견이면서 재탄생이라 할 수 있다. 물론 여기에 변형이 뒤따를 수밖에 없을 것이다. 중요한 것은 변형의 수준이다. 그 수준에 따라 아류와 표절과 진정한 개성이 갈린다. 다음 시는 소재의 낯섦을 강조한 것이 아니라 이미 친숙한 정서에 독자적 미감을 강화함으로써 개성미를 성공적으로 살려낸 경우이다.

> 오늘 저녁 이 좁다란 방의 흰 바람벽에
> 어쩐지 쓸쓸한 것만이 오고 간다
> 이 흰 바람벽에
> 희미한 十伍燭(십오촉) 전등이 지치운 불빛을 내어던지고
> 때글은 다 낡은 무명샤쯔가 어두운 그림자를 쉬이고
> 그리고 또 달디단 따끈한 감주나 한잔 먹고 싶다고 생각하는 내
> 가지가지 외로운 생각이 헤매인다
> 그런데 이것은 또 어인 일인가
> 이 흰 바람벽에
> 내 가난한 늙은 어머니가 있다
> 내 가난한 늙은 어머니가
> 이렇게 시퍼러둥둥하니 추운 날인데 차디찬 물에 손은 담그고
> 무이며 배추를 씻고 있다
> 또 내 사랑하는 사람이 있다
> 내 사랑하는 어여쁜 사람이
> 어늬 먼 앞대 조용한 개포가의 나지막한 집에서
> 그의 지아비와 마조 앉어 대구국을 끓여놓고 저녁을 먹는다

벌써 어린것도 생겨서 옆에 끼고 저녁을 먹는다
　그런데 또 이즈막하야 어느 사이엔가
　이 흰 바람벽엔
　내 쓸쓸한 얼골을 쳐다보며
　이러한 글자들이 지나간다
　―나는 이 세상에서 가난하고 외롭고 높고 쓸쓸하니 살어가도록 태어났다
　그리고 이 세상을 살어가는데
　내 가슴은 너무도 많이 뜨거운 것으로 호젓한 것으로 사랑으로 슬픔으로 가득찬다
　그리고 이번에는 나를 위로하는 듯이 나를 울력하는 듯이
　눈질을 하며 주먹질을 하며 이런 글자들이 지나간다
　―하눌이 이 세상을 내일 적에 그가 가장 귀해하고 사랑하는 것들은 모두
　가난하고 외롭고 높고 쓸쓸하니 그리고 언제나 넘치는 사랑과 슬픔 속에 살도록 만드신 것이다
　초생달과 바구지꽃과 짝새와 당나귀가 그러하듯이
　그리고 또 '프랑시쓰 쨈'과 도연명(陶淵明)과 '라이넬 마리아 릴케'가 그러하듯이

백석, 「흰 바람벽이 있어」 전문
(『백석시전집』, 창작사, 1987)

외롭고 쓸쓸한 상념에 사로잡힌 화자의 심경을 드러낸다는 점에서 이 시는 지극히 보편적이라 할 수 있다. 외로움과 쓸쓸함은 인간 삶에서 누구나 수시로 겪게 되는 정념 가운데 하나이다. 사실 모든 시의 내용 자체는 아주 독특한 소재를 끌어온 경우조차 이 같은 보편성에서 완전히 벗어나지 않는다. 시가 본질적으로 인간에 대한 담론이기 때문이다. 우리가 낯설거나 독특하다고 느끼는 부분은 내용보다는 차라리 그 내용을 전달하는 방식에서 연유한다. 따라서 시를 제대로 읽기 위해서는 시인이 어떻게 말하는가에 촉수를 세울 필요가 있다. 시의 말하기 방식은 크게 친숙함을 기반으로 하는 말하기와 친숙함을 배반하는 말하기로 나누어진다. 물론 둘 다 개성미가 있어야 좋은 시가 될 수 있다.

그렇다면 백석은 외로움과 쓸쓸함을 어떻게 전달하고 있나? 이 시에는 희미한 전등 아래 때 절은 낡은 무명셔츠를 입고 자신의 어두운 그림자로 앉아 있는 한 사나이가 있다. 낡고 '때글은' 입성은 가난과 힘겨움으로 얼룩진 그의 생활을 말해준다. 그는 외로움을 "따끈한 감주나 한잔 먹고 싶다"로 표현한다. 이것이 백석 시의 묘미이다. 시인은 흰 바람벽 앞에서 "가지가지 외로운 생각"을 하며 상투적 눈물이나 흘리는 따위의 감정표현을 과감하게 제어한다. 대신 따끈하고 달콤한 감주를 떠올리는 이 장면이야말로 외로움과 쓸쓸함의 극치를 보여준다. 위로받고 싶은 자의 원초적 결핍감을 감주로 상징화하기 때문이다. 이때 한 모금의 감주는 화자를 적셔줄 눈물겨운 그 무엇이다. 목마름이다. 한 사나이가 쉬고 있는 적적한 방 안의 풍경은 별다른 언어적 기교 없이 평범하게 묘사되어 있다. 조용하게 흘러가는 묘사로부터 진부함을 제거해 버리는 게 바로 따끈한 감주에 대한 상념인 것이다.

그리고 이 음식 상징은 위로의 원천인 어머니로 이어진다. 화자 앞에는 흰 바람벽이라는 상념의 스크린이 놓여 있다. 그는 자신의 기억을 스크린에 비춤으로써 가시화한다. 거기 어머니가 등장한다. 차디찬 물에 손을 담그고 무와 배추를 씻는 가난한 어머니의 모습은 너무도 친근하고 익숙한 이미지이다. 백석은 낯설거나 자극적인 것보다는 친근한 소재나 이미지를 통해 독자의 공감에 호소한다. 그런데 친근한 것들은 자칫 진부하거나 상투적으로 느껴질 가능성이 크다. 훌륭한 시인은 친근한 것을 더욱 친근한 것으로 밀착시키는 자이다. 쉽지 않은 일이다. 이 시에서 어머니의 이미지가 상투성을 벗어나게 되는 까닭은 고생스러운 어머니의 모습을 부각시키는 데 초점이 맞추어져 있지 않기 때문이다. 이 시는 어머니를 칭송하고자 하는 시가 아니다. 이 시의 초점은 가난한 어머니가 아니라 가난한 어머니를 떠올리는 한 사나이의 내적 결핍감에 있다. 그의 쓸쓸함은 따뜻함의 모천母川을 행해 있다. 그 마음이 독자를 움직이는 것이다.

뒤에 이어지는 어여쁜 사람에 대한 상념도 마찬가지다. 쓸쓸함으로 물든 화자는 예전에 사랑했던 사람을 떠올린다. 그런데 백석은 이별이나 그리움이나 추억 등을 말하지 않는다. 시인은 이별했던 사람의 현재의 모습을 몽상한다. 어린것을 옆에 끼고 지아비와 마주 앉아 저녁을 먹는 그녀의 모습을 떠올리는 화자는 얼마나 서러운가! 이 장면은 연인과의 이별의 장면보다 더 쓸쓸하다. 우리는 이때 화자의 쓸쓸함에 깊이 동참하게 된다.

이 시는 여기서 끝나지 않는다. 만일 이 시가 여기서 마무리되었다면 다소 감상적인 차원을 벗어나지 못했을 것이다. 화자는 자신의 숙명에 대해 진술한다. 그것은 자신이 사랑과 슬픔 속에 살도록 태어났다는 사실이다. 이러한 숙명을 그는 어떻게 받아들이고 있나? "가난하고 외롭고 높고 쓸쓸하니"라고 그는 말한다. 중요한 것은 외롭고 쓸쓸함 속에 '높고'라는 정신을 세우고 있다는 점이다. 백석의 외로움과 쓸쓸함이 신파가 되지 않는 이유가 여기에 있다. 그의 쓸쓸함의 정념에는 높이의 정신이 깃들어 있는 것이다. 그런데 "가난하고 외롭고 높고 쓸쓸하니" 살아가야 하는 존재는 화자인 나만이 아니다. "초생달과 바구지꽃과 짝새와 당나귀가 그러하듯이/그리고 또 '프랑시쓰 쨈'과 도연명陶淵明과 '라이넬 마리아 릴케'가 그러하듯이"라고 화자는 말한다. 저 무구하고 연약한 자연들과 시인들의 숙명 또한 그러하다고 그는 말한다. 쓸쓸한 그는 쓸쓸하지만 혼자 쓸쓸한 것이 아니다. 이 쓸쓸함의 확대에도 일말의 위로가 있다.

백석은 외로움과 쓸쓸함을 토로하는 가운데 특이한 소재나 이미지를 차용하지 않는다. 그의 정념은 지극히 보편적인 소재들과의 결합으로 이루어진다. 아울러 행간을 흘러가는 문장도 비교적 편안한 편에 속한다. 그럼에도 그의 시는 진부하거나 상투적이지 않다. 이는 앞서 살펴본 것처럼 보편적 소재들, 즉 갖가지 상념을 전개하는 발상이 깊고 참신하기 때문이다. 친숙함을 해치지 않으면서 자신의 정념을 극대화하는 방법을 구사하는 것이다. 한편 백석과 달리 이상은 친숙한 것을 파괴하거나 아주 낯선 것으로 만드는 방식을 통해 자신의 절박함을 드러낸다.

> 門(문)을암만잡아다녀도안열리는것은안에生活(생활)이모자라는까닭이다.밤이사나운꾸지람으로나를졸른다.나는우리집내門牌(문패)앞에서여간성가신게아니다.나는밤속에들어서서제웅처럼자꾸만滅(감)해간다.食口(식구)야封(봉)한窓戶(창호)어데라도한구석터놓아다고내가收入(수입)되어들어가야지않나.지붕에서리가내리고뾰족한데는鍼(침)처럼月光(월광)이묻었다.우리집이앓나보다.그러고누가힘에겨운도장을찍나보다.壽命(수명)을헐어서典當(전당)잡히나보다.나는그냥門(문)고리에쇠사슬늘어지듯매어달렸다.門(문)을열고안열리는門(문)을열려고.

이상, 「家庭(가정)」 전문
(『이상문학전집 1』, 문학사상사, 1989)

현대인들은 새로움을 추종하고 열광하면서 한편으론 오히려 불편함과 저항의 심리를 더 많이 내색하곤 한다. 때로 화해 불가능한 반발과 거부감을 유발하기도 한다. "새로운 것에 대한 기쁨과 정상적인 것에서 벗어난 것에서 맛보는 재미는 일단 비정상의 정도가 일정한 수준에 이르게 되면 친숙하지 못한 미지의 것에 대한 공포로 바뀐다. 공인된 기준과 규범에서 벗어난 것에 대해 느끼는 쾌감은 이러한 규범들이 심각하게 위협을 받거나 공격을 당했다고 여겨지면 곧 공포와 분노가 된다.[*] 낯선 것이 우리의 익숙한 습관과 관념을 파열시키기 때문이다. 해서 심리적으로 낯선 것에 대해서는 동화될 시간이 필요하다. 새로움과 최초로 마주쳤을 때 전혀 저항감을 갖지 않는 사람은 진정한 모험가이거나 사이코일지 모른다. 낯섦과의 조우는 새로운 세계의 발견을 뜻한다. 이때 생겨나는 심리적 동요를 불편하게 여기지 않고 즐길 줄 아는 자는 빠르게 새로운 세계를 자기화할 것이다.

우리 시사詩史에서 아직까지도 이상만큼 불편함과 호기심을 동시에 자극했던 시인도 드물다. 그의 시의 문법이 다른 사람과는 전혀 다른 독보적 세계를 보여주었기 때문이다. 가족이라는 보편적 주제를 시로 형상화할 때조차도 이상의 말하기 방식은 여타의 시와는 다른 뚜렷한 차이를 점유한다. 이 시는 위태로운 가족에 대한 절박한 비애를 드러낸 작품이다. 그 절박함은 띄어쓰기가 없는 빠른 호흡에 의해 구사된다. 그러나 독자는 최대한 천천히 새 독해야만 한다. 이상이 요구하는 대로 빠른 호흡으로 휘몰아가면 결코 시의 의미를 파악할 수 없기 때문이다. 의미파악이 끝나면 이상의 요구대로 다시 빠르게 읽어야 비로소 시의 맛을 혀로 느

---

[*] 필립 톰슨, 『그로테스크』, 김영무 역, 서울대출판부, 1986, p.33.

끼게 된다. 이상이 구사하는 리듬은 얼마나 절묘한 재독의 장치인가. 이상의 모든 독자는 반복적 읽기 과정을 어느 누구도 벗어날 수 없다.

이상은 가난한 가계家系의 장남으로 태어났다. 백부의 손에서 키워진 그에게 가족은 아픔이며 참을 수 없는 무거움이었다. 「家庭」은 가족에 대한 비애를 드러낸 시편 가운데 하나이다. 이 시에서 눈여겨 볼 것은 화자의 상황과 표현이다. 화자는 창호가 봉해진 문밖에서 액을 막는 제웅처럼 서 있다. 반면 가족들은 집 안에 있다. 문은 열리지 않는다. "食口야封한窓戶어데라도한구석터놓아다고"라고 애원해도 문은 안 열린다. 시인은 이를 '생활'이 모자라서라고 표현한다. 우리는 생활이 풍족하다는 말은 써도 생활이 모자라다는 말은 쓰지 않는다. 돈이 모자라서 혹은 가난해서라고 말하는 것이 일반적이다. 이러한 일반성을 벗어난 말하기 방식은 이상의 모든 시에 편재해 있다. 이상 시에서 새로움과 난해함을 동시에 느끼게 되는 이유가 여기에 있다.

다시 시로 돌아가서, 굳건하게 닫힌 문 안에서 가족들은 앓고 있다. 이 닫힌 문은 숨통이 막힌 가족들의 삶을 함축한다. 그런데 정상적으로 생활할 수 없는 가난 속에 봉해진 가족들을 구할 방도가 화자에겐 없다. 해서 그는 감減해 간다. 안타까움으로 피가 마르는 것을 "감해간다"고 이상은 표현하고 있는 것이다. 아울러 빚쟁이의 서류에 도장을 찍고 집을 넘겨주는 장면을 시인은 "壽命을헐어서典當잡히나보다"라고 표현한다. 목숨과 같은 집을 남에게 넘겨야 하는 생활의 위기에 대한 표현이다.

　이때 목숨을 내어주는 가족들을 보면서도 아무것도 할 수 없는 자신의 무능을 "나는그냥門고리에쇠사슬늘어지듯매어달렸다"고 표현한다. 이 매달림에는 쇠사슬처럼 무거운 슬픔이 담겨 있다. 가난에 의해 위기에 처해진 가족에 대한 비애를 이 시만큼 절박하게 드러낸 작품도 드물 것이다. 이상이 보여주는 것은 가족에 대한 막연한 슬픔과 연민이 아니다. 그의 시어들은 자기의 무능과 더불어 사투死鬪하는 데서 나온 것이라 할 수 있다.

　백석은 친숙함을 확장하고 극대화함으로써, 이상은 친숙함을 파괴함으로써 자신들만의 독특한 문법을 만들어낸다. 이 두 시의 공감의 정도와 효과는 독자에 따라 다를 수 있다. 친숙함을 선호하는 사람과 낯섦을 선호하는 사람의 취향이 공감과 무관할 수 없기 때문이다. 염두에 두어야 할 것은 자신의 선호와 취향을 곧바로 작품의 질적 수준에 대한 평가로 직행시켜서는 안 된다는 점이다.

사유의 끈

역사는 한 공동체의 보편의 기억을 형성하는 근본 토대이다. 누적된 시간의 기억 속에서 우리는 자신의 근거와 정체성을 마련한다. 그런 의미에서 역사기록은 매우 중요한 작업이라 할 수 있다. 역사의 진실을 밝히기 위해서는 역사학자들의 의식과 열정이 무엇보다 중요하다. '왜?'라는 물음을 던지지 않는 역사학은 고여 있는 물과 마찬가지여서 장래에 필시 부패할 수밖에 없다. 역사적 사실은 관제 역사학자에 의해 왜곡될 수도 있고, 자료의 소실이나 연구의 미흡으로 그 의미를 제대로 조명받지 못할 수도 있다. 이덕일과 이희근이 쓴 『우리 역사의 수수께끼』(전 3권)는 강단 역사학의 통념을 뒤집어 역사의 의미를 바로잡고자 하는 열정이 돋보이는 '대중역사서'이다. 굳이 '대중역사서'라고 의미를 부여한 것은 뒷골목에 떠도는 정체불명의 '야사'와는 다르다는 점을, 지배자의 권력에 아부하는 관제사학과는 차별을 분명히 하면서 역사의 진실이 무엇인지를 대중과 교감하려 한다는 점을 강조하기 위해서다. 그러한 저자들의 태도는 '우리 역사를 바꿀 오해와 진실'이라는 이 책의 부제를 통해서도 확인할 수 있다.

『우리 역사의 수수께끼』의 내용은 아주 흥미롭다. 홍길동은 의적이 아니라 생각이 별로 없는 떼도둑 두목이었다든가, 원균은 우리가 알고 있는 것처럼 야비하고 나쁜 놈만은 아니었다는 것이나, 헤이그에 고종의 밀사로 파견된 이준은 자결한 게 아니라 울분 때문에 얻은 화병으로 며칠을 앓다가 병사했다는 몇몇의 내용만 보더라도 독자들의 시선을 단숨에 사로잡기에 충분하다. 1권부터 3권까지 모두 83개의 수수께끼 같은 역사적 사실을 다루고 있는 『우리 역사의 수수께끼』는 저자들이 주장하는 바의 진위보다 역사란 어떤 방식으로, 어떠한 논리에 근거해서 접근해야 하는지에 대한 진취적인 모범을 보여준다는 점에서 주목할 만하다. 역사가 수수께끼가 된다는 것은 있을 수 없는 일이다. 그러하기에 두 저자는 '왜 수수께끼가 되었는가?'라는 의문을 가지고 왜곡되고 과장된 우리 역사의 구석구석을 살펴본다. 그 결과 "수수께끼들이 자연발생적이 아니라 우리 역사를 의도적으로 축소하고 음해하려는 불순한 세력들의 조직적 왜곡 내지는 조작의 결과가 적지 않다는 점"을 발견했다고 말한다. 역사는 부단한 해석들을 통해 진실에 접근한다. 이덕일과 이희근의 『우리 역사의 수수께끼』는 그러한 노고의 산물이다.

이덕일·이희근, 『우리 역사의 수수께끼 1~3』, 김영사, 1999~2004

내가살아나는곳은내손이
불지피는곳두손모아불을
지핌으로써타오르는불을
타고오를수가있는나의삶

성귀수, 「이미지의 점화로부터 내가 일어나는 불길로」 부분
어떻게 읽어야 하지? 의미를 알기 위해서는 문장을 가로로, 세로로 조합해야 한다. 그런데 시인은 왜 일어나는 불길을 액자 형태의 사각형으로 형상화한 것일까?

II 독자의 즐거움과 괴로움

내 마음대로 읽으면 안 되나?

 '시를 어떻게 읽어야 하는가?'라는 물음에 대해 학생들은 간혹 '내 마음대로 읽으면 안 되나요?'라고 되묻는다. 이 같은 물음에 근거가 없는 것은 아니다. 시인들이 자기 마음대로 자유롭게 표현하는 것처럼 읽는 사람도 그것을 자유롭게 읽는 것이 당연하고 공평하다는 생각이 이 물음의 근거이다. 이 물음에는 읽는 자의 경험과 감정에 따라 시를 주관화하는 게 뭐가 잘못이냐는 항의가 담겨 있다. 그걸 누가 막겠는가. 예술 작품을 자유롭게 즐긴다는 게 얼마나 멋진 일인가. 그러나 여기에는 정확하게 말해 게으른 초보자의 편의주의가 은폐되어 있다. 이러저러한 것을 따져가며 읽는 것이 싫거나 고된 것이다. 나아가 대충 읽고 끝내고 싶은 충동을 포함하기도 한다. 사실 진정으로 자유롭게 시를 읽을 수 있기까지는 다소 고된 읽기 과정이 필요하다.

 실제 마음 내키는 대로 한 번 읽어보라고 기회를 주면 시작과 달리 점점 엉뚱한 이야기를 늘어놓는 자신의 말을 어떻게 마무리할지 궁색해 하며 머리를 긁는 경우가 태반이다. 내 마음대로 읽는 것조차 잘 되지 않는 것이다. 내 마음대로 읽으려 해도 분명 풀리지 않는 무언가가 있다는 사실을 부인하기 어려운 것이 시이다. 차라리 마음 내키는 대로 읽고 그것을 말해볼 기회를 주는 것이 '내 마음대로 읽으면 안 되나요?'라는 순진한 물음에 스스로 답하게 하는 좋은 방법일 수 있다. 예를 들어 비교적 의미 파악이 용이하게 생각되는 문인수의 「붉은 적삼」을 읽어보자.

> 소가 죽었습니다.
> 바깥 마당이, 서른 마지기의 들녘이 텅 비어 버렸습니다.
> 죽은 소를 미루나무숲으로 옮겼습니다.
> 脚(각)을 떴습니다.
> 마을 사람들이 묵묵, 묵묵히 담아갔습니다.
> 나뭇가지에 적삼 벗어 걸어둔 것
> 펄럭펄럭 늑골 드러내면서
> 집에 들어가는 아버지한테선지
> 아, 소울음 소리가
> 엄청 시뻘건 비린내가 진동했습니다.
> 저녁노을이었습니다.
>
> 문인수, 「붉은 적삼」 전문
> (『홰치는 산』, 천년의시작, 1999)

우선 이 시가 무엇에 관해 쓴 것인가를 물으면 학생들 대부분이 소의 죽음이라고 답한다. 아주 틀렸다고 할 수 없지만 맞다 할 수도 없다. 제목을 잘 보라고 유도하면 그때서야 이 시의 초점이 소가 아니라 농부인 아버지의 깊은 슬픔에 있음을 감지한다. 아버지의 붉은 적삼과 시뻘건 비린내와 저녁노을이 한 덩어리의 피맺힌 울음이라는 사실에 도달하기까지는 많은 이야기가 오가야 가능하다.

아직 시를 음미하는 수준에 이르지 못한 초보자의 경우 시어 하나하나의 의미를 짚어가며 읽는다는 게 쉽지 않은 일이다. 때로 자세히 읽어도 무슨 소린지 알 수 없는 난감한 경우도 자주 발생한다. 이런 경우 의미가 쉽게 포착되는 한두 구절의 의미를 증폭시키고 그 과정에서 자신의 머릿속에 연상되었던 이미지나 생각을 보태서 시를 해석하게 된다. 이것이 다수의 초보자가 수행하는 시 독서방식이다. 이 자유로운 시 읽기 방식은 오독일 가능성이 농후하다. 맥락을 무시한 채 주로 자신의 연상을 좇아 해석이 이루어지기 때문이다.

예를 들어 도자기 한 점을 제시하고 그 가치를 우리에게 평가하라고 하면 우리는 무엇을 평가의 기준으로 삼을 것인가? 이조백자나 고려청자에 대한 안목이 없는 사람에게 평가는 불가능한 것이다. 시도 마찬가지다. 여타의 예술 장르처럼 시를 읽는 데도 안목이 필요하다. 그럼에도 시에 대한 안목이 필요하다는 사실을 독자는 망각하거나 무시한다. 시를 만드는 재료인 언어가 도자기의 재료보다 훨씬 친근하기 때문이다. 일상적으로 사용했던 단어들이 시에 고스란히 동원되기 때문에 시 읽기에 세심한 공력을 들여야 한다는 생각을 하지 않는 것이다. 시 읽기의 어려움을 거듭하면서도 대충 문장을 읽는 태도는 잘 수정되지 않는다.

안목을 필요로 한다는 의미에서 시는 내 마음대로 읽으면 안 되는 장르이다. 시를 포함해서 모든 예술에는 예술가의 의도가 강력하게 반영되어 있다. 물론 예술가의 의도와는 전혀 다른 의외의 효과가 발생하는 경우가 없는 것은 아니다. 예술가의 의도와 예술작품에 대한 해석, 효과, 평가 등이 완전히 일치할 수는 없다. 작품의 의미해석을 하는 과정에서 예술 작품을 즐기는 자의 선지식이나 기호, 취향, 주관성 등을 완전히 배제할 수 없기 때문이며 배제해서도 안 되기 때문이다. 즐긴다는 행위는 '나'를 개입시키는 일이다. 시 해석의 정답이 있을 수 없는 것도 이런 까닭이다.

그럼에도 시를 다른 장르와 구분해주는 원리, 다시 말해 시를 시답게 하는 기본 원리를 무시한 채 즐기는 행위가 이루어질 수 없다는 사실을 인식할 필요가 있다. 뭐가 뭔지 모르는 채 어떻게 제대로 즐기는 것이 가능하겠는가. 수준 있는 시가 탄생하는 이면에는 복잡한 사유와 상상의 과정이 동반된다. 아울러 섬세한 예술 감각이 반영된다. 시 창작 과정은 일상적 어법을 비틀어서 진실에 닿고자 하는 노력이라 할 수 있다. 일상적 어법과 시 어법의 차이는 동일한 재료를 다르게 사용하는 데서 발생한다. 시를 이해하고자 하는 사람은 이 차이에 대해 민감해야 한다. 이 차이가 곧 시를 시답게 하는 기본 원리이며 이를 무시하는 것은 시를 시가 아닌 다른 종류의 담화로 읽는 행위이다. 예를 들어 피카소 Pablo Ruiz Picasso, 1881~1973의 〈게르니카Guernica〉를 감상하며 전쟁 이야기만 해서야 되겠는가.

사유의 끈

우리는 늘 아름다움을 추구하며 살지만 막상 '미학美學'이라는 말을 듣게 되면 어딘지 모르게 생소함을 느낀다. 그렇게 된 연유는 아마도 아름다움은 느끼면 되는 것이지 연구까지 할 필요가 있을까, 라는 생각이 은연중에 작용한 것이리라 짐작해본다. 유홍준은 『나의 문화유산 답사기』에서 "아는 만큼 보인다"고 말한 바 있다. 그의 말이 끼친 문화적 영향력은 실로 지대했다. 너도나도 인용하다 보니 참뜻은 사라지고 수사적 껍질만 돌아다니는 듯하여 아쉽기도 하지만 어쨌든, 아는 만큼 보는 건 분명하다. 아름다움의 지각도 마찬가지다. 문화적이고 예술적인 해석력을 갖추지 못한다면 피카소의 그림이 지닌 미적 의미와 예술사적 가치를 읽어낼 수 없다. 진중권의 『미학 오디세이』(전 3권)는 아름다움이란 무엇이며, 그것이 당대 현실과 어떤 관계를 맺고 있는지를 풍부한 배경지식과 식견을 바탕으로 흥미롭게 조망한 '대중 미학서'라는 평가를 받고 있다.

'가상과 현실'이라는 두 축을 중심으로 선사시대부터 중세와 근·현대까지의 서양 미학사를 개관하고 있는 『미학 오디세이』는 미학사의 흐름을 서술한 부분, 소크라테스와 플라톤과 디오게네스의 대화를 통해 철학과 미학의 상호관계를 밝힌 부분, 네덜란드의 판화가 에셔와 벨기에 화가 르네 마그리트, 이탈리아의 건축가 피라네시의 작품을 통해 당대 문화 현상과 미학의 개념을 설명하고 있는 세 부분으로 구성되어 있다. 구어체적인 설명과 도판을 활용해 미학의 개념을 시각화해서 강조한 것 그리고 대화의 형식을 통해 어려운 개념을 쉽게 설명한 형식적 특성이 무엇보다 돋보인다. 진중권 스스로도 이 책이 독자들에게 지속적인 관심을 촉발시킬 수 있었던 것은 형식에 힘입은 바 크다고 말하면서

"나 자신은 이 책의 내용이 미학의 대중화에 기여한 것보다는 외려 그 형식이 글쓰기에 끼친 영향을 더 중요하게 생각한다"고 말한다. 미학의 주요 개념은 물론 창조적 글쓰기란 어떠해야 하는지를 가늠해볼 수 있는 기회를 제공하는 책이다.

진중권(1963~), 『미학 오디세이 1~3』, 휴머니스트, 2004

감추어진 시의 묘미는
어떻게 찾아낼 수 있는가?

　길의 감식가는 근본적으로 산책하는 자이다. 그는 천천히 걸으며 풍경과 길과 자신의 다리와 호흡을 하나의 감각체로 통일한다. 이 즐거움은 음미하는 데서 온다. 더 나아가면 도취감을 얻을 수도 있을 것이다. 음미한다는 것은 즐기는 것에 다름 아니다. 대상을 되도록 천천히 그리고 자세히 자신의 내부로 끌어들이는 이 과정은 절대 신속하게 이루어질 수 없다. 그런 의미에서 시의 독자는 언어의 산책자가 되지 않으면 안 된다. 시를 읽는 자의 내면은 속전속결을 버려야 한다. 소믈리에처럼 천천히 느긋하게 시의 언어에 혀를 담가야 하는 것이다. 시는 언어의 양이 아니라 언어의 밀도와 질로 승부하는 장르이다. 따라서 산문을 읽을 때와 동일한 속도로 시를 읽어가는 것은 온당치 않다. 언어의 양은 적지만 그 언어가 지닌 밀도는 물리적 적음 이상을 넘어가기 때문이다. 시를 천천히 그리고 자세히 읽지 않으면 안 되는 이유가 여기에 있다. 느린 속도의 요구는 짧거나 길거나, 쉽거나 난해하거나를 불문하고 모든 시에 해당된다. 이성복의 「그날」이라는 시를 한 번

느리게 읽어보자.

그날 아버지는 일곱시 기차를 타고 금촌으로 떠났고
여동생은 아홉시에 학교로 갔다 그날 어머니의 낡은
다리는 퉁퉁 부어올랐고 나는 신문사로 가서 하루 종일
노닥거렸다 前方(전방)은 무사했고 세상은 완벽했다 없는 것이
없었다 그날 驛前(역전)에는 대낮부터 창녀들이 서성거렸고
몇 년 후에 창녀가 될 애들은 집일을 도우거나 어린
동생을 돌보았다 그날 아버지는 未收金(미수금) 회수 관계로
사장과 다투었고 여동생은 愛人(애인)과 함께 음악회에 갔다
그날 퇴근길에 나는 부츠 신은 멋진 여자를 보았고
사람이 사람을 사랑하면 죽일 수도 있을 거라고 생각했다
그날 태연한 나무들 위로 날아 오르는 것은 다 새가
아니었다 나는 보았다 잔디밭 잡초 뽑는 여인들이 자기
삶까지 솎아내는 것을, 집 허무는 사내들이 자기 하늘까지
무너뜨리는 것을 나는 보았다 새占(점) 치는 노인과 便桶(변통)의
다정함을 그날 몇 건의 교통사고로 몇 사람이
죽었고 그날 市內(시내) 술집과 여관은 여전히 붐볐지만
아무도 그날의 신음 소리를 듣지 못했다
모두 병들었는데 아무도 아프지 않았다

이성복, 「그날」 전문
(『뒹구는 돌은 언제 잠 깨는가』, 문학과지성사, 1980)

제목은 시 전체의 의미를 상징화한다는 점에서 언제나 간과해서는 안 되는 부분이다. 제목부터 천천히 보면, 이 시는 '그날'이라는 불특정한 어느 날에 대한 기억을 기록한 것이라고 예측할 수 있다. 그리고 제목 아래 있는 내용들이 연을 나누지 않은 형태로 되어 있음에 주목해야 한다. 행과 연은 읽는 사람의 호흡조절을 요구하는 표시이기 때문에 행과 연의 갈음이 표시되어 있을 때와 없을 때를 독자는 감안해야 한다. 이에 대한 얘기는 뒤에서 다시 언급하기로 하자. 일단 이 시에서는 연이 있는 시에 비해 빠르게 읽어줄 것을 요구하고 있음을 감안해야 한다.

이 시를 산문 읽듯 초반 몇 행을 읽어내려 가면 그날 아버지와 여동생과 어머니와 내가 각각 이러저러한 일들을 했다는 지극히 시시한 일상의 나열처럼 읽힐 수 있다. 예민한 독자라면 이런 따분한 일상사를 왜 나열하는가 의문을 가질 것이다. 이 같은 의문을 제기한 독자라면 4행과 5행에 걸쳐 있는 "前方은 무사했고 세상은 완벽했다 없는 것이/없었다"라는 진술의 의미를 세상에 대한 지나친 낙관적 과장이라고 여길 수도 있다. 앞에 나열된 일상사가 없는 것이 없는 완벽한 세상과 썩 잘 어울리는 것 같지 않다는 느낌이 들 수 있기 때문이다. 그런데 뒤에 이어지는 역전의 창녀들, 창녀가 될 애들, 시장과 다투는 아버지 등의 사건과 충돌하면서 독자는 "前方은 무사했고 세상은 완벽했다 없는 것이/없었다"라는 문장이 과장이 아니라 반어적 표현이라는 사실을 감지하게 된다. 이처럼 앞뒤의 문맥에 영향력을 행사하는 문장에 대해서는 특히 유념할 필요가 있다. 시인의 의도나 지향이 다른 구절에 비해 상대적으로 비중 있게 내포된 부분이기 때문이다. 이 시의 반어적 표현은 "여동생은 愛人과 함께 음악회에 갔다"에서 다시 한 번 생성된다. 어머니의 낡은 다리는 퉁퉁 부어올랐고 아버지는 사장과 다투는데 여동생은 애인과 음악회에 간다. 한 가족임에도 서로의 삶이 어긋나면서 흘러가는 것, 그것이 '그날'이고 우리의 삶이라고 시인은 반어적으로 말하는 것이다.

한편 멋진 여자를 목격한 화자는 "사람이 사람을 사랑하면 죽일 수도 있을 거라고 생각했다"는 다소 극단적인 발언을 한다. 이 부분에서 독자는 문장의 의미가 아니라 화자의 심정을 헤아릴 필요가 있다. 시에 내포되어 있는 정서와 화자의 심정을 헤아리는 일은 의미해독에 매우 중요한 역할을 한다. 화자는 왜 이런 극단적 발언을 하는 걸까? 이 구절에는 절박함과 결핍감과 황폐함이 함께 묻어 있다. 죽일 수 있는 자는 죽을 수도 있는 자이다. 목숨을 건 사랑의 비장함이 느껴지는 것은 이 때문이다. 그러나 '그날'에는 이런 순교적 사랑이 없는 듯하다. 뒤에 이어지는 몇몇 구절의 병치가 불모의 이미지로 가득하기 때문이다.

자기 삶을 솎아내는 것, 자기 하늘까지 무너뜨리는 것은 스스로를 뿌리째 망가뜨리는 행위이다. 화자는 우리가 어떻게 병들어 있는지 "나는 보았다"고 고백한다. 그 다음에 이어지는 "새占 치는 노인과 便桶의/다정함을"이라는 구절은 의미해석이 곧바로 진행되지 않는 부분이다. 새占 치는 노인과 변통이라는 이질적 대상을 다정함이라는 말로 묶어놓았기 때문이다. 이 부분에서는 둘 사이의 연관성을 추론해야만 한다. 하나하나 따져보면, 새占 치는 노인은 인간의 운명을 말해주는 자이고 변통은 그야말로 똥통을 말한다. 이 둘이 다정하다는 말은 인간의 운명이 똥통과 유사하다는 의미를 함축한다. 그날의 비관적 풍경에 대해 시인은 이렇게 말하고 있는 것이다. 술집과 여관만 붐비는 비루한 세상 속에서 사람들은 모두 병들어 간다. 그런데 "모두 병들었는데 아무도 아프지 않았다"는 점에서 세상은 역설적이다. 진짜 병든 것이다. 어디가 아픈지도 모르는 불감증의 세상이야말로 가장 병적인 세계라 할 수 있다.

이 시는 전체적으로 '그날'의 일상적 풍경과 사건을 병치하는 구조로 이루어져 있다. 이처럼 서로 무관한 사건이나 이미지들이 병치되어 있을 때 독자는 이들의 공분모나 차이점을 통해 의미해석을 시도해야 한다. 시는 제목부터 마지막 구절까지 한 몸으로 이루어진 유기체이다. 그 의미망은 순차적이지 않고 비선형적으로 얽혀 있다. 모든 시어는 진채성 속에서 그 의미가 확정된다. 자신의 마음에 와 닿는 구절만을 가지고 의미해석을 증폭시키는 것은 자칫 오독을 낳을 위험을 내포한다. 시「그날」의 미감을 형성하는 중요 장치는 반어와 역설이다. 서로 모순된 의미들을 어떻게 충돌시키는지 천천히 그리고 자세히 읽을 일이다. 여기에 약간의 징보를 보탠다면, 이 시가 실린 이성복의 첫 시집에는 「그해 여름이 끝날 무렵」「그해 가을」「그날 아침 우리들의 팔다리여」「그러나 어느날 우연히」 등 익명의 나날에 대한 시편들이 많다. 익명의 나날을 통해 시인은 무엇을 드러내고자 한 것일까? 관심 있는 독자는 이들 시를 함께 읽고 생각해보시라.

그런데 때로 시의 묘미와 진가를 물리적으로 천천히 그리고 자세히 읽는 것만으로 다 알아볼 수 있는 것이 아님을 말해야 할 듯하다.

> 누구도 핍박해본 적 없는 자의
> 빈 호주머니여
>
> 언제나 우리는 고향에 돌아가
> 그간의 일들을
> 울며 아버님께 여쭐 것인가

김사인, 「코스모스」 전문
(『가만히 좋아하는』, 창비, 2006)

이 시는 거의 해석을 필요로 하지 않는다. 굳이 해석이 필요한 부분을 찾는다면 제목이 왜 코스모스인가 정도일 것이다. 이 시가 객지 생활의 고달픔과 서러움을 토로하고 있다는 점, 그리고 화자인 우리는 열심히, 올바로 살려고 노력했지만 억울하게도 빈 호주머니일 수밖에 없다는 점, 그런 우리에게 위로가 되는 것은 고향이라는 점 등 정도는 누구나 쉽게 파악한다. 그런데 이러한 해석만으로는 이 시에서 전달되는 울컥함을 설명하기에는 뭔가 부족하다. 그게 뭘까? 이 시의 마지막 구절인 "울며 아버님께 여쭐 것인가"에는 고향이라는 공동체를 유지시켰던 든든한 뿌리로서의 위계가 함축되어 있다. 그것은 무잡한 객지 생활에서의 위계와는 다른 근원적 위계이다. 아버지가 함의하는 위계는 핍박으로 편성된 위계가 아니라 우리들의 저 밑바닥 설움까지 울며 여쭐 수 있는 혈육의 위계이다. 이런 것의 위안이 얼마나 본원적가를 공감하기 위해서는 나이가 좀 들어야 할지도 모른다고 나는 학생들에게 설명한다. 자세히 읽는다는 것은 문장 표면을 자세히 읽는 것 이상을 뜻한다. 문장 이면에 감추어져 있는 의미와 정서적 울림을 깊이 들여다보는 것, 그것이 자세히 읽는 것이다. 그것이 끝까지 읽는 것이다. 시는 포기하지 않고 끝까지 읽어야 묘미에 도달하게 된다.

사유의 끈

A. J. 제이콥스는 지식에 대한 인간의 호기심과 열망을 매우 독특한 방식으로 표출하고 있는 흥미로운 인물이다. 그는 2002년 판 브리태니커 백과사전을 마치 거대한 산맥을 정복하는 것처럼 일 년 내내 정독한 후 『한 권으로 읽는 브리태니커』라는 책을 출간하였다. 1768년 영국의 스코틀랜드에서 처음 출판된 브리태니커 백과사전은 이백 년이 넘게 새로운 지식을 끊임없이 업그레이드 해온 방대한 지식의 보고이다. 이 같은 백과사전을 처음부터 끝까지 읽겠다는 계획 자체가 엉뚱하고 놀랍지 않은가! 제이콥스는 브리태니커를 읽으며 자신의 행위에 대해 때로 자부심을 갖기도 하고 때로 회의하기도 한다. 그는 브리태니커 마지막 항목 '지비에츠Zywiec'에 대한 감회를 이렇게 쓰고 있다. "항목 자체는 마지막이라고 별다를 게 없다. 브리태니커가 아닌 다른 책이었다면, 그 마지막이 앞부분보다 심원한 의미를 전해주거나, 놀라운 반전을 준비해두었거나, 책 전체의 결론 같은 게 있을지 모른다. 그러나 브리태니커 안의 모든 것은 알파벳 순서라는 철칙에 따라 제자리를 지키고 있을 뿐이다. 그 마지막이라는 것도 언제 잊어버릴지 모르는 폴란드 남중부의 맥주에 취한 마을이 아니겠는가. 지식의 보고 브리태니커의 마지막 항목이라고 해서 그게 우주의 모든 비밀을 함축하고 있어야 한다는 법은 없는 것이다."

제이콥스의 말대로 사전 일반은 우리를 감동시키는 놀라운 대단원을 가지고 있지 않다. 각각의 항목에 대해 객관적 지식을 보다 정확하게 전달하는 게 사전의 임무이다. 그런 의미에서 사전은 세상에서 가장 딱딱한 책이다. 사전은 지식의 객관성을 엄밀하게 담보해낼 때 공신력을 가질 수 있다. 사전은 모든 지식의 토대가 무엇인지 분류별로 일목요연하게 말해준다는 점에서 가장 유용한 지식의 산물이라 할 수 있다. 무언가를 제대로 알고자 할 때 사전은 정확한 출발점을 제공한다. 제이콥스의 특이한 지식탐험을 다만 엉뚱한 기담이라 폄하할 수 없을 듯하다. 그의 호기심과 지식 욕구에는 우리가 배워야 할 중요한 태도가 함의되어 있음을 나는 강조하고 싶다. 끝까지 읽기, 끝까지 보기!

제이콥스(A. J. Jacobs), 『한 권으로 읽는 브리태니커』,
표정훈·김명남 역, 김영사, 2007

시인과 독자의 역할, 어디까지 분담하나?

아무리 훌륭한 명작일지라도 작품을 읽어주는 독자가 없다면 화석에 불과하다. 명작을 진정한 명작으로 만드는 사람은 그것을 읽고 감탄하는 자들이다. 물론 졸작을 명작으로 둔갑시키는 지적 사기꾼들이 있기도 하다. 문학이 불분명하고 모호한 불가능의 영역에 놓여 있음을 간파했던 모리스 블랑쇼Maurice Blanchot, 1907~2003는 문학 독서의 본질을 다음과 같이 설명한다.

> 문학 독서라는 의미에서 볼 때, 읽는다는 것은 이해의 순수한 움직임이 아니다. 그렇다고 해서 의미에 다시 활기를 주면서 의미를 유지시켜 나가는 해석도 아닌 것이다. 아니다. 읽는다는 것, 그것은 이해를 넘어선 곳에 위치하거나 혹은 이해에 채 이르지 못하는 곳에 위치한다. (…) 독서는 공기가 희박하고 발 밑에 디딜 땅이 사라지는 영역으로 독자가 들어가기를 강요한다. 이 폭풍치듯 격렬한 접근의 바깥에서 독서는 작품이 의미하는 격렬함에의 참여로 보인다. 설사 그렇다 할지라도 독서 자체는 평온하고 고요한 존재

이며, 무절제한 평정을 회복한 공간이며, 모든 폭풍의 중심에 존재하는 말 없는 긍정인 것이다.

　이러한 가볍고 투명한 지금 이 순간 현존하는 긍정, 그 긍정의 자유, 이것이 독서의 본질이다. (…) 이러한 의미에서 독서는 창조보다 더 긍정적이며 비록 아무것도 생산해내지 않으나 더 창조적인 것이다. 독서는 결심과 관계가 있다. 독서에는 결심이 갖고 있는 가벼움과 무책임성과 결백성이 있는 것이다. 독서는 아무것도 행하지 않는다. 그래도 모든 것은 완성된다.*

격렬한 작품의 내부를 들여다보는 고요와 자유 속에서 독서 행위는 아무것도 하지 않은 채 작품을 완성한다. 그것은 생산하지 않지만 창조적이다. 가벼움과 무책임과 결백함으로 이루어지는 자유 속에 독서의 즐거움이 있다. 세상의 모든 시는 독자를 원한다. 읽혀지기를 갈망한다. 그렇다면 시를 읽는다는 행위는 구체적으로 무엇을 의미하나? 우선 시를 읽는 행위는 다른 종류의 글을 읽는 것과 다르다. 다른 종류의 글에 비해 시는 말해진 것보다 말해지지 않은 부분이 더 많이 내포되어 있다. 미결정적 요소blank들이 많이 잠복되어 있는 것이다. 시인은 의미를 보여주면서 숨긴다. 이것이 시의 묘미이며 매력이다. 우리가 마음을 누군가에게 털어놓을 때 남김없이 말하지 못하는 것과 같지 않을까? 아니 남김

---

*　모리스 블랑쇼, 『문학의 공간』, 박혜영 역, 책세상, 1990, pp. 300~301.

없이 말한다는 게 인간관계에서 불가능한 일일지도 모른다. 솔직한 감정의 토로란 거짓을 최소화한다는 점에서 진실한 행위이다. 그러나 솔직한 감정의 토로가 다 시가 되는 것은 아니다. 시는 감정을 고스란히 드러내는 소박한 양식이 아니다. 만일 솔직한 감정의 토로가 시라면 일상 속에서 걸러지지 않은 채 내질러지는 욕설과 통곡만 한 시가 어디 있겠는가. 시인은 숨김으로써, 때로 과장하고 허구적 장치를 구사함으로써 우리가 일상적 담화로 다 말해볼 수 없는 진실에 미적으로 도달한다. 이때 독자는 유추와 상상력을 통해 말하지 않은 부분까지 읽어내야 그 의도와 뜻을 제대로 헤아리는 것이 된다. 독자는 능동적으로 구절의 이면을 짚어가며 행간에 침투해야 하는 것이다. 그럼으로써 시적 상황을 파악하고 함축과 생략된 언어의 의미와 만나야 한다. 시는 이런 과정 가운데 완성된다.

낯선 시에 대해 어느 정도의 깊이 있는 독서를 수행할 수 있는지 타진하기 위해 서로 분위기가 전혀 다른 송찬호의「봄날을 가는 山經」과 황병승의「주치의 h」를 두 명의 학생에게 주고 읽기 과정을 글로 써올 것을 요구해보았다.

다음 송찬호의「봄날을 가는 山經」에 대한 해석은 위현진(숭실대 국어국문학과 3학년 女) 학생이 쓴 글이다.

  이그, 저기 가는 저것들 또 산경 가자는 거 아닌가
  멧부리를 닮은 잔등 우에 처자를 태우고

또랑물에 적신 꼬리로 휘이 휘이 마른 들길을 쓸고 가고 있는 저 牛公(우공)이

어깻죽지 우에 이름난 폭포 한 자락 걸치지도 못한
저 비루먹은 산천이 막무가내로 봄날 산경 가자는 거 아닌가
일자무식 쇠귀에 버들강아지 한 움큼 꽂고 웅얼웅얼 가고 있는 저 풍광이

세상의 절경 한 폭 짊어지지 못하고 春窮(춘궁)을 넘어가는 저 비탈의 노래가 저러다 정말 산경의 진수를 찾아 들어가는 거 아닌가
살 만한 땅을 찾아 저렇게 말뚝에 매인 집 한 채 뿌리째 떠가고 있으니
검은 아궁일 끌어 묻고 살 만한 땅을 찾아 참을 수 없이 느릿느릿 저 신선 가족이 가고 있으니

송찬호, 「봄날을 가는 山經(산경)」 전문
(『붉은 눈, 동백』, 2000)

① 내게 시를 읽는다는 건 작은 숲길을 걸어가는 여정이다. 자의로 혹은 등 떠밀려 출발한 다음에는 어떤 길이 펼쳐져 있을지 알 수 없기 때문에 한 발자국 내딛기도 두렵고 부담스럽다. 그러나 시를 공부하면서 시를 관통해 걸어가는 순간의 짜릿함과 아름다움을 경험하게 되었다. 그 감동스러운 순간을 반복해서 느끼다 보니

시를 처음 접할 때의 부담보다는 시를 통해 경험하는 아름다움에 대한 기대가 더 커졌다. 시를 읽으며 모르는 시를 처음 만날 때의 부담을 떨쳐버리고 빈 마음으로 시를 읽는 것이 중요한 태도라는 것을 배웠다. 그 후에 시를 마음에 채워가는 것이다.

그럼에도 시를 읽고 의미가 와 닿지 않을 때 다시 시를 대하는 태도가 경직되는 건 어쩔 수 없다. 송찬호의「봄날을 가는 山經」과 마주하고 동양화 한 폭을 감상하는 듯한 미감은 어렴풋이 느낄 수 있었지만, 시의 전체적인 의미해석은 다소 난감했다. 이럴 때는 무작정 시를 읽고, 또다시 읽어서 시와 친해지는 것이 가장 좋은 방법이다. 산길을 걸을 때도 산 전체부터 보고 길목에 들어서지 않는가. "이그, 저기 가는 저것들 또 산경 가자는 거 아닌가……". 시를 차분히 입속에서 조근조근 풀어 읽어본다.

이 시는 한 편의 동양화 같다. 감상자가 그림의 오른쪽에서 왼쪽으로, 위에서 아래로 시선을 훑어 내리듯이 시를 감상해보았다. 시적 화자는 우공을 바라보며 혼잣말을 하고 있는 것 같다. 이 시의 가운데에는 산의 '멧부리를 닮은' 등을 가진 소를 타고 가는 우공이 있다. "또랑물에 적신 꼬리로 휘이 휘이 마른 들길을 쓸고 가는 저 牛公이" 하는 구절에서 알 수 있듯이 이 우공은 이미 소와 일치된 자이다.

이 시는 이렇게 자연과 인간 또는 자연과 자연의 모습을 일치시켜 자연과 사람 그리고 삶이 일치된 모습을 보여준다. 1연에서 2연으로 넘어가며 소와 우공을 바라보던 시선은 자연스럽게 산천으로 이동한다. 여기에 이미지의 일치가 자연스러운 시선의 이동을 돕는다. 멧부리를 닮은 소의 잔등과 폭포 한 자락 가지지 못한 소박한 산등성이의 이미지가 겹쳐 있기 때문이다.

화자는 '아닌가' 하는 독백조의 의문형으로 시를 이어가고 있다. 그런데 이 의문은 단순한 의문이 아니라 우공이 산경으로 갈까 봐 염려하는 화자의 태도를 담고 있는 듯하다. 이것은 청유의 대상을 바꿔가며 반복되는 '아닌가'하는 어조를 통해서 추측해볼 수 있다. 1연에서 "저기 가는 저것들 또 산경 가자는 거 아닌가"에서 '저것들'이 2연에서는 "산천이 막무가내로 봄날 산경 가자는 거 아닌가"에서 볼 수 있듯이 '산천'으로 그 청유 대상이 바뀌고 있다. 그리고 3연에서는 "비탈의 노래가 저러다 정말 산경의 진수를 찾아 들어가는 거 아닌가"라고 말하고 있다. 여기서 '비탈의 노래'란 노래를 부르고 있는 주체인 우공이라고 할 수 있다.

그렇다면 화자는 왜 산경으로 가는 우공을 걱정하는 걸까? 산경이란 어디일까? 산경이 무엇인지 알기 어려웠기 때문에 사전을 찾아보았다. 그러나 답을 얻지 못하고, 송찬호 시인의 「산경山經, 새로운 말과 기호의 땅」이라는 대담을 읽고 산경에 대해 알게 되었다. 송찬호 시인의 말에 따르면 산경은 중국의 신화 지리서인 『산해경』 중 산에 대해 기술한 부분이라고 한다. 시인은 산경을 현실에 있는 공간이라기보다는 신화에 존재하는 이상적인 산의 공간으로 설정하고 있다.

마지막 연에서는 우공의 정체와 산경에 대한 의미를 찾아볼 수 있었다. 우공은 궁핍한 삶을 이기지 못해 살 만한 땅을 찾아 떠나고 있는 유랑민이다. 이 우공이 찾아다니는 땅이 바로 산경인 것이다. 산경은 현실에 존재하는지 알 수 없는 이상적 공간이다. 또한 빈궁한 처지의 우공에게 산경은 죽음으로만 도달할 수 있는 위험한 공간이 될 수도 있다. 그렇기에 화자는 현실을 견디지 못해 정처 없이 떠돌아다니는 우공을 걱정하는 것이다.

시적 화자는 소를 타고 다니는 우공을 신선처럼 그려내는 데 그치지 않고, 마지막 행에서 '신선가족'이라고 표현하고 있다. 이는 시적 화자가 시적 대상과 적절한 거리를 유지하고 있기 때문에 가능한 표현이다. 이러한 거리감은 시에 긴장감을 부여하는 기능을 한다. 또한 '검은 아궁이'를 묻고 정착할 만한 곳을 찾아 가는 우공의 처지를 더욱 부각시킨다. 현실을 초월한 신선은 현실에 얽매인 우공의 처지와 반대되는 대상이기 때문이다. 화자는 마지막까지 우공을 안타까운 시선으로 바라보고 있다.

다음 황병승의 「주치의 h」에 대한 해석은 장소명(숭실대 국어국문학과 3학년 男) 학생이 쓴 글이다.

1
떠나기 전, 집 담장을 도끼로 두 번 찍었다
그건 좋은 뜻도 나쁜 뜻도 아니었다

h는 수첩 가득 나의 잘못들을 옮겨 적었고
내가 고통 속에 있을 때면 그는 수첩을 열어 천천히 음미하듯 읽어주었다

나는 누구의 것인지 모를 커다란 입 속으로 걸어들어갔다 깊이 더 깊이

아버지와 어머니 사랑하는 누이가 식사를 하고 있었다 큰 소리로 웃고 떠들며 더 크고 많은 입을 원하기라도 하듯 눈이 있어야 할 자리에 귀에 이마에 온통 입을 달고서
입이 하나뿐인 나는 그만 부끄럽고 창피해서 차라리 입을 지워버리고 싶었다

2
입 밖으로 걸어나오면, 아버지는 입이 없는 거나 마찬가지로 조용한 사람이었고 어머니와 누이 역시 그러했지만,
나는 입의 나라에 한번씩 다녀올 때마다 가족들과 함께하는 침묵의 식탁을 향해
'제발 그 입 좀 닥쳐요' 소리가 목구멍까지 올라왔다

집을 떠나기 전 담장을 도끼로 두 번 찍었지만
정말이지 그건 좋은 뜻도 나쁜 뜻도 아니었다

버려진 고무 인형 같은 모습의 첫 번째 여자친구는 늘 내 주위를 맴돌았는데
　그때도(도끼질 할 때도) 그애는 멀찌감치 서서 버려진 고무 인형의 입술로 내게 말했었다

"네가 기르는 오리들의 농담 수준이 겨우 이 정도였니?"

　해가 녹아서 똑 똑 정수리로 떨어지는 기분이었다
　h는 그애의 오물거리는 입술을 또박또박 수첩에 받아 적었고
　첫 번째 여자친구는 떠났다 세수하고 새 옷 입고 아마도 똑똑한 오리들을 기르는 녀석과 함께였겠지

　3
　나는 집을 떠나 h와 단둘이 지내고 있다 그는 요즘도 나를 입의 나라로 안내한다
　전보다 더 많은 입을 달고 웃고 먹고 소리치는 아버지와 어머니 사랑하는 누이가 둘러앉은 식탁으로
　어쩌면 나는 평생 그곳을 들락날락 감았다 떴다, 해야 할지도 모르지만
　적어도 더는 담장을 도끼로 내려찍거나 하지 않게 되었으니 얼마나 다행인가

4
이제부터는 연애에 관한 이야기뿐이다
악수하고 돌아서고 악수하고 돌아서는,
슬프지도 즐겁지도 않은 밴조 연주 같은…… 다른 이야기는 없다. 스물아홉
이 시점에서부터는 말이다 부작용의 시간인 것이다

그러나 같이 늙어가는 나의 의사선생님은 여전히 똑같은 질문으로 나를 맞아주신다
"이보게 황형. 자네가 기르는 오리들 말인데, 물장구치는 수준이 어느 정도라고 생각하나?"
낡고 더러운 수첩을 뒤적거리며 말이다.

황병승, 「주치의 h」 전문
(『여장남자 시코쿠』, 랜덤하우스중앙, 2005)

② 이 시에 등장하는 주치의 h의 직업은 화자를 맡아서 돌보는 의사이다. 의사를 등장시킴으로써 자신에게 어떠한 병이 있다는 것을 암시하고 시의 내용이 병과 관련이 깊은 것들임을 알려준다. 이 주치의 h는 과연 다른 사람을 뜻하는 것일까 아니면 스스로를 치료하려 하는 화자의 또 다른 자아일까. 그는 수첩 가득 나의 잘못들을 옮겨 적고 고통 속에 있을 때면 그것을 천천히 음미하듯 읽어준다. 하지만 천천히 음미하듯 읽어주는 그의 행동은 화자를

혼내려 하기보다는 그저 알려주는 역할에 가깝다. 치료라는 행동이 어떤 조치를 취하고 고치는 것이 아니라 자신을 봐주고 자신에 대해 얘기해주는 누군가가 있다는 것만으로 충분하다는 것을 말하고 있는 것은 아닐까.

  화자는 "누구의 것인지 모를 커다란 입 속으로 걸어들어" 간다. 입으로 들어간 것은 이빨에 씹히고 부서져 삼켜지게 된다. 그것은 파괴와 소멸의 이미지이다. 고통을 들려주는 상황과 화자가 입속으로 들어가는 상황 사이에 위치한 것을 보면 화자가 깊이 더 깊이 입 속으로 걸어가는 것은 괴로움의 증폭과 축적을 나타낸다고 볼 수 있다. 화자가 괴로워하는 직접적인 장면이 그 뒤에 나오는데, 그것은 가족들과의 식사이다. 여기서 가족들은 '온통 입을 달고서' 식사를 하고 있다. 한편 "입이 없는 거나 마찬가지로 조용한 사람이었고"라는 구절을 보았을 때 입은 말의 기능과 연관되며 "입을 달고 웃고 먹고 소리치는"이라는 구절을 보았을 때 입은 욕망과 연관된다. "더 크고 많은 입을 원하기라도 하듯"이라는 구절을 보면 가족들의 입은 과장되고 탐욕스러운 입이다. 그들은 "눈이 있어야 할 자리에 귀에 이마에 온통 입을 달고" 있다. 눈은 시각적 수용기관이고 귀는 청각적 수용기관이다. 그 자리에 입이 달려 있다는 것은 오로지 자신의 욕망에만 몰두하고 있음을 뜻한다. 얼굴에 온통 입이 달려 있는 기괴한 모습의 가족과 식사를 한다는 것은 '입이 하나뿐인' 화자에게 고역이 아닐 수 없다. 그는 식사 자리에서 가족들과 어울리지 못하고 소외된다. 그 소외는 거부로 발전하게 되는데, 화자는 부끄럽고 창피해서 차라리 입을 지워버리고 싶어 한다. 그들과 같은 신체기관을 자신에게서 거세함으로써 가족과의 동일화를 거부하는 것이다. 또한 그러한 거부는 "'제발 그 입 좀 닥쳐요' 소리가 목구멍까지 올라왔다"라는 문장에서 알 수 있듯이 분노로 이어진다. 그런데 가족 중에서 누이에게만 '사랑하는'이라는 수식어가 붙어 있다. 이 뒤에도 항상 누이를 언급할 때면 이 수식어가 함께 나오는 것으로 봐서 화자는 누이에게 동질감을 느끼고 있다고 생각한다. 사랑하는 누이는 화자가 용납할 수 있는 인물이고 화자가 가족과 식사할 수 있는 최소한의 이유일 수 있다.

 화자가 자신의 가족에 대해 이야기한 후에 첫 번째 여자친구가 등장한다. 그녀는 버려진 고무 인형 같다. 생명이 없는 고무 인형은 화자에게 아무런 영향도 주지 못하는 존재이다. 늘 내 주위를 맴돌고 멀찌감치 서 있는 것으로 봐서 그녀는 여자친구로서 화자와 관계를 맺고 있지만 그건 형식적인 것에 불과하다. 그녀는 "네가 기르는 오리들의 농담 수준이 겨우 이 정도였니?"라는 질문을 한다. 여기서 등장하는 오리는 뒤의 "똑똑한 오리들을 기르는 녀석과"라는 구절과 연관시키면 가족을 지칭한다고 생각된다. 그런데 오리를 화자가 기른다는 것은 가족이 개인을 기른다는 일반적인 생각과 반대되는 상황이다. 이 상황은 가족이 개인을 기를 만한 자격이 되지 않는다는 것을 역설적으로 보여준다고 생각한다. 서로 자기 이야기만 하느라 바쁜 식사를 하는 가족은 기껏해야 화자가 '기르는 오리' 정도로 폄하되고 무시되고 있는 것이다. 그래서 화자는 집을 떠나 h와 단둘이 지내고 집으로 들락날락하며 지낸다. 여전히 그것은 "감았다 떴다" 해야 하는 피하고 싶은 상황이지만 그래도 "담장을 도끼로 내려찍거나 하지 않게" 될 정도로 화자에게 안정된 상태를 제공한다.

한편 화자는 연애가 "슬프지도 즐겁지도 않은 밴조 연주 같은" 반복되는 이야기뿐인 별다른 뜻은 없는 행위임을 말한다. 연애라 하면 두 사람이 만나서 서로의 삶에 깊게 관여하고 서로에게 영향을 주는 상태를 떠올리게 되는데 버려진 고무 인형 같은 모습의 여자친구는 화자에게 아무 감흥도 주지 않는 존재이다. 이러한 소통 단절의 원인은 화자 내부에 있는 것일까 화자 바깥에 있는 것일까. 어쩌면 이것은 인간의 근원적인 문제가 아닐까.

화자는 스물아홉부터는 '부작용의 시간'이라고 말한다. 부작용은 어떤 조치를 취했을 때 그것으로 인해 나타나는 잘못된 반응을 뜻한다. 여기서 '이 시점'이라고 언급한 것을 보아 부작용을 일으킨 것은 그 전까지의 삶이라 생각된다. 화자는 부작용과 함께 늙어가기 시작하는 것이다. 그리고 마지막에 "같이 늙어 가는 나의 의사 선생님"이 등장하는데 그는 화자와 같은 경험을 하는 자로 시간이 흐른 뒤에도 화자를 맞아준다. 화자와 동행하는 존재인 것이다.

이 시는 가족과 연애에 관한 생각을 통해 소외된 자신을 보여주고 있다. 부질없음 속에 소외되어 있는 한 개인의 쓸쓸한 모습과, 가족을 떠남으로써 자신의 상황을 그나마 나아지게 할 수 밖에 없는 모습은 내 안의 주치의 h를 찾게 한다. 유일하게 함께 해 갈 수 있는 존재인 주치의 h가 있기에 그 소외된 삶을 그나마 살아갈 수 있는 것이 아닐까.

글 ①과 ②에 대한 몇 가지 생각을 적어보면, 먼저 글 ①을 보면 학생들에게 우선 문제되는 게 牛公, 山經과 같은 한자어라는 사실이다. 우공은 소를 높여 부르는 말이다. 글 ①은 우공을 소가 아니라 소를 타고 가는 사람으로 해석하고 있다. 우공이라는 단어에 대한 익숙한 경험이 없었던 것이다. 이 단어가 낯설다 해도, 첫 연을 잘 읽어보면 처자를 태우고 가는 것이 우공임을 알 수 있다. 한편 글 ①은 산경을 이상적 공간이라고 해석한 다음 "또한 빈궁한 처지의 우공에게 산경은 죽음으로만 도달할 수 있는 위험한 공간이 될 수도 있다"라고 말하고 있다. 이러한 모순된 비약적 해석은 화자의 어조에 "우공이 산경으로 갈까 봐 염려"하는 태도가 담겨 있다고 판단한 데서 발생한다. 화자는 분명 이 가난한 가족을 염려하고 있는 것이 사실이다. 그러나 그 염려는 산경으로 갈까 봐 생겨나는 것이 아니라 살 만한 땅을 찾아가는 그들의 애환과 고달픔이 안쓰러워서 생겨나는 것이다. 오히려 그들이 바라는 산경을 찾을 수만 있다면 얼마나 좋겠는가 하는 시인의 소망이 담겨 있는 애절한 염려로 보는 것이 마땅하다. 그런데 송찬호는 살 곳을 잃은 이 극빈의 가족을 왜 신선가족이라고 했을까? 생각해보시라.

글 ②에서 의문이 드는 것은 '오리'에 관한 해석이다. 오리가 과

연 가족을 의미하는 것일까? "첫 번째 여자친구는 떠났다 세수하고 새 옷 입고 아마도 똑똑한 오리들을 기르는 녀석과 함께였겠지"라는 구절을 보면 여자친구는 '똑똑한 오리들을 기르는 녀석'과 떠난 것이다. 이런 맥락과 해석을 대비시켜 보면 여자친구가 똑똑한 가족들을 기르는 녀석과 함께 떠났다는 얘긴데 아무리 보아도 맥락이 자연스럽지 않다. 그렇다면 우리 각자가 기르는 '오리'는 도대체 무엇을 상징하는가? 이 또한 다시 생각해볼 일이다.

이 두 편의 글은 주로 의미 맥락을 해석하는 데 집중되어 있다. 중요한 것은 이러한 해석과 더불어 송찬호의 「봄날을 가는 山經」과 황병승의 「주치의 h」가 지닌 가치와 미감을 다시 한 번 총체적으로 설명해보는 일이다. 우리가 시를 읽고자 하는 것은 다른 종류의 글에서 얻을 수 없는 시적 미감을 맛보기 위해서이다. 그것이 시 읽기의 즐거움이다. 그렇다면 송찬호의 「봄날을 가는 山經」과 황병승의 「주치의 h」를 읽는 즐거움은 무엇에서 생겨나는가?

사유의 끈

관광객과 여행자는 다르다. 관광은 소박하고 때로 천박하다. 관광객이 구경꾼이라면 여행자는 발견하는 사람이다. 여행자가 지녀야 할 필수 요건은 철학이다. 철학이 없는 여행은 낭비다. 세상에는 수많은 여행서가 있다. 여행서를 읽으며 지은이의 관점과 사유의 깊이를 측량해볼 수 있다. 후지와라 신야의 『동양기행 1·2』에는 명소나 유명 관광지가 나오지 않는다. 그러나 무엇보다 뚜렷한 여행 철학이 담긴 보기 드문 여행서이다. 그는 삶의 밑창과 고원의 성소를 글과 사진으로 담아낸다. 시적인 문체와 강렬한 순간을 사진으로 포착해낸 그의 안광이 나를 사로잡는다. 가장 인상 깊었던 것은, 위험천만한 장소 혹은 사람들과 마주쳤을 때조차 그의 문장은 담담함을 잃지 않는다는 점이었다. 그에게는 독자를 놀라게 하려는 호들갑스러움이나 과장이 없는 것이다. 호객하지 않는, 사기 치지 않는 여행서! 사백여 일의 여행을 마무리하며 쓴 짧은 후기는 이 여행서의 백미에 해당한다. 여기서 한 가지 보태자면, 보름이나 두세 달 정도의 여행으로도 충분히 한 권의 책을 꾸려내곤 하는 우리의 여행서 발간 실력에 난 늘 물음표를 달게 된다.

후지와라 신야(藤原新也, 1944~), 『동양기행 1·2』,
김욱 역, 청어람미디어, 2008

내게 감동을 주면 좋은 시 아닌가?

　모든 수준 있는 시는 나름대로 까다로운 면을 내포한다. 그럼에도 내용 파악이 용이한 시와 그렇지 않은 시가 있는 것이 사실이다. 학생들에게 자신이 기억하고 있는 좋은 시를 말해보라고 하면 대부분 중·고등학교 시절 교과서에서 읽었던 서정시를 말한다. 실험적으로 몇 편의 낯선 시를 제시하고 이 가운데 가장 좋은 시를 뽑아보라고 하면 내용 파악이 쉬운 시를 제시하곤 한다. 이 같은 현상은 두 가지 의미를 시사한다. 하나는 시 경험의 폭이 매우 협소하다는 점이며, 다른 하나는 난해한 시를 기피한다는 점이다. 어려운 것을 피하려는 것은 인간에게 거의 본능에 가까운 일인지도 모른다. 문제는 쉬운 시를 선호하고 어려운 시를 기피하는 태도가 시의 수준을 판단하는 잣대로 종종 작용한다는 데 있다. 난해한 시는 싫음을 유발하고 심지어는 나쁘다는 판단으로까지 이어진다. 여기에는 시인들은 왜 일부러 어렵게 써서 독자를 곤란하게 만드는가 하는 모종의 반감이 숨어 있다. 그러나 대상의 실체를 알지 못한 채 어떻게 싫다는 생각을 할 수 있을까? 엄밀하게 생각해보면 대상을 이해해가는 과정의 수고로움이 싫은 것이다. 쉬운 것만을 고집한다면 굳이 진리를 찾아 헤맬 이유가 뭐 있겠는가. 내가 모르는 세계를 알아가는 지적 호기심의 즐거움을 발동시키지 않는다면 난해한 시를 꺼리는 태도 또한 사라지지 않을 것이다. 한편 난해한 시를 무조건 꺼리는 것도 문제이지만 난해한 시에 대해서 무조건 좋은 평가를 내리는 이상야릇한 태도 또한 문제이다. 이는 간혹 자신의 현학취미를 과시하고 싶어 하는 문학전공자나 평론가들에게서 종종 나타나는 현상이라 할 수 있다. 난해한 시라고 해서 모두 성공작은 아니다. 난해하기만 하고 깊이 있는 의미와 미적 성과를 거두지 못한 경우도 허다하다.

결론적으로 말해 의미해독의 쉬움과 어려움은 작품의 수준을 결정하는 잣대가 못 된다. 작품의 수준을 결정하는 잣대에는 역사적 가치, 새로움의 선취도, 언어의 운용미 등이 복합적으로 작용한다. 이와 관련해서 반드시 짚고 넘어가야 하는 것이 '내게 감동을 주면 좋은 시 아닌가?'라는 질문이다. 감동은 작품의 수준을 결정하는 데 무관한 요소는 아니다. 감동의 작용력이 바로 카타르시스다. 깊은 감동은 우리의 기억 속에 오랫동안 머물면서 삶에까지 영향을 끼친다. 감동은 없고 어렵기만 한 예술 작품을 감상하는 일은 얼마나 괴로운 일인가. 그러나 감동은 독자의 수준, 상황, 기호 등에 따라 상대적으로 날라신나는 사실을 염두에 두어야 한다. 영화를 예로 들어보면, 러시아의 감독 안드레이 타르코프스키Andrey Arsenyevich Tarkovsky, 1932~1986의 마지막 작품 〈희생The

Sacrifice〉이 세계적인 평가를 받았다고 해서 누구에게나 감동적인 것일 수는 없다. 어떤 이에게는 매우 따분한 영화일 수도 있다. 반대로 〈개그 콘서트〉와 같은 대중적 희극물이 누구에게나 즐거운 것일 수는 없다. 어떤 이에게는 아주 유치한 희극물로 여겨질 수도 있다. 따라서 지나치게 주관적인 감동이나 작품에 대한 개인의 기호가 우선된 평가는 자제하는 것이 온당하다.

다음 두 편의 시는 문맥 파악의 용이함과 난해함의 측면에서 극단적 대조를 보여주는 예이다. 우리에게 중요한 것은 쉬움과 어려움을 파악하는 일이 아니라 둘 중 어느 시가 더 수준 높은 작품인가를 간파하는 데 있다.

蔚山接境(울산접경)에서도 迎日(영일)에서도
그들을 만났다.
마른 논바닥 같은 얼굴들.

奉化(봉화)에서도 春陽(춘양)에서도
그들을 만났다.
億萬年(억만년)을 산 듯한 얼굴들.

人蔘(인삼)이 名物(명물)인 豊基(풍기)에서도
그들을 만났다.
척척한 금이 간 얼굴들.

다만 聞慶(문경) 새재를 넘는 길목에서
히죽이 웃는 그 얼굴은
시뻘건 生土(생토) 같았다.

박목월, 「생토(生土)」 전문
(『박목월시전집』, 민음사, 2003)

風景(풍경)이 風景(풍경)을 반성하지 않는 것처럼
곰팡이 곰팡을 반성하지 않는 것처럼
여름이 여름을 반성하지 않는 것처럼
速度(속도)가 速度(속도)를 반성하지 않는 것처럼
拙劣(졸렬)과 수치가 그들 자신을 반성하지 않는 것처럼
바람은 딴 데에서 오고
救援(구원)은 예기치 않은 순간에 오고
絶望(절망)은 끝까지 그 자신을 반성하지 않는다

김수영, 「絶望(절망)」 전문
(『김수영 전집 I 시』, 민음사, 2003)

두 편의 시 가운데 박목월의 「생토」가 김수영의 「絶望」에 비해 내용 파악이 훨씬 쉽다는 것은 누구나 금세 간파할 수 있을 것이다. 박목월의 시를 보며 독자가 일차적으로 수행할 것은 화자가 만난 '그들'이 누구인가를 유추하는 일이다. 그들을 비유하는 '마

른 논바닥'이나 '생토'를 떠올려보면 그들이 농부임을 어렵지 않게 눈치챌 수 있다. 박목월의 시가 이처럼 현실 세계를 반영한 반면 김수영의 시는 '절망'에 대한 인식을 소재로 삼고 있다. 전자는 구체적 경험이 바탕이 되며 후자는 사유가 바탕이 된다. 김수영의 시는 첫 구절부터 독자를 곤란에 빠뜨린다. 그의 언어운용방식이 낯설기 때문이다. 그런 점에서 김수영의 「絶望」은 박목월의 「생토」에 비해 접근이 용이하지 않다. 쉬운 것에 먼저 끌리는 것이 인간의 본능이라면 김수영의 시보다는 박목월의 시를 선호하는 독자가 더 많을 가능성이 있다. 어느 것이 더 훌륭한 작품일까? 많은 사람이 쉽게 이해하고 공감하는 작품이 좋은 시일까? 그렇지 않다. 공감대가 넓다고 해서 무조건 수준 있는 작품으로 평가할 수 없다. 반대로 독자의 기대를 배반하는 시가 좋은 작품일까? 그 또한 그렇지 않다. 모든 실험적 작품이 무조건 예술적인 것은 아니다.

  이 두 편의 시 가운데 어느 것이 더 훌륭한 작품인가를 단번에 말하기는 매우 어렵다. 박목월의 시가 정감에 호소하는 시라면 김수영 시는 지성에 호소하는 시라 할 수 있다. 「생토」는 적확한 비유를 통해 농부들의 고단한 삶과 끈질긴 생명력을 그려낸 시이다. "히죽이 웃는 그 얼굴은/시뻘건 生土 같았다"는 마지막 표현에서 흙과 더불어 살아온 사람들의 자연적 생기와 처연함을 동시에 느끼게 된다. 이 시의 묘미는 히죽이 웃는 농부의 붉은 얼굴이 역설적으로 독자를 더 슬프게 만든다는 데 있다. 한편 「絶望」의 미감은 강렬하고도 낯선 형태의 문장을 반복적으로 제시함으로써 우리의 인식에 충격을 가하는 데 있다. 절망 자체가 절망이 아니라, "絶望은 끝까지 그 자신을 반성하지 않는다"는 사실이 진짜 절망이라는 역설을 통해 김수영은 절망의 실체가 무엇인지를 말하고자 한다. 그런데 도대체 풍경과 곰팡이와 여름과 속도는 다 무엇이란 말인가? 이 시를 읽는 독자라면 누구나 이와 같은 질문을 하지 않을 수 없다. 난해시의 공통적 매력은 우리로 하여금 생각하게 한다는 데 있다. 이 또한 시 읽기의 즐거움이다. 「생토」와 「絶望」 가운데 어느 것이 더 매력적인가?

사유의 끈

우리의 생각과 상상력이 무궁무진할 것 같지만 실질적으로는 빈곤하기 짝이 없다. 사과를 매개로 당신은 무엇을 상상할 수 있는가? 붉고 둥근 형체, 달콤한 향기, 그리고 또 떠오르는 것이 무엇인가? 사과를 통해 붉고 둥근 형체, 달콤한 향기 등을 떠올리는 것은 상상이기보다 경험한 것에 대한 기억이라 할 수 있다. 자유롭게 생각하면 상상을 쉽게 확장할 수 있을 것 같지만 실제 시도해보면 생각이 자유롭게 펼쳐지지 않는다. 생각의 저장고가 비어 있기 때문이다. 풍부한 상상력의 모델이 필요한 사람에게 나는 『씨앗의 자연사』라는 흥미로운 과학서를 권하고 싶다.

이 책의 저자는 작은 씨앗에서 거대한 우주를 발견하는 과정을 자세히 보여준다. 확장은 축소의 연장延長이지 않을까? 그 의문에 대한 답은 "사과 한 가운데 숨은 씨앗은 보이지 않는 과수원이다"라는 영국 웨일스의 속담을 첫 문장으로 인용하면서 씨앗이 어떻게 지구에 처음 출현했고, 그 씨앗이 어떤 방식으로 싹을 틔우고, 꽃을 피우며 열매를 맺는지에 대한 경이로운 과정을 과학과 문학을 넘나드는 풍부한 시선으로 기록한 『씨앗의 자연사』 속에서 찾을 수 있다. 큰 것에서 더 큰 것을 발견하는 상상력은 어딘지 모르게 허황되게 느껴진다. 그러나 작은 것 속에서 큰 것을 발견하는 내밀한 상상력은 아름답고 섬세하고 놀랍다. 이 책에서 씨앗의 잠재적 가능성이 생명으로 발현되는 과정은 음모와 사기와 뇌물이 판을 치는 산문적 풍경으로, 꿀과 향기와 아름다운 빛깔로 서로를 유혹하고 매혹시키는 낭만성은 운문의 풍경으로, 내 머릿속에서 교차한다. 이 두 풍경이 한껏 어우러진 모습은 문득 인간의 삶을 되돌아보게 한다. 그 해석의 확장성이 『씨앗의 자연사』가 품고 있는 매력이다. 과학으로 상상하게 하고, 상상으로 과학의 울타리를 넘나들게 하는 저자의 유려한 조정력(?)에 이끌리다 보면 큰 것이 아닌 작은 것 속에 신비가 있다는 것을 절감하게 된다. 그래서 이 책의 역자는 "씨앗 속의 세계를 볼 수 있는 이, 그가 바로 천재일 것이다"라는 노자의 잠언을 힘주어 인용한다. 아울러 "씨앗에는 아직 실현되지 않은 잠재력이 들어 있고 시작을 의미하는 반면, 열매에는 가능성의 은유는 없고 성취에 대한 보상만 있다", "씨앗이 있기 전 꽃의 생각이 있었다"는 저자의 의미심장한 비유적 설명이 독서와 사유의 미각을 한껏 돋운다.

조나단 실버타운(Jonathan Silvertown), 『씨앗의 자연사』, 진선미 역, 양문, 2010

나에게 말하는 자는 누구인가?

　자기의 마음을 고백하는 일은 결코 쉬운 일이 아니다. 우리는 고백하기에 앞서 자기의 절박한 고백이 과연 제대로 전달될 수 있을지에 대해 불안해한다. 눈으로 보이지 않는 내면을 실감나게 전달할 수 없는 경우 고백의 욕구는 침묵으로 돌아가거나 발설하는 순간 실패할 수밖에 없기 때문이다. 물질화할 수 없는 내면을 드러내고자 할 때 겪는 어려움은 거꾸로 그런 내면의 고백을 듣는 자의 위치에서도 발생한다. 고백을 하는 일이 어렵듯이 고백을 듣는 일도 쉽지 않은 일이라 할 수 있다. 고백하는 자나 고백을 듣는 자나 모두 비물질적이고 비가시적인 것을 대상으로 소통하려 하기 때문이다. 그런 점에서 질량도 부피도 색깔도 형체도 없는 내면을 교환하는 일이야말로 인간들 사이에서 가장 어려운 일일지도 모른다.
　시가 어려운 근본적 이유 가운데 하나가 바로 여기에 있다. 특히 서정시는 내적 고백을 지향하는 양식이다. 물론 모든 시가 개인의 내적 고백만으로 이루어지는 것은 아니다. 참여시나 민중시처럼 주관적 내면이 아니라 객관적 사회 비판이 우선되는 시도도 있다. 그럼에도 내적 고백이 시의 가장 두드러진 특성 가운데 하나라는 사실을 부정하기는 어렵다. 시집을 여는 순간 독자는 지금 나와는 전혀 무관한 타인의 고백을 접하는 것이다. 그 고백들은 독자의 정서와 항상 부합하지 않을 수도 있다. 때로 이질감과 거부감이 극단화되는 경우도 있다. 그럼에도 모든 탐구의 즐거움은 나와 다른 세계를 알고자 하는 욕망으로부터 촉발한다는 것을 생각할 필요가 있다. 우리는 궁극적으로 나와 다른 존재를 발견하기 위해, 지금 여기와는 다른 세계로 진입하기 위해 타인의 말에 귀 기울이는 것이 아니겠는가.

시집을 읽을 때 중요한 것은 거기 나와 다른 누군가가 말을 하고 있다는 사실을 의식해야 한다는 점이다. 그 누군가는, 즉 시적 화자는 인쇄된 문장의 비생명적 물질성을 벗어나 시의 생기를 되살려내는 살아 있는 존재이다. 그는 오로지 목소리(어조)에 의탁해서 자신을 독자 앞에 드러낸다. 보이지도 만져지지도 않지만 그는 텍스트를 이끌어가는 '너'라 할 수 있다. 따라서 시집을 여는 순간 독자는 화석화된 문장이 아니라 나에게 말을 하는 살아 있는 '너'와 대면하는 것이다. 화자의 나이, 성별, 직업, 수준, 감정이나 기분의 상태(슬픔, 분노, 환희 등등)를 의식하는 일은 시를 이해하는 데 매우 중요하다. 화자의 상태가 곧 시의 전반적 분위기와 동일하기 때문이다. 따라서 최우선으로 화자의 상태를 파악하고 나면 시 해석은 매우 용이해질 수 있다. 이것이 시의 구체성 속으로 진입

할 수 있는 첫 번째 관문이다. 화자를 무시한 채 시를 읽는 것은 누가 말하는지 관심조차 두지 않고 문장을 읽는 것과 같다.

> 아직 비석도 세우지 못한 네 무덤
> 꽂아놓은 조화는 아름답구나.
> 큰비 온 다음날도, 불볕의 며칠도
> 조화는 쓰러지지 않고 웃고 있구나.
> 무심한 모습이 죽지 않아서 좋구나.
> 향기를 남기지 않아서 좋구나.
>
> 나는 이제 살아 있는 꽃을 보면
> 가슴 아파진다.
> 며칠이면 시들어 떨어질 꽃의 눈매
> 그 눈매 깨끗하고 싱싱할수록
> 가슴 아파진다.
> 살아 있는 모든 것이 아프다.
>
> 마종기, 「동생을 위한 弔詩(조시)-외국에서 변을 당한 壎(훈)에게, 9. 造花(조화)」 부분(『이슬의 눈』, 문학과지성사, 1997)*

위에 제시한 시에서 제일 먼저 간파해야 하는 것은 화자가 동

---

* 이 시는 모두 11편의 연작으로 구성되어 있다.

생의 죽음이라는 비극적 상황 앞에 놓여 있다는 사실이다. 그는 동생의 죽음 앞에서 자신의 슬픔을 일차적으로는 동생에게, 이차적으로는 독자에게 고백한다. 이때 이 화자의 목소리에서 느껴지는 어감은 어떠한가? 마치 죽은 동생이 자신 앞에 있는 것처럼 말을 건네는 그의 어조는 따듯하고 다정하고 조용하며 차분하다. 그는 '가슴 아파진다'고 반복하고 있음에도 비통함을 과도하게 분출하지 않는다. 그래서 이 시는 더 슬프게 전달된다. 이렇게 자신의 감정을 적절하게 통제할 줄 아는 화자와 마주쳤을 때 우리는 그에게서 품격과 고귀함을 감지하게 된다. 그가 적어도 자신의 감정 정도는 다스릴 줄 아는, 정신을 연마한 사람처럼 느껴지기 때문이다. 감정을 절제하는 것은 힘겨운 일이며 때때로 우리는 감정의 절제에 실패한다. 감정을 불러일으키는 상황의 심각성에 따라 그에 대한 반응도 달라질 수 있지만 우리가 감정의 절제에 실패하는 이유는 그것을 내면화하는 정신의 훈련이 덜 되었기 때문이기도 하다. 물론 무조건 감정을 절제하는 것만이 능사는 아니다. 때로 사안에 따라 솔직하게 감정을 드러내는 것이 진실한 태도일 수도 있다. 그럼에도 분명 과도한 감정의 발설이나 감정의 과잉 상태는 상대를 곤혹스럽게 한다. 그런 의미에서 감정의 절제는 상대에 대한 배려이기도 하다.

이 시의 화자는 자신의 슬픔을 전달하기 위해 생화와 조화에 대한 일반적 생각을 역전시킨다. 생명이 없는 조화의 무미건조함을 화자는 오히려 아름답다고 말한다. 여기에는 생명 있는 존재들이 감내해야 하는 시듦과 소멸, 그것이 불러일으키는 슬픔과 고통에 대한 시인의 자각이 담겨 있다. 화자는 "눈매 깨끗하고, 성성"한 생화를 통해 생생했던 동생의 모습을 떠올리는 것이다. 그것은 그리움과 안타까움이라는 내적 고통을 불러일으킨다. 무심하고 향기도 없는 조화가 아름다운 이유는 그것이 이런 아픔을 남기지 않기 때문이다. 그러나 생화를 떠올리며 되살아나는 아픔이 곧 동생에 대한 사랑이라는 사실은 두말할 것도 없다. 시인은 동생에 대한 사랑과 그리움을 조화를 통해 역설적으로 드러내는 것이다. 주목할 것은 동생이 왜 죽었는지 설명하지 않는다는 점이다. 서정시는 사건과 상황에 대한 자세한 설명을 거두절미한 채 최소한의 정보를 기저로 자신의 감정을 부각시키는 형식이다. 즉 초점이 사건에 있는 것이 아니라 자신의 감정 고백에 있는 것이다. 사건이나 시적 상황을 짐작하는 것은 독자의 몫이다. 따라서 화자가 어떤 감정 속에 있는가를 파악하는 것이 중요하다.

이때 독자는 시에 등장하는 화자의 목소리에 언제나 공감해야 한다는 생각을 버릴 필요가 있다. 공감할 수 없는 화자도 있지 않겠는가? 더불어 공감할 수 없는 고백들도 있지 않겠는가? 공감은 절대 독자의 의무 사항이 아니다. 간혹 명성 있는 시인의 작품에 대해서 무조건 수긍하고 예찬하는 자동화된 태도를 학생들에게서 발견하게 되는데, 이러한 자세는 바람직하지 않다. 훌륭한 독자란 시에 공감하고 시를 무조건 신성시하는 태도를 지닌 사람이 아니다. 물론 위대한 시에 대해 자기 자신의 마음을 기꺼이 내주는 태도는 시 읽기에 절대적으로 필요한 태도라 할 수 있다. 공감하고 도취하는 일이야말로 시 읽기의 행복과 직결되는 것이며, 우린 이를 위해 시를 읽는지도 모른다. 그러나 진정으로 활달한 상상력의 소유자라면 수동적으로 시에 끌려가지 않을 것이다. 독자는 시에 매혹됨과 동시에 수준이 낮은 시에 대해 비판할 줄도 알아야 한다. 유명한 시인이라고 해서 모두 탁월한 시만을 창작했다고 할 수 없으며, 또 유명세와 시의 수준이 무조건 비례하는 것도 아니다. 아래 예시한 박남철의 「독자놈들 길들이기」는 화자의 목소리에 무조건 공감하려 하는 독자에게 제동을 거는 시편이라 할 수 있다.

> 내 詩(시)에 대하여 의아해하는 구시대의 독자 놈들에게 → 차렷, 열중쉬엇, 차렷,
>
> 이 좆만한 놈들이……
> 차렷, 열중쉬엇, 차렷, 열중쉬엇, 정신차렷, 차렷, ○○, 차렷, 헤쳐 모엿!
>
> 이 좆만한 놈들이……
> 헤쳐보엿,
>
> (야 이 좆만한 놈들아, 느네들 정말 그 따위로들밖에 정신 못 차리겠어, 엉?)

차렷, 열중쉬엇, 차렷, 열중쉬엇, 차렷……

박남철, 「독자놈들 길들이기」 전문
(『地上(지상)의 人間(인간)』, 문학과지성사, 1984)

　이 시를 읽는 즉시 대부분의 독자가 갖는 기분은 불쾌감일 것이다. '뭐 이따위 시가 다 있어?'라고 화를 내는 독자가 있다면 그는 이 시에 대해 아주 자연스러운 반응을 보이는 거라 할 수 있다. 아무 반응도 없는 독자야말로 가장 문제일 수 있다. 이 시의 화자는 독자에게 "좆만한 놈"이라고 욕을 하며 얼차려를 명령한다. 앞서 본 마종기의 화자와는 판이하게 다른 화자이다. 상스럽고 폭력적이며 비인간적인 화자라 할 수 있다. 이런 화자의 기습적 욕설은 당혹감을 넘어서 분노감을 일으킨다. 더욱이 "내 詩에 대하여"라고 말하는 것으로 보아서 그는 시인이 아닌가! 시인이 독자에게 쌍욕을 하다니. 박남철은 왜 시인으로서의 존립을 위태롭게 하는 화자를 굳이 내세운 것일까? 이 시의 감추어진 전략은 바로 이러한 물음에 의해 밝혀질 수 있다. 박남철은 독자로부터 자신의 시에 대해 수긍하고 공감하기를 거부하는 태도를 이끌어내면서 동시에 '도대체 무슨 얘기를 하고 싶은 거야?'라는 물음을 갖게 만들고자 한다.

　이런 물음과 더불어 다시 이 시를 살펴보면, 이 화자의 명령적 목소리는 분명 제식훈련을 시행하는 군대 교관의 어법을 드러낸다. 비인간적 태도로 인간을 다루는 이 목소리는 사실 1980년대 군사문화를 그대로 반영한다는 점에서 의미심장하다. 박남철이 군인의 목소리를 통해서 의도했던 것은 바로 억압적이고 폭력적인 군사문화에 대한 독자의 거부반응이다. 군사문화의 폭력성을 진술하거나 설명하는 방식보다 이는 훨씬 직접적인 효과를 낳는다. 즉각적인 분노감이 일어나기 때문이다.

분노감은 잠시 접어두고 몇몇 의문을 남기는 것부터 풀어보자. 우선 '○○'으로 표기된 부분은 무엇일까? 명령어와 섞여 있는 이 부호는 반공주의를 내세웠던 군사문화의 상징적 인쇄 부호이다. 1988년 해금조치가 이루어지기 이전의 책자를 보면 이러한 부호를 자주 발견할 수 있는데 이 부호는 월북 작가와 같이 반공정책에 장애가 되는 사람들의 이름을 그대로 표기하지 못하게 했던 정부의 탄압정책을 시사한다. 예를 들면 정지용은 정○○, 임화는 임○으로 표기하곤 했다. 그런 의미에서 이 부호는 얼차려로 이루어진 명령어보다 더 심각한 표현 탄압의 사태를 함축한다.

다음으로 이 시에서 괄호는 무엇인가? 괄호 안에 있는 말과 괄호 밖에 있는 말의 의미가 서로 변별되지 않는데 시인은 왜 괄호를 사용한 것일까? 괄호 안에 있는 말이 화자의 내면에 떠오른 말이라면 그것은 화자가 아닌 다른 사람의 말일 가능성이 있다. 괄호 밖의 화자가 시인이라면 괄호 안의 화자는 진짜 군인 아닐까? 그렇다면 시인은 군인의 목소리를 흉내내는 것이라 할 수 있다. 박남철은 군인의 목소리를 흉내낸 시인의 목소리를 통해 군사문화에 길들여진 독자의 무비판적 사고를 깨우고 더불어 고귀한 시적 화자에 길들여진 독자의 습관적 태도를 뒤흔들어 놓는다. 이 시가 실린 『地上의 人間』이 출간된 때가 1984년이라는 사실을 염두에 둔다면 이 시에 등장하는 화자는 군사문화의 압제를 비판하면서 동시에 당시 검열제도를 피해가는 재치 있는 인물로 볼 수 있다.

사유의 끈

타인을 이해한다는 것은 결코 쉬운 일이 아니다. 타인의 시련과 고통에 동참하는 일은 더욱 쉬운 일이 아니다. 맹자는 '측은지심'의 일화를 통해 타인에 대한 연민의 감정을, 애덤 스미스는 인간의 도덕감정으로서 동감sympathy을 인간적 자질로 내세우고 있으나 이러한 인간적 자질이 과연 우리의 현실에서 온전하게 실천되고 있는가? 수전 손택은 『타인의 고통』에서 현대인들이 다른 사람의 고통에 대해 얼마나 관음증적 향락을 즐기고 있나 증명한다. 그녀는 전쟁의 잔혹함을 극대화한 사진을 일종의 볼거리로 여기는 현대인들을 공격한다. 그리고 재앙과 악행과 잔악함을 스펙터클로 생산하고 소비하는 모든 충동을 경멸한다. 현대는 전쟁조차 실시간으로 방송되는 시대이다. 우리는 왜 충격적 살인사건에 대해 말하길 좋아하는가? 전쟁에 관한 뉴스를 보며, 혹은 난자된 육체를 찍은 사진을 보며 우리는 무엇을 느끼는가? 손택의 말대로 "이런 일이 나에게 일어나지 않을 거다, 나는 아프지 않다, 나는 죽지 않는다, 나는 전쟁터에 있지 않다 같은 사실을 알고 있다는 그럴싸한 만족감" 때문인가? 손택의 이 저서에 타인의 고통에 대한 우리들의 진짜 모습이 담겨 있는 것은 아닐까? 손택이 제시한 전쟁 사진들을 구경하시라!

수전 손택(Susan Sontag, 1933~2004), 『타인의 고통』,
이재원 역, 이후, 2004

류시화 시를 좋아하는 게 왜 문제인가?

통속성이란 무엇인가? 한국문학예술위원회에서 엮은 『100년의 문학용어사전』(도서출판 아시아, 2008)은 통속문학을 "문학적 교양이 비교적 낮은 독자를 대상으로, 그들의 흥미나 기호에 중점을 두고 저술한 문학"이라고 정의 내린다. 이와 더불어 부연된 내용 가운데 그 요체를 보면, 통속예술은 19세기 산업경제 시대 이후 등장한, 교육을 받지 못했거나 그릇된 교육을 받은 도시의 까다롭지 않은 감상층에 의해 향유된다. 최근 독자들에게 큰 인기를 누리는 베스트셀러 작가들의 몇몇 작품과 인터넷 등 대중 매체를 통해 발표되는 작품들이 통속문학이자 대중문학이라고 설명한다.

이 같은 문학용어사전의 정의는 다소 모호하고 추상적이다. 베스트셀러나 대중매체를 통해 발표된 작품들의 특징이나 성격을 상세히 밝히고 있지 않기 때문이다. 아울러 통속예술의 향유층에 대한 설명을 너무 단순하게 처리하고 있다는 지적을 하지 않을 수 없다. 과연 통속예술의 향유층을 교육을 받지 못했거나 그릇된 교육을 받은 도시의 까다롭지 않은 감상층이라고 단언할 수 있는가? 이는 고급예술은 교양 있는 지식인층에 의해, 통속예술은 교육 정도가 낮은 층에 의해 향유된다는 도식을 내포한다. 우리의 상식에 비추어본다면 이와 같은 도식이 잘 들어맞아야 하는데 실상은 그렇지 않다. 물론 소위 말하는 고급예술의 향유층은 교양과 지식을 겸비한 사람들일 가능성이 크다. 대부분의 고급예술이 까다로운 안목을 요구하기 때문이다. 그러나 이제 통속예술의 향유층은 교육을 받지 못했거나 그릇된 교육을 받은 도시의 까다롭지 않은 감상층에 한정되지 않는다. 고학력자와 올바른 교육을 받은 까다로운 감수성의 소유자들도 일상생활 속에서 통속극이나 자극적 스릴러, 게임, 인터넷에 출몰하는 판타지물을 즐긴다. 그리고 이 같은 경험은 일상적 담화 속에서 자연스러운 소통의 매개가 되곤 한다. 다소 길지만 통속예술에 대해 보다 그 실체를 명확히 설명한 글을 읽어보자.

> 통속예술은 '최대다수의 최대 행복'을 보장한다. 이 예술은 고급 예술이 지니는 교만한 요소도 없고, 이해하기 어려운 측면도 없다. 그리고 무엇보다도 위안을 주는 예술이다. 이것은 '자아폐아Your Excllency the Ego'가 은밀하게 희망해 온 모든 꿈을 손쉽게 이루어준다고 속삭인다. 통속예술의 역할은 가장 저급한 양식의 현실 도피이다. 참혹하고 희망 없는 현실에서 모든 것이 가능한 백일몽의 세계로 감상자를 안내하는 것이다. 아름답게 흐르는 시냇물과 고요한

호수와 백년설이 걸쳐진 산봉우리가 언제라도 당신 것이 될 수 있다고 유혹한다. 당신은 곧 아름다운 부잣집 딸과 결혼하고 대단한 사회적 출세를 하며 모든 사람이 선망의 눈길을 보낼 것이다. 당신은 이러한 행운들을 마지못한 듯이, 혹은 어쩔 수 없이 받아야만 하는 운명의 여신의 총아이다. 통속예술 속에서는 바로 이러한 것들이 가능하게 된다.

이러한 피상적이고 저급한 환상 충족의 예술은 산업혁명 이래 조성된 일상적 삶의 조건과 연결되어 있다. 현대적 삶의 가장 두드러진 특징은 탈진할 정도의 근로이다. 인류는 산업혁명의 폭발적 생산력을 휴식보다는 더 많은 물질적 풍요를 위해 사용해 왔다. 더 나은 물질적 생산력이 우리에게 더 많은 휴식과 자유를 주리라는 기대는 인간이 얼마만 한 탐욕과 물질적 욕구를 가지고 있는지에 대한 무지에서 비롯된 것이다. 구르는 눈덩이와 같이, 탐욕의 충족은 더 많은 욕구를 부르고, 확장된 생산력은 더 큰 생산력을 촉구한다. 어느 라틴 시인이 "돈은 탐욕을 부채질할 뿐, 그것을 충족시키지는 못한다$_{\text{Pecunia avarum irritat, non satiat}}$"라고 말한 것처럼, 끊임없이 조장되는 우리의 소비 욕구는 "언젠가는 충족되겠지" 하는 헛된 기대를 비웃는다. 이것은 마치 "이번 프로젝트만 끝마치면 휴식이 있겠지" 하는 위안 섞인 기대와 똑같은 것이다. 아마도 더 힘들고 더 오랜 노역이 기다리고 있을 것이다. 그리하여 도시인들은 일하고, 일하고, 또 일한다. 이제 자기 존재는 어디론가 사라지고 일하는 기계만 남게 된다. "나는 일한다. 고로 나는 존재한다." 그들에게는 휴가조차도 다른 종류의 근로이다. 평소에 미뤄두었던 일—가족과의 여행이나 독서나 집안의 수리—을 처리해야 하는 것이다. 이를 두고 재충전이라고들 하던가.

일의 망령에 사로잡힌 도시인들은 한시도 가만있지 못한다. 그들은 공허하고 무의미한 활동욕에 사로잡혀 있으며 무엇인가 하고 있어야 한다는 초조감에 시달린다. 무위도식은 최대의 부도덕이다. 그리고 견뎌내지도 못한다. 무언가를 해야 한다. 그래야만 자기가 쓸모 있는 사람이라고 위안할 수 있고, 또 삶의 덧없음도 잊을 수 있지 않겠는가.

산업사회에 내재한 이러한 성격이야말로 근대에 들어 통속예술이 폭발적으로 증대한 배경이다. '일하는 기계'들의 무위와 공허를 채워주어야 한다. 그들에게 긴장이 요구되는 고급예술을 제공하는 것은 어불성설이다. 고급예술이 지니는 엄격함과 난해함과 준엄성은 일종의 독침인 것이고, 그것들은 이 독침이 모두 제거된 채로 제공되어야 한다. 예술이란 모름지기 그 감상이 용이하고 그 향수가 편안해야 한다. 혹은 광란적인 도취와 센세이셔널리즘이라도 있든지. 그것은 마땅히 목가적인 것이 되어야 하고 기만적인 것이 되어야 하며 자기만족적이고 비천해야 한다. 누가 고귀함을 원하는가. 존재의 고달픔과 진실을 은폐해주기만 하면 된다. 우주와 대면한 인간 존재의 부조리함뿐만 아니라 사회 현실의 부조리함에도 마법의 장막을 덮어주어야 한다. 모든 쓰레기를 황금으로 덧칠해야 한다. 할리우드 영화가 그것을 하지 않는가. 쓰레기더미에서

장미 한 송이를. 모든 고달픔을 거짓된 싸구려 감상으로 치장하지 않는가.

다른 하나의 상황도 통속예술의 범람을 도와준다. 15세기 화폐경제의 성립 이후로 모든 가치는 돈으로 환산할 수 있게 되었다. 이제 '돈이 만물의 척도'가 되었으며, 돈으로 구매할 수 없는 것은 없게 되었다. 이해할 수 없다면 연표를 살펴볼 일이다. 경이로운 문명의 진보 운운하는 것들은 모두 돈으로 구매할 수 있게 된 것이 목록에 하나 더 첨가되었음을 달리 말하는 데 지나지 않는다. 가치의 금전적 확산이 뜻하는 바는 "모든 가치가 소비대상이 된다"는 것이다. 현대의 어느 철학자가 탄식하는 바와 같이, 존재를 위해 애쓸 필요가 없게 되었다. 소유하고 소비하면 되는 것이다.

통속예술은 소비를 위한 예술이다. 예술의 기원적 의의는 우리 삶의 일부로서, 존재의 의미를 현현하기 위한 것이었다. 깊은 산중에 남겨진 최초의 예술의 흔적들―신비스러운 아름다움을 지닌 동굴 속의 그 채색된 동물들―은 현생인류의 꿈과 염원이었을 뿐만 아니라 이미 그 꿈이 실현된 것이었다. 크로마뇽인들이 동굴 벽에 그림을 그릴 때에는 거기에 소와 양이 현존한다는 것을 의미했다. 그들에게 주술은 곧 현실이었다. 그것은 소비되기보다는 더불어 살기 위한 것이었다. 그러나 이제 먹기 위해 음식이 필요하고, 이동을 위해 차량이 필요하듯이, 위안과 손쉬운 쾌락을 위한 예술이 요구되었다. 그리고 이것은 예술가를 위해서는 몰라도 예술을 위해서는 비극이다. 마치 성적 쾌락을 위해 요구되는 여성이 비극적 운명을 겪듯이.*

저자는 통속예술의 특징과 기능, 기만적 성격, 폭발적 증대의 원인을 냉소적 태도로 예리하게 밝히고 있다. 이 글에 따르면 통속예술은 이해하기 어렵지 않은 것, 위안과 손쉬운 쾌락을 주는 것, 다시 말해 현실의 고달픔과 진실을 은폐한 거짓 환상을 통해 현실 도피를 가능하게 하는 것 등으로 설명한다. 이 같은 통속예술이 증대한 원인은 산업사회의 도래와 더불어 우리들의 일상적 조건이 인간을 일의 노예로 만들었기 때문이며, 모든 가치가 소비 대상으로 바뀌었기 때문이라고 말한다.

이 글에서 주목되는 것은 '위안'이라는 단어이다. 일상적 피로감과 공허함을 손쉽게 위안받고자 하는 욕망이 통속성에 대한 끌림으로 이어진다는 것이다. 이는 통속예술을 향유하고자 하는 심리적 기저를 말해준다. 쉽게 소비하고 배설할 수 있는 가벼운 쾌락에 대한 욕구가 우리가 즐겨 말하는 문화생활의 동력인지도 모른다. 저자가 지적했듯이 이 같은 통속예술의 문제점은 "모든 고달픔을 거짓된 싸구려 감상으로 치장"한다는 데 있다. 통속극, 통속소설, 통속화처럼 통속시 또한 이 같은 문제로부터 벗어나 있지 않다.

우선 대중들에게 인기 있는 몇몇 시인들의 시 제목부터 훑어보자.

---

* 조중걸, 『키치, 우리들의 행복한 세계』, 프로네시스, 2007, pp. 35~38.

「그대가 곁에 있어도 나는 그대가 그립다」(류시화), 「지금은 그리움의 덧문을 닫을 시간」(류시화), 「전화를 걸고 아무말도 하지 않는 사람에게」(류시화), 「외눈박이 물고기의 사랑」(류시화), 「사랑의 기억이 흐려져간다」(류시화), 「그대가 생각났습니다」(이정하), 「그대 굳이 사랑하지 않아도 좋다」(이정하), 「기다리는 이유」(이정하), 「난 너에게」(이정하), 「누군가를 사랑한다는 것은」(이정하), 「부치지 못할 편지」(이정하), 「가슴 아픈 사랑 이야기」(용혜원), 「가슴에 남아 있는 사랑」(용혜원), 「그대가 그리워지는 날에는」(용혜원), 「그대가 무척 보고 싶어질 때」(용혜원), 「그대를 사랑합니다」(용혜원), 「너를 만난 행복」(용혜원), 「그 사람」(원태연), 「그립다는 것」(원태연), 「내가 사랑했기 때문에」(원태연), 「누군가 다시 만나야 한다면」(원태연), 「사랑한다는 것은」(원태연)

인터넷을 통해 널리 알려진 이들 시편들의 제목을 보면 그 공통점을 한눈에 알 수 있다는 게 이들 시의 특징 가운데 하나이다. 대중에게 가장 인기 있는 테마는 옛날이나 지금이나 사랑이다. 위에 인용한 시인들의 작품 가운데 가장 빈도수가 많은 테마가 사랑과 연관된 그리움, 이별, 만남, 기다림, 용서 등이다. 물론 모든 사랑시가 다 통속적이라 말할 순 없다. 아니 사랑시는 인간의 가장 보편적 결핍을 드러낸다는 점에서 매우 중요한 가치를 지닌다. 메마른 우리들의 정서에 물기를 제공하고 한순간이나마 우리들의 마음에 인간에 대한 따뜻한 그리움을 불러일으키는 것이 사랑시이기 때문이다.

  그러나 위의 제목들을 보면 지나치게 직설적이고 노골적이고 천편일률적이다. 너무 평이하고 단순하고 상투적이지 않은가. 시라고 하기에는 언어에 대한 예술적 고민의 흔적이 거의 보이지 않는다. 고민의 흔적이 없으니 독자도 고민할 필요가 없을 것이다. 더 심각한 문제는 각각의 제목에서 개성적 변별점을 거의 찾기 어렵다는 점이다. 이 시인과 저 시인의 시 제목을 바꿔놓아도 아무런 문제가 없어 보인다. 새로움과 창의력이 결여된 이 같은 현상은 평준화된 언어와 획일화된 상상력이 작동하고 있기 때문에 나타나는 것이다. 대중적 입맛에 맞추어진 일정한 수준이 의도적으로 유지되고 있는 것이라 할 수 있다.

    물 속에는
    물만 있는 것이 아니다
    하늘에는
    그 하늘만 있는 것이 아니다
    그리고 내 안에는
    나만이 있는 것이 아니다

    내 안에 있는 이여
    내 안에서 나를 흔드는 이여
    물처럼 하늘처럼 내 깊은 곳 흘러서

은밀한 내 꿈과 만나는 이여
그대가 곁에 있어도
나는 그대가 그립다

> 류시화, 「그대가 곁에 있어도 나는 그대가 그립다」 전문
> (『그대가 곁에 있어도 나는 그대가 그립다』, 푸른숲, 1991)

그대여
손을 흔들지 마라.

너는 눈부시지만
나는 눈물겹다.

떠나는 사람은 아무 때나
다시 돌아오면 그만이겠지만
남아 있는 사람은 무언가.
무작정 기다려야만 하는가.

기약도 없이 떠나려면
손을 흔들지 마라.

> 이정하, 「사랑의 이율배반」 전문
> (『너는 눈부시지만 나는 눈물겹다』, 푸른숲, 1994)

이 세상에 그대만큼

사랑하고픈 사람 있을까

처음 만났을 때부터

내 마음 송두리째 사로잡아

머무르고 싶어도

머무를 수 없는 삶 속에서

이토록 기뻐할 수 있으니

그대를 사랑함이 나는 좋다

용혜원, 「이 세상에 그대만큼 사랑하고픈 사람 있을까」 부분
(『이 세상에 그대만큼 사랑하고픈 사람 있을까』, 민예원, 1998)

만날 인연이 있는 사람은

지하철에서 지나쳐도

거리에서 다시 만날 수 있지만

헤어져야 할 인연인 사람은

길목을 지키고 서 있어도

엇갈릴 수밖에 없다.

이런 진리를 알고 있으면서도

다시 한번 엇갈린 골목에서

지키고 서 있을 수밖에 없는 것이

또, 사랑의 진리이기도 하다.

원태연, 「사랑의 진리」 전문
(『넌 가끔가다 내 생각을 하지 난 가끔가다 딴 생각을 해』, 영운기획, 1992)

위에 인용한 작품들은 통속시가 지닌 특징을 가장 잘 드러내주는 예라 할 수 있다. 류시화의 시는 내면화된 사랑과 꿈의 일치를, 이정하의 시는 떠나는 사람에 대한 야속한 심정을, 용혜원의 시는 사랑의 기쁨을, 원태연의 시는 사랑하는 사람과의 숙명적 인연을 각각 말하고 있다. 류시화의 시는 하늘과 물을 마음에 비유하고 동일한 형태의 문장을 병렬함으로써 시적 리듬감을 만들어내고 있다는 점에서 인용한 나머지 세 편의 시와 비교할 때 훨씬 기교적이다. 이정하나 용혜원, 원태연의 시는 설명과 진술로 이루어진 산문적 문장을 연갈이와 행갈이를 했을 뿐이다. 엄밀하게 말해 최소한의 장치로 시의 형태를 겨우 갖추었다고 할 수 있다. 그런 면에서 류시화가 보여주는 통속적 감각은 그저 붓 가는 대로 쓴 이정하나 용혜원, 원태연의 경우와 달리 의도적으로 대중적 입맛에 맞추어 조절된 것으로 판단된다. 그의 글에서 자주 발견되는 교훈적 잠언, 대표적 예를 들면 "지금 알고 있는 걸 그때도 알았더라면"(사실 이 시구절은 류시화의 문장이 아니라 류시화가 엮은 번역시집에 실린 시구절이다. 그럼에도 많은 사람들은 이를 류시화의 작품으로 알고 있다)과 같은 구절은 대중이 무엇을 원하는가를 간파한 결과물이라 할 수 있다. 대중들은 감상성 못지않게 교훈성을 욕망한다. 이때 교술적 문장은 가급적 짧아야 효과를 볼 수 있다. 길어지면 읽고 싶은 욕망이 소멸되기 때문이다. 잠언적 형태의 문장이 인기를 끄는 것은 이 때문이다. 법정스님의 저작들이 늘 베스트셀러가 되는 것도 이와 무관하지 않다. 사람들이 류시화에 열광하는 까닭에 대해서는 보다 정교한 사회학적 접근이 요구된다.

한편 언어운용방식과 더불어 이들 시가 환기하는 감상성, 메시지의 단순성 혹은 복잡성의 결여, 표현의 상투성 등에 대해 생각해볼 필요가 있다. 특히 이정하나 용혜원, 원태연의 경우는 아무런 해석을 요구하지 않는다. 독자는 생각을 끊고 그저 맥락을 따라서 느끼기만 하면 그만이다. 이러한 특성은 얕은 위안과 감동을 통한 일시적 카타르시스의 효과를 만들어낸다. 그 이상은 아니다. 통속시에 대한 끌림은 손쉬운 이해와 가벼운 카타르시스를 노력 없이 얻을 수 있다는 데서 촉발한다. 독자를 적당히 감상적으로 만들어주는 이 같은 통속시들은 일상적 자아에게 낭만적 분위기에 깊이 빠져들었다는 도취감을 제공하기도 한다. 그리고 이것이야말로 가장 시적인 것이라고 착각하게 만든다. 문제는 여기에 있다. 류시화 시를 좋아하는 게 문제가 아니라 류시화 시만 좋아하는 게 문제다. 시에 대한 단순·소박한 그러나 강력한 편견이 이로부터 시작되기 때문이다. 이러한 편견은 그야말로 주옥같은 명작들을 일상에서 밀어내는 배타성으로 돌변할 가능성이 농후하다. 이때 독자는 인간의 삶이 얼마나 복잡하고 다양한 문제를 안고 있는지, 인간의 진실이 무엇인지, 세계가 얼마나 기만적인지에 대해 더 이상 생각하지 않게 된다. 즉 "모든 고달픔을 거짓된 싸구려 감상으로 치장"하는 일에 동참하는 것이다. 사실 인생에서 거짓된 싸구려 감상 따위로 해결될 수 있는 문제는 거의 없다. 인식의 확장과 갱신은 자기 갱신을 의미하며 이는 삶을 갱신하는 중요한 동력으로 작용한다. 통속적 감상에 묶여 있는 자신의 내면을 새롭게 하는 방법은 새로운 진리를 향해 과감하게 자신을 열어놓는 데서 시작한다.

사유의 끈

통속에서 벗어나야 하는 이유는 그것이 기만적이기 때문이다. 더 중요한 이유는 너무 진부하지 않은가! 우리의 감성을 훈육하는 저 낡고 낡은 반복의 서사를 가로질러 치열한 세계로 나아가고자 한다면 우선 낡음의 편안함부터 벗어던져야 한다. 아방가르드(전위)는 바로 그런 사람들이다.

『도발』의 저자는 책 서문에서 "아방가르드는 미래를 내다보고 자신들의 통찰력을 우리 눈앞에 들이대는 일에 자신의 재능, 심지어는 삶까지도 바치는 사람들을 말한다. 멀리 내다보고, 크나큰 위험 부담을 기꺼이 감수하면서 가장 도전적인 예술을 만들어내는 이들은 젊거나 십대인 경우가 많다. 이 책은 이런 위험을 무릅쓴 사람들, 그리고 그들의 창조물과 그들이 살던 시대에 관한 이야기다. 이 이야기는 우리가 세계를 상상하는 방식을 바꿔 놓은 예술, 그리고 그런 예술을 가능케 한 세계에 관한 이야기인 것이다. 이 역사는 자기 파괴, 배반, 바보 같은 짓거리로 점철되어 있다. 그렇지만 이 역사는 위대한 예술의 역사며, 우리 시대의 중요한 관심사기도 하다"라고 말한다. 젊음의 가치 가운데 하나는 낡은 것을 역겹게 느낄 수 있는 신생의 감성을 지니고 있다는 데 있다. 그 신생의 감성은 낡음을 안전지대로 고수하려는 기성세계에 대해 저항하고 공격할 무기이다.

마크 애론슨(Marc Aronson), 『도발 : 아방가르드의 문화사, 몽마르트에서 사이버 컬처까지』, 장석봉 역, 이후, 2002

거대한 방
그 방속에는 수많은 작은 방들이 있고
문들이 있고

문을 열면 다시 방
그 방의 문을 열면
또다시 방

거대한 방
수많은 방으로 이루어진
이 거대한 방을

나는 쓱싹
한순간에 그린다

박상순, 「대리물의 정신물리학」 전문
수많은 방으로 이루어진 거대한 방을
한순간에 쓱싹 만들어낼 수 있는 방법은 상상밖에 없다.
현실에서 할 수 없는 것을 예술은 가능하게 한다.
통쾌한 일이다.

III 제한 없는 몽상과 사색의 세계

시의 깊이란 무엇인가?

 시는 객관적 지식이나 정보만으로 훌륭한 해석에 도달할 수 있는 언어 양식이 아니다. 시를 얘기할 때 자주 등장하는 단어가 '깊이'이다. 깊이는 추상적이지만 시의 수준을 달아보는 중요한 저울이다. 수심을 재듯 언어의 깊이를 잰다는 게 가능할까? 쉽지 않은 문제이다. 시의 깊이는 객관적 근거나 논리로 다 설명하기 어렵기 때문이다. 시의 깊이를 재는 일은 시를 읽는 자의 내면적 깊이와 긴밀한 상관성을 갖기 때문에 독자에 따라 편차가 발생할 수 있다. 그럼에도 이 불명확한 잣대를 되도록 잘 설명해보고자 노력하는 이유는 그것이 시의 수준과 직결되기 때문이다.
 언어의 깊이는 상상의 깊이이며 생각의 깊이다. 고뇌가 없는 얕은 생각은 얕은 언어로 표현된다. 닳아빠진 진부하고 상투적인 언어, 인간의 복잡한 내면을 단순화시키는 발상, 혹은 부질없는 수사로 치상한 표현들, 주제는 단순한데 복잡한 기교로 난해성과 장식성만 증폭시킨 구성들, 시인 혼자만 도취해 있는 감정의 분출들, 얄팍하고도 저급한 감상성, 설명을 통해 호소하는 문장들, 상처와 고통의 표출을 낭만적 시심으로 착각한 자폐적 나르시시즘, 옹색하고 왜소한 생각의 둘레, 어디서 많이 본 듯한 스타일, 눈물을 강요하는 문장들, 자의식도 없이 낡은 진실을 재생산하는 관성적 태도, 부질없는 장광설, 시각매체에서 함부로 도용해온 이미지들, 다른 시인과 변별되지 않는 그 모든 것들. 이 모두가 깊이를 확보하지 못한 경우와 관련한다. 그렇다면 이러한 것과 반대되는 경우는 어떤 것일까?

오게
아직도 오히려 사랑할 줄을 아는 이.
쫓겨나는 마당귀마다, 푸르고도 여린
門(문)들이 열릴 때는 지금일세.

오게
低俗(저속)에 抗拒(항거)하기에 여울지는 자네.
ㄱ 소슬한 시름의 주름살들 그대로 데리고
기러기 앞서서 떠나가야 할
섧게도 빛나는 외로운 雁行(안항) - 이마와 가슴으로 걸어야 하는
가을 雁行(안항)이 비롯해야 할 때는 지금일세.

작년에 피었던 우리 마지막 꽃 - 菊花(국화)꽃이 있던 자리,

올해 또 새 것이 자넬 달래 일어나려고
白露(백로)는 霜降(상강)으로 우릴 내리 모네.

오게
지금은 가다듬어진 구름.
헤매고 뒹굴다가 가다듬어진 구름은
이제는 楊貴妃(양귀비)의 피비린내나는 사연으로는 우릴 가로막지 않고,
휘영청한 開闢(개벽)은 또 한번 뒷門(문)으로부터
우릴 다지려
아침마다 그 서리 묻은 얼굴들을 추켜들 때일세.

오게
아직도 오히려 사랑할 줄을 아는 이.
쫓겨나는 마당귀마다, 푸르고도 여린
門(문)들이 열릴 때는 지금일세.

서정주, 「가을에」 전문
(『미당 서정주 시전집 1』, 민음사, 1983)

　서정주의 이 시는 가을을 제재로 한 수많은 한국시 가운데서도 수작에 해당한다. 가을은 쓸쓸함, 외로움, 소멸, 허무 등의 의미로 보편화되곤 한다. 사람들은 이러한 가을의 정취에 감염되어 감

상적인 상태가 되는 것을 즐긴다. 낙엽을 밟고 혼자 차를 마시고 외로움을 더욱 부추겨 비극적 감상성을 내면화한다. 인간이 기쁨만을 좋아하는 것이 아니라는 사실을 나는 가을에 자주 확인하곤 한다. 떠돌이의 마음이 되어 슬픔과 절망도 즐긴다는 사실을. 이러한 정취 속에서 사람들은 자신이 스스로에게 진실하다는 것을 느끼는 걸까? 스스로의 슬픔에 빠지고 싶어 하는 자에게 한 구절의 눈물겨운 시나 감미로운 음악이 가장 그럴듯한 촉진제가 될 수도 있을 것이다. 가을과 관련한 많은 시편들은 이러한 보편성에 기반하고 있다.

그러나 미당의 「가을에」에는 계절적 보편성을 뛰어넘는 정신의 힘이 담겨 있다. 가을은 춥고 고달픈 겨울을 향해 가는 시간의 길목이다. 이 시간의 길목에서 화자는 감상적 포즈를 버리고 우리의 정신이 보다 견고해져야 함을 강조한다. '低俗에 抗拒'하며 봄을 지나, 여름을 지나 힘겨웠던 우리들에게 시인은 "오게/아직도 오히려 사랑할 줄을 아는 이"라고 고무한다. "그 소슬한 시름의 주름살들 그대로 데리고" 오라고 말한다. 삶의 고통으로 주름진 그 모습 그대로의 스스로를 인정하고 받아들이며 가을의 시간 앞에 서라고 권유하는 것이다. 이제 지난 시간보다 더 힘겨운 "가을 雁行이 비롯해야 할 때"가 왔기 때문이다. 그것은 차가운 바람을 가르며 "이마와 가슴으로 걸어야 하는" 전력투구의 시간이라 할 수 있다. 화자는 이 가을 안항을 섧고도 빛나는 외로움이라 말한다. 거친 삶과 맞서는 존재의 고결한 실천은 외롭지만 빛나는 행위라 할 수 있다.

　가을 안항을 시작해야 하는 이 시간의 지점에서 국화는 서리를 얼굴에 묻힌 채 새로 핀다. 조락의 계절에 시인은 오히려 강한 생명의 국화를 직시함으로써 저 강인함이 "자넬 달래 일어나려고" 피어난다며 위로한다. 한편 "헤매고 뒹굴다가 가다듬어진 구름"처럼 인간 삶의 슬픈 사연들도 가다듬어져 우릴 가로막지 않는다는 것은 내면적 방황도 끝내야 함을 암시한다. 이제 존재의 내부는 단단하게 정돈된 상태에 이르러 먼 길을 예비해야 한다. 백로에서 서리 내리는 상강으로 내모는 가을 복판에서 시름으로 주름진 자네에게 이 시의 화자는 더 춥고 혹독한 것을 이겨내라고 말한다.

　그런 의미에서 이 시의 가을은 쇠락의 계절이 아니라 새로 시작하는 '휘영청한 開闢'의 시간이라 할 수 있다. 시인은 개벽의 시간을 "아침마다 그 서리 묻은 얼굴들을 추켜들 때"라는 표현으로 의인화한다. 추위를 이겨내는 추켜듦의 자세에는 주저앉지 않고 꼿꼿하게 자신을 일으켜 세우는 존재의 의지가 함의되어 있다. 그렇기 때문에 가을은 "쫓겨나는 마당귀마다, 푸르고도 여린/門들이 열릴 때"라는 역설의 시간이다. 푸른 여름이 쫓겨나는 마당귀에서 우리는 다시 푸른 개벽의 시간을 맞이하며 가을 안항을 힘차게 다시 시작해야 하리라.

　이 시에는 가을을 맞이한 자에 대한 지극한 위로와 고무가 담겨 있다. "아직도 오히려 사랑할 줄을 아는 이"라는 구절에서 '아직도 오히려'가 강조된 까닭은 고통 속에서 인생을 사랑하는 일이 얼마나 힘겨운 일인가를 뜻한다. 이 문장은 삶의 무수한 고통을 이겨낸 당신은 여전히 인생을 사랑하는 사람이 아니냐는 의미가 함축되어 있다. 아울러 그런 당신이라면 고통의 징표인 "소슬한 시름의 주름살들"을 부정하지 않으며 앞으로 닥쳐올 혹독한 겨울을 이겨낼 수 있다는 위로의 의미가 내포되어 있다. 쓸쓸함과 외로움으로 물드는 가을, 삶을 포기하고 주저앉고 싶은 마음으로 헤맴이 계속되는 계절 앞에서 시인은 독자에게 자신을 긍정할 수 있는 힘을 불어넣고 있는 것이다. 또 한 편의 가을 시편을 보자.

    저기 늘 있던 강물들이 비로소 흐르는 게 보인다 흐르니까 아득하다 춥다 오한이 든다

    나보다 앞서 주섬주섬 길 떠날 채비를 하는 슬픈 내 역마살이 오슬오슬 소름으로 돋는다

    찬바람에 서걱이는 옥수숫대들, 휑하니 뚫린 밭고랑이 보이고 호미 한 자루 고꾸라져 있다

    누가 던져두고 떠나버린 낚싯대 하나 홀로 잠겨 있는 방죽으로 간다 허리 꺾인 갈대들 물속 맨발이 시리다

11월이 오고 있는 겨울 초입엔 배고픈 채로 나를 한참 견디는 슬픈 공복의 저녁이 오래 저문다

정진규, 「슬픈 공복」 전문
(『공기는 내 사랑』, 책만드는집, 2009)

    이 시는 서정주의 시와 달리 가을이라는 계절의 보편적 정서나 정황에 훨씬 밀착되어 있는 경우이다. 그럼에도 불필요한 기교나 감정의 과잉을 제어함으로써 오히려 극도의 쓸쓸함 속으로 독자를 이끄는 데 성공한다. 그것은 자연스럽게 느껴지는 저 폐허의 이미지와 폐허를 바라보는 방랑하는 심연이 맞물리면서 생성된다. 이 시의 화자는 "저기 늘 있던 강물들이 비로소 흐르는 게 보인다"고 말한다. 이 표현에는 '비로소' 발견한 자의 시선이 숨어 있다. 그는 무엇을 발견한 것일까? "흐르니까 아득하다 춥다 오한이 든다"는 표현을 통해 유추해보면 그가 발견한 것은 강의 '움직임' 혹은 '떠남'이다. 이 움직임은 3연과 4연에서 보이는 정적인 폐허의 이미지와 대비된다. 서걱이는 옥수숫대와 밭고랑, 고꾸라져 있는 호미 한 자루는 한 해의 농사와 힘겨운 노동의 기표들이다. 살아보겠다고 애썼던 흔적들이다. 이 흔적들 앞에서 시인은 자신의 감정을 드러내지 않은 채 행간을 비운다. 처연한 이미지를 독자의 몫으로 고스란히 양보하는 것이다. 낚싯대만 홀로 남아 있는 방죽과 허리 꺾인 갈대의 풍경 앞에서도 시인은 자신의 고독감을 노출하지 않는다. 마찬가지로 행간의 여백으로 독자를 이끈다. 독자

에게 음미할 시간을 주는 것이다. 이것이 절제이다.

  정진규의 시풍을 잘 아는 사람이라면 이러한 행간의 여백이 그의 시에서 자주 발견되는 것이 아니라는 사실을 눈치챌 것이다. 이 시의 행간이 의미심장하게 여겨지는 것은 시인이 평소 산문시의 묘미를 누구보다 잘 구사하기 때문이기도 하다. 시인은 이 시에서 각별히 유장하고 그윽한 시적 리듬을 만들어냄으로써 독자의 정서를 저 폐허의 저녁처럼 가라앉히고 있는 것이다. 그런데 이 가라앉음에는 "나보다 앞서 주섬주섬 길 떠날 채비를 하는 슬픈 내 역마살"이 흐르는 강물처럼 휘돌고 있다. 이로부터 비장미가 발생한다. 고꾸라진 호미와 허리 꺾인 갈대들을 가로질러 이 시의 화자는 떠나야 한다는 생각에 잠겨 있는 것이다. 멈추지 않고 흐르는 강물처럼, 추위와 공복을 껴입고 겨울을 향해 나아가는 이 고독한 화자는 "나를 한참 견디는" 자이다. 인생은 어찌 보면 나를 견디는 일일지도 모른다. 그는 방랑의 길에서 돌아와 정주의 삶에 안돈하려는 자가 아니라 먼 곳으로, 추운 곳으로 가려는 자이다. 여기에는 폐허를 딛고 자기의 고독을 포기하지 않는 한 낭만주의자의 초상이 담겨 있다. 고독에 함몰되는 것과 고독을 포기하지 않는 것은 매우 다른 태도이다. 내부에서 밀려오는 고통을 자기화하는 단계를 거쳤을 때 고독은 감상의 차원이 아니라 존재의 차원으로 깊어진다. 폐허를 관조할 수 있는 힘은 여기에서 비롯된다.

  서정주의 「가을에」는 우리들이 보편적으로 느끼는 가을의 정취를 '모진 인생살이를 어떻게 견뎌내야 하는가'라는 문제'로 심화시킨다. 여기에는 얄팍한 감상성도 닳아빠진 발상도 없다. 이 시 앞에서 우리의 인생은 진지해지고 숙연해진다. 정진규의 「슬픈 공복」은 가을의 보편적 정황에 충실하면서 동시에 그것이 촉발할 수 있는 감상성을 제어함으로써 독자에게 역으로 지극한 슬픔을 느끼게 하는 시편이다. 시인은 이 시를 통해 자기를 견디고 자기의 고독을 포기하지 않는 것, 그것이 가을의 존재론이라고 말한다. 그런 면에서 서정주와 정진규의 두 편의 시는 상통하는 면이 있다. 시의 깊이는 동일한 대상을 어떤 수준으로 다루는가에 달려 있다. 다른 시인의 작품과 변별되는 정신의 경지가 느껴질 때 시는 참신한 매력을 확보하게 된다. 눈물을 강요하는 가을 시편은 얼마나 흔한가. 자폐적 나르시시즘에 도취한 비탄의 문장들은 얼마나 진부한가. 독자의 깊이는 깊이 있는 시에 대해 골똘해질 때 만들어진다.

사유의 끈

생각의 깊이는 사유와 경험과 실천 그리고 개인의 기질까지 포함해 총체적 용해에 의해 만들어진다. 그럼에도 지적 욕구의 결여는 생각의 깊이를 만드는 데 치명적일 수 있다. 앎의 기쁨을 버린 자는 삶의 영역을 자신이 몸담고 있는 육체의 영역에 묶어두는 자이다. 그렇다면 지적 욕구의 여린 싹을 잘 살려내기 위해 우리가 할 수 있는 일은 무엇인가? 세상에는 진리에 목숨을 걸었던 위대한 인물들이 많다. 그들이 남긴 글들을 읽는 것이 가장 좋은 방법일 수 있다. 그러나 단번에 지적 욕구를 채우기 위해 누군가에게서 들었던 푸코의 『광기의 역사』를 읽기 시작한다면 몇 페이지 넘기지 못한 채 그 독서는 실패할 가능성이 매우 높다. 위대한 저술 속에는 분명 동시대 사람이 생각지 못했던 사유의 핵이 있다. 한 존재의 사유의 틀과 전개를 한입에 꿀꺽할 수 없는 노릇이다. 위대한 저술일수록 성공적 독서를 위한 안내자가 필요하다. 예를 들어 김용관의 『생각의 진화』는 아이작뉴턴, 볼테르, 루소, 고드윈, 맬서스, 다윈, 마르크스, 쇼펜하우어, 니체를 이해하기 위한 도움닫기 역할을 하는 책이다. 저자가 기술한 쉽고도 흥미로운 정보들은 그가 소개한 인물들을 이해하는 데 매우 훌륭한 지침을 제공한다. 학자들은 간혹 이러한 이차텍스트들을 무시하곤 하는데 나는 생각이 좀 다르다. 일차텍스트로 진입하기 위한 소중한 촉매제라 생각하기 때문이다. 이 책의 저자는 뉴턴의 공부 방법을 이렇게 소개하고 있다. "뉴턴은 데카르트의 책을 읽어나가다 모르는 부분이 생기면 다시 처음부터 읽고 또 읽다가 모르면 다시 처음부터 읽기 시작해서 결국 누구의 도움이나 가르침도 없이 전체 내용을 완전히 이해하였다. 당시 그가 공부한 흔적들을 살펴볼 수 있는 그의 노트가 지금도 유물로 남아 있다." 개괄적 안내서를 챙겨보라는 나의 뜻과는 정반대되는 뉴턴의 공부 방법이긴 한데, 이 공부 방법을 이 책에서 배워온다면 더없이 좋은 일이 될 것이다.

김용관(1965~), 『생각의 진화』, 국일미디어, 2010

자유로운 발설은 시가 될 수 없는가?

　함축과 생략을 통해 긴장된 말의 아름다움을, 내면의 진실을 드러내고자 하는 것이 시 미학의 근본 원리이다. 이 같은 언어의 절제는 곧 감정의 절제를 뜻한다. 절제되지 않은 감정을 드러내기 위해서는 많은 양의 말과 행위가 동반되어야 한다. 일상에서 가장 극단적인 예는 싸움을 하는 사람들의 모습이다. 소리 지르고 욕을 하고 주먹질을 한다. 이것은 내면의 분출이다. 시 또한 자신의 내면을 외부로 분출한다. 그러나 시적 분출은 일상적 분출과는 반대되는 방식에 의해 이루어진다. 분노와 슬픔과 외로움과 기쁨의 실체를 드러내기 위해 시인은 분출하는 데 몰두하는 것이 아니라 분출하는 방식에 몰두한다. 그 방식은 일차적으로 가급적 감정의 낭비를 통제하고 그것을 내면화하는 데 있다. 내면에 응결된 감정을 최소한의 언어로 되살려내는 것이 시 쓰기의 근본 태도이다. 이로부터 미감이 생겨난다. 여기에는 감정의 소란스러움과 과잉과 구질구질한 신파를 정화해가는 쾌감이 내포되어 있다. 시인은 군더더기를 잘라내고 언어의 밀도를 최대화하여 대상의 본질을 고스란히 되살려내고자 한다. 시에서 절제미가 반복적으로 강조되는 까닭이 여기에 있다.

    마루가 햇빛에 쪼여 찌익찍 소리를 낸다. 책상과 걸상과 화병, 그 밖에 다른 세간들도 다 숨을 쉰다. 그리고 주인은 혼자 빈 궤짝처럼 따로 떨어져 앉아 있다.

김상옥, 「빈 궤짝」 전문
(『촉촉한 눈길』, 태학사, 2000)

내용 없는 아름다움처럼

가난한 아희에게 온
서양 나라에서 온
아름다운 크리스마스 카드처럼

어린 羊들의 등성이에 반짝이는
진눈깨비처럼

김종삼, 「북치는 소년」 전문
(『김종삼 전집』, 청하, 1988)

여기서부터, ─ 멀다

칸칸마다 밤이 깊은

푸른 기차를 타고

대꽃이 피는 마을까지

백년이 걸린다

서정춘, 「竹篇(죽편)·1 여행」 전문
(『죽편』, 동학사, 1996)

    세 편의 시는 눈으로 보기에도 매우 짧은 시에 해당한다. 김상옥의 「빈 궤짝」은 현대시조로 발표된 작품으로서 시인의 예리하고 섬세한 관찰력이 탁월하게 빛나는 작품이라 할 수 있다. 이 시는 사물의 동시적 재현을 통해 시의 상황을 압축시킨다. 마루와 책상 등속, 그리고 주인은 동일한 시간 속에 놓여 있다. 햇빛이 비추는 순간 마루는 뒤틀리는 소리를 내고 책상 등속은 숨을 쉰다. 그런데 주인은 "혼자 빈 궤짝처럼 따로 떨어져 앉아 있다." 시인은 햇빛이 쏟아지는 순간의 사물과 사람을 동시에 포착하고 있는 것이다. 이때 마루나 책상 등속과 주인의 이미지는 대조를 이룬다. 주인을 비유하는 '빈 궤짝'은 사람을 가구의 층위로 바꿔놓는다. 그 속은 비어 있고 움직임이 없다. 그리고 그는 햇빛 속에서 숨 쉬는 사물들과 달리 소외되어 있다. 순간 비생명적 사물과 생명적 인간의 자리가 역전된다. 주인의 외로움이 다른 사물과의 대조 속에서 부각되는 효과를 거두고 있는 것이다. 김상옥은 이러한 시적 정황을 단 세 개의 문장으로 성취해낸다.

김종삼의 「북치는 소년」은 동화적 이미지를 통해 맑고 투명한 슬픔의 정서를 드러낸다. 투명한 슬픔의 정서 자체가 이 시가 내세우는 전부이다. 그게 전부이기 때문에 오히려 좋은 시이다. 시인이 말하는 '내용 없는 아름다움'이란 어떤 특정 관념이나 이념, 의미 따위에 종속되지 않은 순수 아름다움을 뜻한다. 그것은 가난한 아이가 받은 크리스마스 카드처럼 애잔한 아름다움이며 추운 어린 양들의 등성이에 반짝이는 진눈깨비처럼 애처로우면서도 맑은 아름다움이다. 이런 종류의 아름다움의 뉘앙스를 명료하게 설명하기란 매우 어려운 일이다. 우리는 몇몇 이미지들의 하모니를 감각하는 것이 더 나을지도 모른다. 시인은 북치는 소년에게서 이런 영롱한 슬픔의 아름다움을 느꼈던 것일까? 이 시는 세 개의 문장을 종결어미로 마무리하지 않고 '처럼'이라는 조사로 끝냄으로써 그 여운을 길게 남긴다. 마치 메아리처럼. 슬픔의 빛깔에도 여러 종류가 있지만, 슬픔은 일반적으로 감상성과 결부되기 십상이다. 그러나 이 시에서의 슬픔은 감상성이 아니라 투명성으로 감지된다. 슬프지만 맑음을 함께 지니고자 할 때 그 슬픔은 추하지 않은 것이 된다. 감정의 절제만이 이를 가능케 한다.

　박용래 이후 우리 시에서 절제미의 극단을 고수해온 시인 가운데 하나가 서정춘이다. 「竹篇·1 여행」은 그의 대표작이다. 이 시는 불과 다섯 행으로 이루어진 작품이다. 그러나 이 다섯 행에는 일평생의 꿈이 담겨 있다. 시인은 다섯 행 속에 일평생 즉 '백 년'이라는 긴 시간의 의미를 압축한다. 서정춘의 백 년은 숨 가쁜 밤의 여로이다. "대꽃이 피는 마을까지" 가기 위해 이 시의 화자는 "칸칸마다 밤이 깊은" 백 년의 시간을 견뎌야 하는 것이다. 그는 꿈이 한순간에 이루어지지 않는다는 사실을 체험으로 알고 있는 것이며, 꿈을 이루기 위해서는 일평생을 바쳐야 한다는 것을 알고 있는 것이다. 여기에서 화자의 단호한 어조와 그 어조가 환기하는 자기 다짐 같은 것을 느낄 수 있다.

이때 주목해야 할 것은 백 년이라는 숫자이다. 그것은 우리 시에서 자주 발견되는 '천 년'과 다르다. 천 년은 영원성을 표상하는 동양적 숫자이다. 많은 시인들이 자신의 지향과 감정의 크기를 최대화하기 위해 천 년, 천 번, 천 개 등을 거듭 사용하곤 한다. 천 년의 사랑, 천 년의 시름, 천 년의 세월 등등. 그러나 천이라는 숫자를 사용한다고 해서 그 신비로운 깊이와 양적 무게감이 고스란히 전달되는 것은 아니다. 천이라는 숫자가 지닌 아우라를 제대로 감당할 수 있는 시인은 서정주, 정완영 정도로 생각된다. 지나친 판단일까? 실감되지 않는 천 년은 감정과 욕망의 과잉 혹은 과장에 불과하며 공소하기 그지없는 시간의 기표일 뿐이다. 백 년은 천 년과 달리 보다 현실적 개연성을 지닌 숫자이다. 인간의 간절한 꿈을 얘기하면서 서정춘인들 왜 천 년이라는 숫자를 사용하고 싶지 않았겠는가. 시인이 「竹篇·1 여행」에서 천 년이라는 숫자를 사용했다면 이 시는 리얼리티를 상실했을지도 모른다. 그런 의미에서 이 시에서 '백 년'은 절제와 겸손의 소산이다.

한편 절제미가 무조건 짧은 시에 의해서만 실현되는 것이 아니라는 점을 강조할 필요가 있을 듯하다. 짧기만 하고 별다른 묘미가 없는 경우는 상상력의 빈곤을 드러내는 것과 다를 바 없다. 짧아도 긴장미가 없으면 그 자체가 군더더기요, 길어도 불필요한 말이 없으면 절제미를 간직한 시라 말할 수 있다. 사실 시의 길고 짧음 자체는 문제가 되지 않는다. 중요한 것은 시는 군소리를 용납해서는 안 된다는 시의 본질적 미학에 있다. 따라서 요설과 장광설이 무조건 시의 미학을 해치는 것은 아니다. 예를 들어 서정주의「上里果園」이나 백석의「古夜」,「가즈랑집」과 같이 비교적 긴 시들이 시대를 지나서도 시적 묘미를 주는 이유는 그 긴말에서 객설을 덜어내고 언어의 풍요로움으로 상상력의 깊이를 얻어냈기 때문일 것이다. 다음 시는 비교적 긴 시라 할 수 있지만 그 언어의 쓰임이 낭만적 풍요로움에 기여하는 경우이다.

그가 나를 버렸을 때
나는 물을 버렸다
내가 물을 버렸을 때
물은 울며 빛을 잃었다
나무들이 그 자리에서
어두워지는 저녁 그는
나를 데리러 왔다 자욱한 노을을 헤치고
헤치고 오는 것이 그대로 하나의
길이 되어 나는 그 길의 마지막에서

그의 잔등이 되었다

오랫동안 그리워해야 할

많은 것들을 버리고

깊은 눈으로 푸른 나무들 사이의

마을을 바라보는 동안 그는 손을 흔들었다

나는 이미 사막의 입구에 닿아 있었다

그리고 그의 길의 일부가 내 길의

전부가 되었다

그가 거느리던 나라의 경계는 사방의 지평선이므로

내가 그를 싣고 걸어가는 모래언덕은

언제나 처음이었다

모래의 지붕에서 만나는 무수한 아침과 저녁을 건너는

그 다음의 아침과 태양

애초에 그가 나에게서 원한 것은 그가

사용할 만큼의 물이었으므로 나는 늘

물의 모습을 하고 그의 명령에 따랐다

햇빛이 떨어지는 속도와 똑같이 별이

내려오고 별이 내려오는 힘으로 물은 모래의

뿌리로 스며들었다

그의 이마는 하늘의 말로 가득가득

빛나고 빛나는 만큼 목말라 했고

그때마다 나는 물이 고여 있는 모래의

뿌리를 들추어 내 몸 속에 물을
간직했다
해가 뜨면 모래를 제외하고는 전부 해
바람 불면 모래와 함께 전부 바람인 곳
나는 내 몸 속의 물을 꺼내
그의 마른 얼굴을 씻어 주었다
그가 나를 사랑하였을 때
나는 많은 물을 거느렸다
그가 하늘과 교신하고 있을 때
나는 모래들이 이루는 음악을 들었다
그림자 없는 많은 나무들이 있고
그의 아래에서 바라보는 세계는
늘 지나가고 그 나무들 사이로 바람 불고
바람에 흐느끼는 우거진 식물과 식물을
사랑하는 짐승들이 생겨나고
내 잔등 위에서 움직이는 그가
그 모든 것을 다스려 죽을 것은 죽게 하고
죽은 자리마다 그 모습을 닮은
나무나 짐승을 세워 놓고 지나간다
도중에 그는 몇 번이나 내 몸 속의
물을 꺼내 마시고 몸을 청결히 했다
모래언덕이 메아리를 만들어 멀리

멀리로 울려퍼지게 하는 그의 노래
그가 드디어 사막을
바다로 바꾸었을 때
나는 바다의 환한 입구에서
홀로 늙어가기 시작했다
출렁출렁 바다 위에서 그를 섬기고 싶었지만
그는 뚜벅뚜벅 바다 위를 걸어나갔다
오랜 세월이 흘러가고
또한 흘러와
사막이 아닌 곳에서 그를 섬기는 일이
사막으로 들어가는 일로 변하고
바다가 다시 사막으로 바뀌어
바다의 입구에서 내가 작은 배가 되지 못하고
종일토록 외롭고
밤새도록 쓸쓸한 나날
그가 나를 떠났을 때
나는 물을 버렸다
버리고 버리는 일도 다시 버리고
나도 남지 않았을 때

이문재, 「낙타의 꿈」 전문
(『내 젖은 구두 벗어 해에게 보여줄 때』, 민음사, 1988)

서정춘의 「竹篇·1 여행」이 일평생의 길을 압축적으로 보여준다면 이문재의 「낙타의 꿈」은 바다에 이르는 사막의 길을 길고 긴 여정으로 풀어놓는다. 이 시에는 낙타와 그 낙타를 타고 사막을 건너는 '그'가 등장한다. 이들은 "오랫동안 그리워해야 할/많은 것들을 버리고" 바람과 모래가 가득한 외롭고 황량한 사막을 건너는 도보고행자이다. 이 사막 여행담은 낙타의 고백으로 이루어진다. 이 둘은 어떤 존재인가? 우선 "그의 이마는 하늘의 말로 가득 가득/빛나고 빛"난다. 그는 하늘과 교신하는 자이다. 그리고 그는 "그 모든 것을 다스려 죽을 것은 죽게 하고/죽은 자리마다 그 모습을 닮은/나무나 짐승을 세워 놓고 지나간다". 그는 사막이라는 불모지를 바다로 바꾸고자 하는 사제 혹은 초인에 가까운 신비한 인물인 것이다. 한편 화자인 낙타는 "그의 길의 일부가 내 길의/전부"인 사랑으로 그를 안내하는 자이며 그가 청결해질 수 있는 물을 몸속에 간직한 헌신적 존재이다.

그런데 '바다의 환한 입구'에 이르렀을 때 그와 동행했던 낙타의 운명은 엇갈리고 만다. 낙타에겐 사막이 아닌 곳이 곧 갈 수 없는 막다른 공간이라 할 수 있다. 이 엇갈림이 우리를 슬프게 한다. 사랑했던 자를 잃고 홀로 사막에 남겨진 늙은 낙타. 낙타는 "종일토록 외롭고/밤새도록 쓸쓸한 나날/그가 나를 떠났을 때/나는 물을 버렸다/버리고 버리는 일도 다시 버리고/나도 남지 않았을 때"라고 고백한다. 오랜 세월의 여정을 나타내는 충분한 서술 과정이 낙타의 외로움과 쓸쓸함에 공감하도록 이끌고 있는 것이다. 충분히 서술하면서도 감정을 낭비하지 않은 채 낭만적 고뇌를 잘 살려낸 것이 이 시의 미덕이다. 그런데 이 슬픈 낙타를 통해서 시인은 무엇을 말하고 싶은 걸까? 외로움을 무릅쓰고 오랜 세월 물과 자신을 비워버린 이 낙타야말로 진정한 사막의 주인이며 도보행자는 아닐까? 버리는 일조차 버리는 이 허무의 경지도 하나의 경지라면 경지라 할 수 있다.

시의 언어는 긴장감 없이는 살아남을 수 없다. 그런 의미에서 긴 호흡으로 이루어진 시를 써본다는 것은 시인으로서는 도전이며 모험이다. 그 버거움 속으로 자신의 상상력을 이끌고 간다는 것은 언어와의 고된 싸움을 감행하는 일이다. 우리 시에서 장시長詩의 성공 확률이 그리 높지 않은 이유는 언어의 긴장감을 끝끝내 유지하기가 쉽지 않기 때문이다. 이 대목에서 한 가지 부연하자면, 1980년대 중반 이후부터 장시와는 또 다른 수다스러운 일군의 시가 실험되었다는 점을 말할 필요가 있을 듯하다. 그 대표적인 예로 황지우의 「徐伐, 셔블, 셔볼, 서울, SEOUL」을 들 수 있다.

張萬燮氏(장만섭씨)(34세, 普聖物産株式會社(보성물산주식회사) 종로 지점 근무)는 1983년 2월 24일 18 : 52 #26, 7, 8, 9……, 화신 앞 17번 좌석버스 정류장으로 걸어간다. 귀에 꽂은 산요 레시바는 엠비시에프엠 "빌보드 탑텐"이 잠시 쉬고, "중간에 전해드리는 말씀," 시엠을 그의 귀에 퍼붓기 시작한다.

쪼옥 빠라서 씨버 주세요. 해태 봉봉 오렌지 쥬스 삼배권!
더욱 커졌씁니다. 롯데 아이스콘 배권임다!
뜨거운 가슴 타는 갈증 마시자 코카콜라!
오 머신는 남자 캐주얼 슈즈 만나 줄까 빼빼로네 에스에스 패션!

    보성물산주식회사 종로 지점 근무, 34세의 장만섭 씨는 산요 레시바를 벗는다. 최근 그는 머리가 벗겨진다. 배가 나오고, 그리고 최근 그는 피혁 의류 수출부 차장이 되었다. 간밤에도 그는 외국 바이어들을 만났고, "그녀"들을 대주고 그도 "그녀들 중의 한년"의 그것을 주물럭거리고 집으로 와서 또 아내의 그것을 더욱 힘차게, 더욱 전투적이고 더욱 야만적으로, 주물러 주었다. 이것은 그의 수법이다. 이 수법을 보성물산주식회사 차장 장만섭 씨의 아내 김민자 씨(31세, 주부, 강남구 반포동 주공아파트 11325동 5502호)가 낌새 챌 리 없지만, 혹은 챘으면서도 모른 체해 주는 김민자 씨의 한 수 위인 수법에 그의 그것이, 그가 즐겨 쓰는 말로, "갸꾸로, 물린 것"인지도 모르지만, 그가 그의 아내의 배 위에서, "그녀"와 놀아난 "표"를 지우려 하면 할수록, 보성물산주식회사 차장 장만섭 씨는 영동의 룸쌀롱 "겨울바다"(제목이 참 고상하지. 시적이야. 그지?)의 미스 천가 챈가 하는 "그녀"를 더욱 더 실감으로 만지고 있는 것이다.

황지우, 「徐伐, 셔봃, 셔볼, 서울, SEOUL」 부분
(『새들도 세상을 뜨는구나』, 문학과지성사, 1983)

언어와 감정을 절제함으로써 긴장감을 극대화하는 것이 시의 미학이라면 이 시는 우리가 일반적으로 이해하는 시의 미학을 의도적으로 거부하는 것처럼 보인다. 이 시의 화자는 장만섭이라는 인물에 대해 꾸밈도 생략도 함축도 없이 수다스럽게 지껄인다. 우리가 일상에서 수다를 떨듯이 시의 내용이 전개되고 있는 것이다. 이때 언어의 양은 증폭되고 질은 일상과 동일한 수준으로 격하된다. 고전적 시학의 입장에서 보면 이는 언어의 낭비이고 배설이다. 그러나 이 수다스러운 반미학反美學에는 간단하게 무시할 수 없는 새로운 요소들이 잠복되어 있다. 황지우는 장만섭과 그의 아내 김민자의 객관적 정보를 괄호에 넣고 장만섭이 듣는 씨엠을 소리 나는 대로 옮겨놓는다. 그리고 비속한 언어를 거리낌 없이 사용함으로써 장만섭의 일상을 조롱하고 희화시킨다. 이전의 시에서 찾아보기 어려운 이러한 사실 보고 형식은 장만섭과 김민자가 특별한 사람이 아니라 우리와 동일한 삶을 살아가는 사람들임을 강조한다. 아울러 세 번째 괄호 "(제목이 참 고상하지, 시적이야, 그지?)"에서는 고상하지 않은 일상의 천박성과 기만적 역겨움을 아이러니로 풀어낸다.

이 모든 새로움은 고전적 시학을 해체한다. 이것은 지극히 수다스러운 문맥을 통해 성취된다. 시인은 주변에서 쉽게 만날 수 있는 흔한 일상적 인물과 그에게 어울리는 공들이지 않은 언어를 동원함으로써 독자인 우리에게 당신의 삶도 이와 다를 바 없다고 꼬집는 것이다. 그런 점에서 이 시는 내용과 형식이 일치한 조화로운 시이다. 습관에 의해 자주 망각되곤 하는 일상의 위선을 벗겨내려는 의도가 이 새로운 시도 속에 숨어 있는 것이다. 이처럼 수다도 때로 참신한 시의 형식을 만들어내는 방식일 수 있다. 황지우는 가장 비시적인 형식으로 새로운 시의 가능성을 보여주고 있는 것이다.

사유의 끈

중세적 혹은 기독교적인 시각에서 본다면 음식에 대한 탐닉은 죄악이다. 쾌락은 신을 망각하게 만들기 때문이다. 낭만주의자들은 쾌락을 미적인 것의 산물로 여긴다. 미식가들에게 음식은 생존이 아닌 문화의 코드로 향유되는 것이다. 법률가이자 미식가로 유명했던 브리야 사바랭의 『미식예찬』은 음식과 요리에 대한 철학적이고 과학적인 접근을 통해 음식의 섭취가 단순히 생존을 위한 것이 아니라 문화적 욕망의 실현에 있음을 밝히고 있다. 저자가 서론을 대신해서 쓴 20개의 짧은 잠언 가운데 사람들에게 가장 많이 알려진 "당신이 무엇을 먹는지 말해달라. 그러면 당신이 어떤 사람인지 말해주겠다"는 문장이나 "동물은 삼키고, 인간은 먹고, 영리한 자만이 즐기며 먹는 법을 안다"와 같은 구절이 이를 말해준다.

『미식예찬』은 크게 잠언, 성찰, 모음집으로 구분이 되어 있다. 서문에 해당하는 '잠언'은 음식과 요리에 대한 유명한 경구들로 이루어져 있고, '성찰'은 철학적이고 과학적인 고찰을 통해 미각과 미식에 대한 정의를 내린 후 식생활의 역사를 기술하고 있다. '모음집'에는 음식에 얽힌 흥미로운 일화들을 소개하고 있다. 사바랭의 감각적이고 익살스러운 문체와 탁월한 입담이 돋보이는 『미식예찬』은 출간 이백 년이 지난 지금에도 꾸준한 사랑을 받고 있으며, 미식에 대한 절대 고전으로 인정받고 있다. 새로운 천체의 발견보다 요리의 발견이 인간에게 더 큰 행복을 가져다준다는 사바랭의 생각이 그대로 투영된 이 저서는 19세기 프랑스 낭만주의 문학에 많은 영향을 끼쳤다. 역자의 말에 따르면, 알렉상드르 뒤마의 『요리 대사전』은 사바랭의 책을 원조로 삼았으며, 호프만은 "천재의 빛으로 먹는 일의 기술을 조명한 신적인 책"이라 극찬했다. 브리야 사바랭의 『미식예찬』은 미식을 '맛있는 음식에 대한 집착'이라는 도덕적 혹은 종교적 관점이 아닌 문화와 예술이 집약된 고도의 쾌락이라는 측면에서 살펴보았다는 점에서 음식에 관한 새로운 시각을 제공한 책이라 할 수 있다.

장 앙텔므 브리야 사바랭(Jean-Anthelme Brillat-Savarin, 1755~1826), 『미식예찬』, 홍서연 역, 르네상스, 2004

이성적 사유는 시가 될 수 없는가?

　시인이란 평범한 사람들과 달리 예민한 감성을 지닌 존재이며 비이성적이며 비현실적이고 때로 광기적 존재라고 사람들은 생각한다. 이는 시인을 영감과 직관력을 지닌 예외적 존재로 생각했던 근대 낭만주의의 소산이다. 이후 시인에 대한 이 같은 생각은 기술주의의 도래와 낭만성의 쇠퇴에 의해 다소 손상된 것이 사실이다. 그럼에도 정도의 차이는 있지만 낭만적 존재로서 시인의 초상은 분명 시인의 보편적 기질과 닿아 있다. 시인은 비이성적이거나 비현실적인 것이 무조건 무가치하다고 여기지 않는다. 이성이 인간이 지닌 자질인 것처럼 비이성 또한 인간의 자질이라는 사실을 그들은 인정하고 옹호한다. 인간의 내면을 다 합리적 제약성으로 규정할 수 없기 때문이다. 그렇다고 해서 시인을 백일몽 따위나 좇는 몽상가로 오인하는 것은 곤란한 일이다. 아무것도 모르는 채 꿈속을 헤매는 자가 시인은 아니다. 진지한 사유가 동반되지 않는다면 좋은 시는 태어나지 못한다. 직관과 감성의 발동도 평소 해왔던 깊이 있는 생각과 연동되는 것이다. 깊이 있는 생각이란 삶의 다양한 국면을 경험하고 관찰하고 느끼고 때로 예리하게 분석하고 그것을 달리 생각해보는 부단한 의식작용이 동반되어야 가능하다. 이러한 과정 가운데 모든 시가 정감으로 가득한 서정성으로 수렴되는 것은 아니다. 시의 주제나 시인의 지향에 따라 감성보다는 시적 대상에 대한 날카로운 판단과 분석, 관찰이 우위에 놓일 때도 있다.

줄잡아 그의 재산이 5조원을 넘는단다
그 돈은 일년에 천만원 받는 노동자
50만년 치에 해당한다
한 인간이 한 세대에
50만년이라는 인간의 시간을 착취했다
50만년!

불과 1만년 전에 인간은 처음 농사를 짓기 시작했다
5만년 전에 크로마뇽인은 돌과 동물의 뼈로
은신처를 짓기 시작했다
10만년 전에 네안데르탈인은 죽은 사람을 묻을 줄도 몰랐다
150만년 전에 호모 에렉투스가 유럽과 아시아에 첫발을 디뎠다
500만년 전에 침팬지와 구분이 어려운 인류의 시조
오스트랄로피테쿠스가 등장했다
현대 인간은 4만년 전에 겨우 골격을 갖추기 시작했다

4만년!

우리들의 투쟁이 돈이 아니라 돈으로 왜곡된 시간이 아니라
인간의 시간을 인생의 세월을 되찾는다는 것을
틀림없이 확인해야 한다
자신의 인생과도 싸워야 한다

백무산, 「자본론」 전문
(『인간의 시간』, 창작과비평사, 1996)

 인용한 「자본론」은 현실에 대한 인식과 판단을 드러낸 시이다. 시인은 알려진 사실을 근거로 착취의 실상을 수량화함으로써 "한 인간이 한 세대에/50만년이라는 인간의 시간을 착취했다"는 사실을 폭로한다. 자료 근거에 의한 이 같은 보고 형식은 착취행위의 구체적 양상을 알려줌으로써 독자를 납득시키고 설득하고자 하는 전략이다. 사실에 근거한 수의 논리는 독자의 의심을 차단하고 시인의 말을 신뢰히도록 만든다. 더불어 분노의 감정을 일으키는 효과를 얻는다. 시인은 이러한 효과를 더 강화하기 위해 50만년이라는 숫자의 추상성을 벗겨낸다. 2연에서 보이는 인류 진화의 역사는 50만 년이 어떤 무게의 숫자인가를 견주어보도록 유도한다. 마지막 연에서는 우리가 착취당한 것이 돈이 아니라 인생이라는 사실을 말함으로써 우리가 투쟁해야 할 것이 무엇인지 그 방향성을 제시한다. 돈이 아니라 인생을 되찾아야 한다는 사실, 그

것을 위해서는 착취자만이 아니라 "자신의 인생과도 싸워야 한다"고 시인은 말한다. 이러한 현실 자각의 태도는 노동력 착취를 임금 착취로 귀결시키는 단순한 시각을 교정시킨다. 백무산 시의 깊이는 바로 여기에 있다.

  이 시는 자본주의의 부조리함과 그에 대한 잘못된 인식을 날카롭게 간파한 작품이다. 여기에는 현실을 판단하는 냉철한 이성의 힘이 전제되어 있다. 이처럼 대부분의 현실 참여적 성격이 강한 시편들은 일단 현실에 대한 판단과 분석이 전제된다는 점에서 감성보다는 이성적 사유작용이 그 토대를 이룰 수밖에 없다. 물론 시인에 따라서 현실인식을 냉철하게 드러내기보다 매우 감상적으로 서정화하는 경우도 많다. 그럼에도 모든 참여시는 현실에 대한 분석과 비판을 일차적으로 수행한다는 점에서 근본적으로 이성적 사유작용의 산물이라 할 수 있다.

    옆집에 개가 생김.
    말뚝에 매여 있음.
    개와 말뚝 사이 언제나 팽팽함.
    한껏 당겨진 활처럼 휘어진 등뼈와
    굵고 뭉툭한 뿌리 하나로만 버티는 말뚝.
    그 사이의 거리 완강하고 고요함.
    개 울음에 등뼈와 말뚝이 밤새도록 울림.
    밤마다 그 울음에 내 잠과 악몽이 관통당함.

날이 밝아도 개와 말뚝 사이 조금도 좁혀지지 않음.

직선:
등뼈와 말뚝 사이를 잇는 최단거리.
온몸으로 말뚝을 잡아당기는 발버둥과
대지처럼 미동도 없는 말뚝 사이에서
조금도 늘어나거나 줄어들지 않는 고요한 거리.
원:
말뚝과 등거리에 있는 무수한 등뼈들의 궤적.
말뚝을 정점으로 좌우 위아래로 요동치는 등뼈.
아무리 격렬하게 흔들려도 오차 없는 등거리.
격렬할수록 완벽한 원주(圓周)의 곡선.

개와 말뚝 사이의 거리와 시간이
이제는 철사처럼 굳어져 더 이상 움직이지 않음.
오늘 주인이 처음 개와 말뚝 사이를 끊어놓음.
말뚝 없는 등뼈 어쩔 줄 모름.
제자리에서 껑충껑충 뛰기도 하고 달리기도 함.
굽어진 등뼈 펴지지 않음.
개와 말뚝 사이 아무것도 없는데
등뼈, 굽어진 채 뛰고 꺾인 채 달림.
말뚝에서 제법 먼 곳까지 뛰쳐나갔으나 곧 되돌아옴.

말뚝 주위를 맴돌기만 함.
개와 말뚝 사이 여전히 팽팽함.

김기택, 「직선과 원」 전문
(『소』, 문학과지성사, 2005)

　인용한 「직선과 원」은 주관적 정서나 감정이 완전히 배제된 시이다. 시인은 말뚝에 묶인 개의 행동을 면밀하게 관찰하고 그것을 기록한다. 말하자면 이 시는 시인의 시선에 포착된 객관적 사태만을 보여주는 데 주력한다. 1연에서는 말뚝에 매여 울부짖는 개에 대해, 2연에서는 무수히 말뚝에서 벗어나려 하는 개에 대해, 3연에서는 말뚝에서 벗어나게 해주어도 다시 말뚝 주변으로 돌아온 개에 대해 서술하고 있다. 이 같은 내용을 시인은 말뚝과 개 사이에 놓여 있는 고요한 직선과 완벽한 원주의 곡선으로 묘사한다. "한껏 당겨진 활처럼 휘어진 등뼈와/굵고 뭉툭한 뿌리 하나로만 버티는 말뚝" 사이에서 벌어지는 처절한 저항과 완강한 제압을 통해 시인이 말하고자 하는 바는 무엇인가? 오랜 동안 말뚝에 길들여진 개는 끈이 풀려도 등뼈를 펴지 못한다. 아울러 끈이 없어도 개는 말뚝을 벗어나지 못한 채 말뚝과 팽팽한 거리를 유지하며 예전의 습관대로 말뚝 주위를 벗어나지 않는다. 개는 정작 자유를 주어도 직선과 원주로 이루어진 자신의 반경을 벗어나지 못하는 것이다. 이는 자유를 잃어버리고 폭력적 지배구조에 길들여진 삶에 대한 알레고리이다. 우리도 이 개처럼 직선과 원주를 돌며 살고 있는 것이 아닐까? 이와 같은 물음이 엄습해올 때 독자는 자신의 삶을 성찰하게 된다. 노예처럼 길들여진 습성과 태도, 자유를 주어도 다시 노예로 돌아갈 수밖에 없는 개의 정신적 외상이 우리 자신을 냉정하게 진단하도록 유도하는 것이다.

  이 같은 내용 서술은 주정적 태도의 배제와 대상에 대한 치밀한 관찰에 의해 이루어진다. 독자는 "개 울음에 등뼈와 말뚝이 밤새도록 울림./밤마다 그 울음에 내 잠과 악몽이 관통당함"이라는 객관적 설명을 읽으며 개에 대한 연민과 안타까움을 유추할 뿐이다. 김기택은 수많은 시편에서 동물의 본성이나 습관과 연관된 행동을 관찰하고 묘사함으로써 우화적 알레고리를 만들어내는 데 성공한다. 이러한 창작방식 또한 그 저변에는 시적 대상을 관찰하고 분석하는 이성적 사유가 그 동력으로 작용한다. 독자를 단숨에 시적 정서로 사로잡는 주정적 계열보다는 독자의 지적 작용을 유도하고 고무하는 주지적 계열의 시가 이처럼 이성적 사유를 동력으로 할 가능성이 더 크다.

사유의 끈

밤하늘은 왜 검게 보일까? 너무도 단순해 보이는 이 질문이 수많은 과학자들의 골머리를 아프게 했다. 17세기 초 케플러Kepler, Johannes, 1571~1630를 비롯한 천문학자들은 "우주가 무한히 크고 균일하다면, 어떤 방향을 바라봐도 그곳에는 무한히 많은 별들이 보여야 한다"고 논리적으로 추론했다. 무한히 많은 별들이 내뿜는 빛들이 관측자의 눈에 도달한다면 밤하늘은 엄청난 빛으로 가득 차 있어야 했으나 현실은 그렇지 않았다. '올베르스의 역설'이라 불리는 이 문제는 과학사에서 아주 '지독한' 수수께끼였다. 수백 년 동안 밤하늘이 왜 검은지에 대한 무수한 설명이 있었지만 모두를 만족시키는 명쾌한 답은 나오질 않았다. 케플러도 이 문제로 속을 끓이다가 결국에는 우주는 무한한 것이 아니라 유한한 것이라는 속 편한 결론을 내리고 더 이상 거들떠보지 않았다고 한다. 그런데 이 문제를 푼 사람이 나타났다. 그는 놀랍게도 과학자가 아닌 미국의 추리작가 에드거 앨런 포Edgar Allan Poe, 1809~1849였다. 포가 죽기 직전에 출간한 『유레카』라는 산문집에 "천체로부터 방출된 빛이 아직 우리의 눈에 도달하지 않았기 때문이라고 생각할 수밖에 없다"는 표현이 수백 년 동안 골칫덩어리로 남아 있던 '올베르스의 역설'에 대한 해답을 제시한 것이다. 포는 자신의 아이디어가 "너무도 아름답기 때문에 틀렸을 리가 없다"고 단언했고, 그의 호언장담을 스코틀랜드 출신의 물리학자 켈빈 경Sir Willam Thomson, 1824~1907이 논리적으로 입증했으며, 허블우주망원경이 포의 예측이 옳았음을 사진으로 증명했다. 포의 '이성적 직관'이 과학의 난제를 해결한 이 사건은 우리에게 시사하는 바가 크다. 별에 대한 과학적 인식을 가진 시인은 '살아 있으나 죽은 별'을 볼 수 있다. 그러나 별을 감성적으로만 인식하는 시인에게는 '늘 반짝이는 영롱한 별'이라는 식상한 범주를 떠나지 못할 것이다.

  과학적 사유는 치밀하기에 아름답다. 미치오 카쿠의 『평행우주』는 가설과 입증이라는 과학적 사유의 틀이 우주의 거대함과 존재의 시원을 어떻게 정복해가고 있는지를 면밀하게 보여준다. 일반상대성이론, 블랙홀, 웜홀, 화이트홀 등의 첨단 물리학 이론은 물론 다중우주, 고차원 공간 등에 대한 흥미진진한 내용들을 쉽게 설명해주는 이 과학서는 예술가들에게 새로운 영감의 원천을 선사해줄 것이다. 책 첫 페이지에 "인간이 겪을 수 있는 경험 중 가장 아름다운 것은 '신비'다. 신비는 예술과 과학의 근본을 이루는 진정한 모태이다. 이 사실을 깨닫지 못하고 확실한 길만 추구하는 과학자는 결코 우주를 맑은 눈으로 바라볼 수 없다"라는 알베르트 아인슈타인의 인용문은 이 책의 진정한 가치가 무엇인지를 명확하게 설명하고 있다. 감성에만 매몰된 시인은 우주의 아름다움을 결코 보지 못할 것이다.

미치오 카쿠(加來道雄, 1947~), 『평행우주』,
박병철 역, 김영사, 2006

예쁜 말로 이루어진 게 시 아닌가?

　일반적으로 시는 아름다운 것이라고 말한다. 그러나 우리가 그 아름다움이 구체적으로 무엇인가를 물었을 때 답은 간단치 않다. 사실 아름다움을 명확하게 지시하는 것만큼 어려운 일도 드물다. 대부분의 사람들은 자신을 적당히 감상적으로 만들어주는 것, 정서의 상태를 막연하게 환기해주는 것, 낭만적 기분이 들게 하는 것, 예를 들어 그리움이나 사랑, 슬픔, 따뜻함 등을 느끼게 하는 표현이 시적이라 여긴다. 이와 같은 생각이 시에 대한 일반적 통념이다. 시에 대한 이러한 통념은 시가 적당하게 감정적 포즈를 취한 '예쁜 말'로 이루어졌다는 편견으로 이어진다. 이는 아주 좁고 소박한 범주에 시를 가두는 것이며, 시가 내포하는 치열함이나 위대한 정신을 축소시키는 일이라 할 수 있다. 시에 대한 이러한 편견에 빠져 있는 사람은 실험적이고 전위적인 작품에 대해 배타적 감정을 갖게 될 가능성도 있다. 아울러 시 읽기를 통해 매번 엷은 감상성을 얻거나 막연한 위안을 얻는 정도만을 기대해온 독자의 관습적 태도가 누적될 때 시는 예쁜 말로 치장된 사치스러운 언어로 인식되는 것이 당연할지도 모른다.

　이러한 시 읽기의 태도는 생의 다양한 국면을 인정하지 않는 것과 연관된다. 삶의 방식은 헤아릴 수 없이 많은 경우의 수를 내포한다. 시인의 고뇌는 삶의 다양한 국면과 복잡하게 얽혀 있으며 시는 이 모두에 개방되어 있는 장르이다. 그렇다면 시가 추구하는 바도 다양할 수 있는 것이다. 그럼에도 막연한 아름다움(?)에 시를 가두어놓는 것은 복잡한 세계를 지나치게 단순화하는 일이라 할 수 있다. 삶의 방식이 다양하듯이, 시 또한 그 다양한 방식과 호흡하는 장르라는 사실을 기억할 필요가 있다. 따라서 시인은 예쁜 말로만 시를 쓰지 않는다. 시인은 때로 의도적으로 독자의 혐오감이나 불쾌감을 자극할 수도 있으며, 그러기 위해 욕설이나 비속어도 사용할 수 있다. 강조하건대 우리가 시는 아름다운 것이라고 말할 때 그 아름다움은 달콤하고 예쁜 말을 뜻하는 것이 아니다. 프란시스코 고야Francisco Goyay, 1746~1828나 에드바르트 뭉크Edvard Munch, 1863~1944, 살바도르 달리Salvador Dali, 1904~1989의 기괴한 그림을 명화라고 인정하면서 왜 유독 시에 대해서만큼은 한결같이 우아하고 품위 있는 목소리만을 받아들이고자 하는지 생각하게 된다. 이는 시적 아름다움에 대한 완강한 선입견이 그 만큼 강하게 뿌리를 내렸기 때문이며 회화와 달리 실험적 시를 접할 기회가 거의 없었기 때문이기도 하다.

　시적 아름다움은 한 마디로 말해 '긴장tension'을 의미한다. 긴장을 상실한 언어는 연과 행갈이가 되어 있다 하더라도 엄밀하게 말

프란시스코 고야, 판화집 〈전쟁의 참화 Los desastres de la guerra〉 중 한 작품, 1810~1820

자신의 몸과 얼굴을 오브제로 삼아
퍼포먼스를 즐겼던 살바도르 달리

해서 시라 할 수 없다. 느슨하게 풀어져 아무런 자극을 줄 수 없는 말은 수다나 객설 혹은 하소연에 불과하다. 시적 긴장감은 치열한 상상력의 소산이다. 그렇다고 해서 무조건 과격한 언어를 남발한다고 해서 시적 긴장감이 얻어지는 것은 아니다. 시적 긴장은 감정의 무차별한 배설이 아니라 그것을 적절하게 절제하는 데서 얻어진다. 말을 적게 하고도 그 뜻이 풍부함으로 넘쳐날 수 있다면 그것은 시의 묘妙에 다다른 말의 진경일 것이다. 시는 말할 수 없는 것을, 말하기 어려운 것을 말로 되살려낸다. 그러기 위해서 시인은 남김없이 말하지 않는다. 남김없이 말하는 것은 시가 아니다. 말을 감추고 그 뜻을 숨김으로써, 그리고 숨겼다는 사실을 내비치면서 언어화하기 어려운 것의 본질에 시는 도달한다. 이는 시의 길이가 무조건 짧아야 한다는 것을 의미하는 것이 아니다. 중요한 것은 길이가 아니라 표현된 말들이 일으키는 파문의 힘이다. 그 파문의 힘이 문면에 드러나지 않은 침묵까지도 능숙하게 경영할 때 시다운 시가 탄생하는 것이다. 거칠고 비속한 언어일지라도 그것이 인간의 진실을 드러낼 수 있는 팽팽한 긴장감을 지니고 있다면 그 언어는 예쁜 말보다 훨씬 가치 있는 시의 언어가 될 수 있다.

그것하고 하고 와서 첫번째로 여편네와
하던 날은 바로 그 이튿날 밤은
아니 바로 그 첫날 밤은 반시간도 넘어 했는데도

여편네가 만족하지 않는다
그년하고 하듯이 혓바닥이 떨어져나가게
물어제끼지는 않았지만 그래도
어지간히 다부지게 해줬는데도
여편네가 만족하지 않는다

이게 아무래도 내가 저의 섹스를 概觀(개관)하고
있는 것을 아는 모양이다
똑똑히는 몰라도 어렴풋이 느껴지는
모양이다

나는 섬찍해서 그전의 둔감한 내 자신으로
다시 돌아간다
憐憫(연민)의 순간이다 恍惚(황홀)의 순간이 아니라
속아 사는 憐憫(연민)의 순간이다

나는 이것이 쏟고난 뒤에도 보통때보다
완연히 한참 더 오래 끌다가 쏟았다
한번 더 고비를 넘을 수도 있었는데 그만큼
지독하게 속이면 내가 곧 속고 만다

김수영, 「性(성)」 전문
(『김수영 전집 I 시』, 민음사, 2003)

윤동주의 「序詩」나 김춘수의 「꽃」과 같은 시는 분명 아름다운 시이다. 그러나 이러한 시만을 가장 아름다운 시(모범적인 시)로 기억하는 독자에게 이 시는 거부감을 불러일으킬지도 모른다. 왜냐하면 이 시의 화자가 표면적으로 고귀하거나 품격이 있어 보이지 않기 때문이다. 예를 들어 여편네, 혓바닥이 떨어져나가게, 물어제끼지는, 오래 끌다가 쏟았다 등과 같은 시어와 구절이 환기하는 적나라하고도 비천한 말투가 그러하다. '여편네'를 대하는 태도를 보면 이 시의 화자인 '나'는 가부장적이면서 동시에 부도덕한 인물이고 나아가서는 폭력적인 느낌을 주는 인물이기도 하다. 그러나 이 시는 이러한 화자를 내세움으로써 고귀한 화자가 이루어낼 수 없는 또 다른 시적 긴장을 획득한다.

이 시는 '그년'하고 외도를 하고 온 '나'의 기만적이고 위선적인 상태를 드러내는 데 초점이 있는 것이 아니라, 기만적이고 위선적인 나를 의식하고 있는 '나의 자의식'을 드러내는 데 초점이 있다. 여편네를 속이기 위해 어지간히 다부지게 해줬는데도 여편네는 저의 섹스를 개관하는 나를 알고 있다고 화자는 생각한다. 즉 화자는 여편네가 자신의 위선을 감지한다고 생각하는 것이다. 이러한 자의식의 상태는 아내와 나의 성관계를 황홀이 아니라 연민의 순간으로 만든다. 속아주고 속이는 잘못된 관계를 의식함으로써 화자는 자기의 위선과 기만을 반성으로 이끌어 간다. 그런 의미에서 이 시의 마지막 구절 "지독하게 속이면 내가 속고 만다"라는 표현은 매우 의미심장하게 여겨진다. 남을 속이는 것이 곧 자기를 기만하는 일이라는 사실을 말하고 있는 것이다.

  이 시는 기만적 화자가 비속한 언어를 가지고 치열한 자아 성찰에 이르는 매우 흥미로운 과정을 보여준다. 그렇기 때문에 고귀한 자의 자아 성찰보다 훨씬 강렬한 인상을 남기게 된다. 이때 표면적으로 외설스럽거나 비천한 말투는 진정한 의미에서의 시적 긴장을 혹은 시적 리얼리티를 확보하는 데 기여한다. 사족으로 한 가지 재미있는 사실을 보탠다면, 김수영 시에 간혹 아내가 등장하는데 그 호칭이 당신, 아내, 여편네 등 다양하게 나타남을 볼 수 있다. 말하자면 어느 때는 점잖게 또 어느 때는 폄하해서 아내를 호칭하는 것이다. 이는 아내와의 관계에서 화자가 유리한 입장인가 아니면 불리한 입장인가에 따라 변동된다. 관심 있는 독자는 김수영의 시 「罪와 罰」과 「離婚取消」에 등장하는 화자의 심리를 비교해보시기 바란다. 시인 김수영이 더욱 흥미롭게 느껴질지도 모른다.

  김수영이 일상적이고 거친 언어 혹은 비속한 언어로 시의 고전적 품격을 배반하는 경우라면 최승호는 사물의 기괴한 특성을 증폭시킴으로써 시가 예쁜 말로 이루어졌다는 편향된 의식에 제동을 거는 경우라 할 수 있다.

1
변기에서 검은 혓바닥이 소리친다

고통은 위에서 풍성하게
너털웃음 소리로 쏟아지는 똥이요
치욕은
변소 밑 돼지들의 울음이라고

2

변기여,
내가 타일 가게에서
커다랗게 입 벌린 너를 만났을 때
너는 구멍으로써 충분히
네 존재를 주장했다
마치 하찮고 물렁한 나를
혀 없이도 충분히 삼키겠다는 듯이
네가 커다랗게 입을 벌렸을 때
나는 너보다 더 크게 입을 벌리고
내 존재를 주장해야 했을까
뭐라고 한마디 대꾸해야 좋았을까
말해봐야 너는 귀가 없고 벙어리이고
네 구멍 속은 밑빠진 虛(허)구렁인데

3
나는 황색의 개들이 목에 털을 곤두세우고

으르렁거리는 것을 보았다
똥을 혼자서 다 먹으려고
으르렁거리는 변기 같은 아가리들을

개들의 시절의 욕심쟁이 개들아
너희들은 똥을 먹어도 참 우스꽝스럽고 넉살좋게 먹는다
구토도 없이
구토도 없이

나는 개들의 시체 즐비한 보신탕 골목에서
삶은 개의 뒷다리를 보았건만

최승호, 「세 개의 변기」 전문
(『고슴도치의 마을』, 문학과지성사, 1985)

  변기와 똥, 혓바닥, 구멍, 똥 먹는 개, 보신탕 골목 등이 등장하는 이 시 또한 시에 대한 소박한 기대지평을 갖고 있는 독자에겐 낯선 느낌을 줄 가능성이 있다. 시에서 꽃, 새, 구름, 별, 푸른 하늘과 같은 이미지를 강하게 기대하는 독자는 불쾌감을 느낄 것이며 반대로 그런 자연 이미지에 흥미를 잃은 독자는 참신함을 느낄 것이다. 만일 독자가 불쾌감을 느꼈다면 그러한 반응은 이 시의 의도와 그리 먼 것이 아니다. 이 시는 역겨운 욕망의 세계를 역겨운 이미지로 그려냄으로써 불쾌감을 느끼도록 독자를 유도한다.

따뜻한 정서나 낭만적 기분을 맛보길 기대한 독자라면 이러한 시인의 의도가 더 강하게 작용할 것이다.

 이 시의 중심 소재인 변기는 일상의 한 공간에 위치해 있지만 그것은 언제나 일상에서 드러나서는 안 되는 것처럼 취급된다. 배설 행위나 배설물이 수치스러운 혹은 불결한 것으로 치부되는 때문이다. 다시 말해 추함으로 인식되기 때문이다. 이 시는 이런 추함을 의도적으로 강화한다. 이 시에 등장하는 변기는 똥을 먹는 거대한 입이며 구멍이다. 그것은 검은 혓바닥으로 소리친다. 혹은 듣는 귀가 없는 벙어리이다. 이 무지막지한 아가리는 우리 모두가 혐오하는 똥을 구토도 없이 먹어 치운다. 일종의 괴물인 것이다. 시인은 끊임없이 삼켜도 채워지지 않는 욕망의 기괴함을 이처럼 그로테스크Grotesque한 이미지를 통해 경멸한다. "똥을 혼자서 다 먹으려고" 서로 싸우는 "개들의 시절"에 우리도 동참하고 있는 것은 아닐까? 이 추악한 욕망의 입이 우리가 애써 감추고 있는 인간의 음험한 내면이 아닐까? 이 시는 우아한 아름다움으로 말할 수 없는 인간의 또 다른 진실을 우아함과는 전혀 차원이 다른 미감으로 형상화하고 있는 것이다.

  밤부엉이 한 마리가 창가에서
  나를 꼬나보기 시작했어.
  나는 허둥거리며 내 몸의
  모든 기관들을 닫아 버렸지만

부엉이의 눈빛이 오토머신처럼
내 몸 구석구석을 헤집어 열고
노란 방사선을 쏘아 부었어.
나는 사지를 늘어뜨린 채
천천히, 차갑게 용해되어 갔어.

이윽고 잠, 닫혀진 회색 강철 바다,
속으로 한 사내의 그림자가 숨어들어
내 꿈의 뒷전을 어지러이 배회하고
환각처럼 흔들리는 창가에서, 누구시죠?
내게 희미한 두통과 고통을 흘려 붓는, 누구시죠?
내 死産(사산)의 침상에 낮게 가라앉아,
누구시죠? 누구 누구 누구……?

밤부엉이가 밤새 내 지붕을 파먹었어.
아침엔 날이 흐렸고
벌어진 큰골 속으로 빗물이 뚝뚝 흘러들었어.
이미 죽은 내 몸뚱이 위에
누군가 줄기차게 오줌을 깔기고,
휘파람을 불며 유유히 떠나갔어.

최승자, 「밤부엉이」 전문
(『즐거운 日記(일기)』, 문학과지성사, 1984)

시가 단순히 예쁜 말로 이루어진 것이 아니라는 사실을 밝히면서 한 가지 짚고 넘어가야 할 것은 여성 시인들이 쓴 작품에 관해서이다. 우리가 오랫 동안 사용해왔던 '여류문학'이라는 용어에는 여성성에 대한 만만치 않은 편견이 함께 들러붙어 있는데, 예를 들어 부드럽고 따뜻하며 온화함과 같은 자질이 그것이다. 모두 긍정적 자질인 것만은 틀림없지만 이와 같은 자질로 여성성을 고착시키는 것은 곤란한 일이다. 간단히 말해 여성의 삶이라고 해서 어떻게 이와 같은 자질만으로 이루어질 수 있겠는가? 분명한 것은 여류문학으로 지칭되었던 일군의 작품 속에는 여성문인 스스로 이러한 자질을 내면화했던 흔적들이 적지 않다는 것이다. 때문에 여성 시인들이 쓴 작품에 대해서는 우아미를 기대하는 독자의 편향성이 더 강하게 작용할 가능성이 있는 것으로 판단된다.

위에 인용한 최승자의 작품은 그러한 껍질을 과감하게 와해시킨 경우이다. 이 시는 세부적인 해석을 시도하지 않아도 강간당하는 여성의 이미지를 그리고 있음을 쉽게 눈치챌 수 있다. "내 몸 구석구석을 헤집어 열고/노란 방사선을 쏘아 부었어"에서 보이는 밤부엉이의 강제성, "내게 희미한 두통과 고통을 흘려 붓는, 누구시죠?", "벌어진 큰골 속으로 빗물이 뚝뚝 흘러들었어", "누군가 줄기차게 오줌을 깔기고,/휘파람을 불며 유유히 떠나갔어" 등에서 보이는 액체 이미지, 그리고 파괴된 신체 이미지 등은 이 시의 화자가 밤부엉이 혹은 한 사내로 등장하는 자에게 강간당하고 있음을 충분히 짐작하게 한다. 최승자는 이처럼 그간 여성시에서 다루어지지 않았던 강간, 낙태와 같은 테마를 수용함으로써 이 세계의 폭력성을 독자 앞에 드러낸다.

　예쁜 말만 가지고 폭력적인 세계를 그려내는 것은 불가능한 일이다. 폭력적인 세계를 드러내기 위해서는 그에 합당한 폭력적 이미지나 시어가 동반될 수밖에 없다. 이것이 내용과 형식의 일치이다. 우리의 세계가 아름다움만으로 이루어진 것이 아니라면 그 세계를 반영하는 시의 언어도 아름다움만으로 채워질 수 없는 것이다. 부질없는 수사적 기교나 현란하기만 한 미사여구보다 거친 언어와 추악한 이미지가 감동적일 수 있는 것은 이 때문이다. 해서 시에서 예쁜 말만을 기대하는 것은 삶의 다양한 진실을 외면하는 것과 다를 바 없는 것이다.

사유의 끈

미셸 푸코Foucault, Michel Paul, 1926~1984와 질 들뢰즈Gilles Deleuze로 대표되는 프랑스 현대철학은 이성理性이라는 보편적 탈을 쓰고 자행된 근대의 폭력적 실체를 낱낱이 고발하고 파헤친다. 그들은 이성의 왕국에서 추방된, 감각과 신체와 광기를 일일이 소환해서 새롭게 의미를 부여한다. 푸코는 '20세기는 들뢰즈의 세기로 기억될 것'이라고 극찬한 바 있는데 이 상찬의 저변에는 19세기로 대표되는 근대의 이성적 사유를 완전하게 극복한 '새로운 철학자'라는 인정과 그에 대한 각별한 애정이 담겨 있다. 들뢰즈의 『감각의 논리』는 푸코의 찬사가 헛되지 않다는 것을 확실하게 증명한다. 서문에서 알랭 바디우와 바르바라 카생이 "이 위대한 책이 계속 유통되도록 하는 것"이 우리의 의무라고까지 했으니 이 책의 위상을 더 이상 언급하지 않아도 될 듯하다.

『감각의 논리』는 화가 프란시스 베이컨Francis Bacon, 1909~1992의 그림에 대한 비평을 통해 들뢰즈 자신의 철학적 사유를 개진하고 있는, '회화 철학' 혹은 '철학 회화'에 관한 책이라고 거칠게 정의할 수 있다. 1909년 영국 더블린에서 태어난 베이컨은 푸줏간의 고기를 연상시키는 신체 이미지를 기괴한 배경과 공간 속에 위치시켜 보는 이들의 감각을 전율케 하는 그림을 그렸다. 특히 그의 '삼면화' 시리즈는 하나의 소재를 각기 다른 세 공간에 배치하여 감각을 극대화하고 그림의 리듬감을 살리고 있다는 면에서 높이 평가받고 있으며, 들뢰즈는 그러한 특징을 면밀한 사유로 비평하면서 자신의 철학적 사유를 노정한다. 그런 면에서 들뢰즈의 『감각의 논리』는 '철학으로 본 회화'이자 '회화로 본 철학'이라고 할 수 있다.

들뢰즈가 『감각의 논리』에서 주장하는 바를 한 문장으로 요약해보면 "나는 감각한다. 고로 생성된다"라 말할 수 있다. "나는 감각 속에서 되고 동시에 무엇인가가 감각 속에서 일어난다. 하나가 다른 것에 의하여, 하나가 다른 것 속에서 일어난다"는 들뢰즈의 사유는 베이컨의 그림을 통해 체계적으로 서술된다. 베이컨의 그림에 그려진 신체는 대상으로 재현된 것이 아니라 '감각을 느끼는 자로서 체험된 신체'라 할 수 있다. 들뢰즈는 그러한 감각의 층위들이 캔버스의 공간에서 움직이고 뒤섞이며 빚어내는 리듬의 향연을 매우 독특한 지적 통찰을 통해 서술한다. '이성과 정신'에 의해 억압당했던 '감각과 신체'의 세계를 통해 새로운 사유의 지평을 열어주는 『감각의 논리』는 비평과 사유가 하나의 텍스트 속에서 어떻게 접목이 되어야 하는지를 여실히 보여준다.

질 들뢰즈(Gilles Deleuze, 1925~1995), 『감각의 논리』, 하태환 역, 민음사, 2008

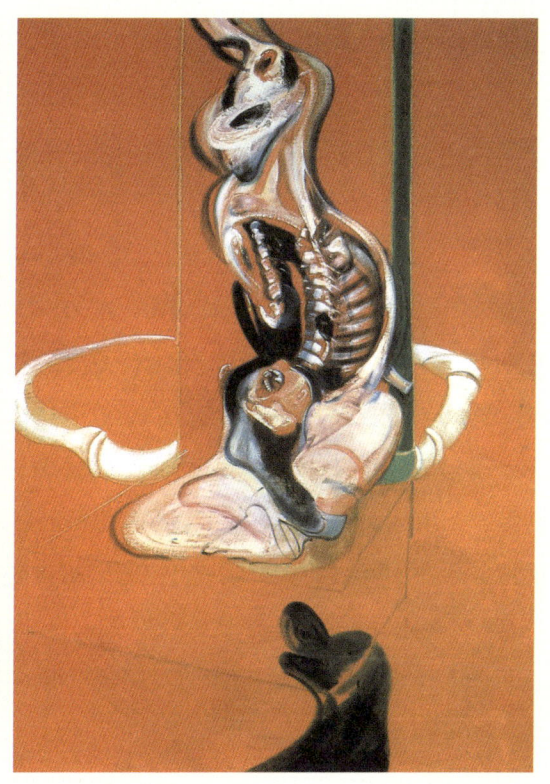

프란시스 베이컨,
〈십자가에 못 박힌 예수 세 연작 Three studies for a Crucifixion〉, 1962.

지금부터 나는 생체실험용 흰쥐다 너는 중앙에 고립돼 있다 그 곳이 쓰레기장인지 시체소각장인지 고문실인지 마구간인지 아니면 구더기가 들끓는 공중변소인지 세균배양실인지는 마음대로 상상하라 부디 이 미궁에서 탈출해 성공하길 진심으로 바란다 골목 어딘가에 덫이 있고 굶주린 고양이가 숨어 있다. 자 그럼 카운트다운을 시작하겠다. 9, 8, 7, 6, 5, 4, 3, 2, 1, 0, GO!

제한시간 : 75초(현대인의 평균수명)

함기석, 『미로놀이-한 저격병의 조준경에 포착된 세계』 전문
75초 안에 빠져나오지 못하면 저격병이 총을 쏠 것이다.
한 방의 총알이 하나의 목숨을 미로에 영원히 매장하는 놀이.
볼펜으로 선을 따라가며 미로의 출구를 찾았으나 나는 아직 출구에 닿지 못했다.
75초를 번번이 초과하고 있다.

IV

일상적 말하기 방식과 시인의 말하기 방식의 차이

시인은 왜 애매하게 말하나?

　말의 첫 번째 기능은 상대에게 자신의 의사를 정확하게 전달하는 데 있다. 우리는 오해를 불러일으키지 않기 위해 애쓰며 논리적으로 자신의 뜻과 입장을 설명하곤 한다. 그러나 시인은 가급적 비논리적으로, 애매하게 말한다. 시가 어렵게 느껴지는 또 하나의 이유이다. 애매한 말은 일반적으로 곤혹스러움을 낳는다. 우리가 명쾌함에 길들여져 있기 때문이다. 그렇다면 시인은 왜 애매하게 말하나? 말하기 방식에는 의도가 내재해 있다. 시인이 애매성을 추구하는 이유는 단적으로 말해 인생사가 복합적이고 애매하기 때문이다. 내가 시의 애매성에 대해 이처럼 설명하면 대부분의 학생들은 웃는다. 그 답이 너무 당연하고 싱겁게 느껴지기 때문일 것이다. 그러나 '시인은 삶이 애매하기 때문에 애매하게 표현한다'는 시작 원리를 우리는 매우 깊이 생각해볼 필요가 있다. 시인은 애매한 것을 애매하게 이야기함으로써 인생의 진실에 닿을 수 있다고 믿는다. 여기에는 삶을 정확하게, 논리적으로 다 말할 수 없다는 경험과 통찰이 담겨 있다. 말로 다 설명할 수 없는 잔

여들을 아우르고자 할 때 시적 애매성은 탄생한다.

  이 대목에서 짚고 넘어갈 것은 '애매성'이라는 문학 용어에 대한 이해가 문학 이론을 아는 사람과 모르는 사람 사이에 다소 다르게 이해되고 있다는 점이다. 시 전문가나 교육자가 애매성이라는 용어를 사용할 때는 주로 영미의 신비평가 윌리엄 엠프슨 Empson, Sir William, 1906~1984이 말한 다의성의 의미로 사용하는 반면 대부분의 학생들은 애매성을 그야말로 의미가 불분명한, 수수께끼 같은, 직접적 이해가 가능하지 않은 문장이 발생시키는 성질로 이해하곤 한다. 이상섭은 이러한 오해를 줄이기 위해 엠프슨의 문학 용어로서 '애매성'을 '뜻 겹침'[*]이라는 용어로 바꾸어 사용하는 것이 온당하다는 제안을 하기도 한다. 하나의 문장이나 단어에 뜻이 겹쳐 있는 것과 의미가 불분명한 것은 매우 다른 차원에 속한다. 뜻 겹침은 의미가 복합적인 것이며 불분명한 것은 무슨 의미인지 알 수 없음을 뜻한다. 뜻 겹침이 의식의 복잡성이나 상상력의 풍부함에 의한 것이라면 궁극적으로 무슨 말인지 도무지 알 수 없게 만들어진 문장은 시인의 실수 혹은 역량 미달에 의한 것이다. 뜻 겹침으로서의 애매성을 시의 미감이라고 해도 무방하다. 애매성이 클수록 시적인 맛이 더 증가할 가능성이 농후한 것이다. 애매성을 옹호하는 이 같은 시의 미학은 언어의 일반적 기능을 배반하는 것처럼 보인다. 애매성이란 의미가 하나로 고정되

---

[*] 이상섭, 『복합성의 시학 – 뉴크리티시즘 연구』, 민음사, 1987, p. 14.

지 않는 것을 뜻하기 때문이다. 다시 말해 애매성은 의미가 다양하게 해석될 여지를 갖는 것을 말한다. 이때 애매성은 난해성으로 이어질 가능성을 갖는다. 그런데 주목할 것은, 의미가 막연하거나 부적확한 것을 난해하다고 할 수는 있으나 애매하다고는 하지 않는다. 피상적 주제의식에 의해 대충 얼버무린 듯 보이는 언어의 집합은 애매한 것이 아니라 의미가 부적절하게 혹은 불충분하게 표현된 경우이다. 감식안이 있는 독자라면 애매성과 불분명함을 구분할 것이다.

그럼에도 이 둘은 종종 그 경계가 모호하기도 하다. 뜻 겹침을 드러내는 문장은 해석의 여지가 다른 부분에 비해 많이 내포되어 있을 가능성이 크며 시의 문법에 익숙하지 않은 독자라면 이러한 부분을 매우 불분명한 것으로 감지할 수 있기 때문이다. 시는 문장의 의미만이 아니라 정서적 효과를 불러일으키기 위한 뉘앙스, 분위기, 울림 등이 언어에 스며 있기 때문에 더욱 그 불분명함이 증폭될 수 있다. 상기할 것은, 시의 언어가 애매성으로 독자를 곤혹스럽게 만들고자 하는 것이 아니라 명료함이 낳은 단순성과 배제적 성격을 넘어서고자 한다는 것이다.

> 막 이삭 패기 시작한 수숫대가
> 낫달을
> 마당 바깥 쪽으로 쓸어내고 있었다
> 아래쪽이 다 닳아진 달을 주워다 어디다 쓰나

생각한 다음날
조금 더 여물어진 달을
이번엔 洞口(동구) 개울물 한쪽에 잇대어
깁고 있었다

그러다가 맑디맑은 一生(일생)이 된
빈 수숫대를 본다
단 두 개의 서까래를 올린
집
속으로 달이
들락날락한다

장석남, 「달과 수숫대 -"貧(빈)"」 전문
(『왼쪽 가슴 아래께에 온 통증』, 창작과비평사, 2001)

 이 시는 달과 수숫대가 어우러진 풍경을 묘사하고 있지만 그 묘사의 언어운용이 매우 애매한 작품이다. 그 애매성은 1연에서 보이는 주어와 술어, 수식어와 수식 대상의 연결이 일반적 어법에는 안 맞는 형태로 결합되어 있기 때문에 발생한다. 우선 수숫대를 묘사한 부분부터 보면, 주어인 수숫대는 달을 '쓸어내다', 닳아진 달을 어디다 쓰나 '생각하다', 여문 달을 '깁다' 등의 동사와 연결된다. 이러한 동사들에서 연상되는 것은 빗자루, 사람, 바늘이다. 시인은 빗자루나 바늘과 같은 생활도구를 직접적으로 표현하지 않은 채 쓸어내고 깁고 하며 이어가는 '貧'으로서의 생활을 암시하는 것이다. 즉 1연의 동사들은 자연과 생활을 연결하는 가교 기능을 한다. 따라서 수숫대가 서 있는 자연풍경은 다만 자연풍경이 아닌 빈궁한 생활과 겹쳐 있는 자연풍경이라 할 수 있다. 이처럼 이 시의 애매성은 1연의 주어와 서술어의 불일치로부터 생겨나며 시인은 이러한 불일치가 발생시키는 간극 속에 가난한 생활상을 압축시키고 구질구질한 빈궁의 실체를 생략해버린다. 다음으로 달을 보면, 낮달에서 아래쪽이 다 닳아진 달로 다시 조금 더 여물어진 달로 변화한다. 달을 수식하는 말에서 연상되는 것은 닳아진 사물(그릇), 단단해진 곡식 등이다. 이 부분에서도 뜻겹침이 발생한다. 기울고 다시 차오르는 달의 형상처럼 닳아지고 다시 여물고 하는 것이 우리들의 생활이라고 시인은 말하는 것이리라. 그때마다 쓸어내고 꿰매지 않으면 생활의 말끔함을 잃게 된다.

한편 쓸어내고 깁고, 기울고 차오르고, 닳아지고 여물고 하는 과정의 변화는 시간의 변화를 나타낸다. 그 과정의 최종단계가 이 시에서는 "맑디맑은 一生이 된/빈 수숫대"와 "단 두 개의 서까래로 올린/집"으로 형상화된다. 각각은 자연과 생활을 대변한다. 이 앙상한 두 개의 이미지의 병치가 환기하는 것은 무엇일까? 병치는 그야말로 겹쳐놓기이다. 비어 있는 자연과 생활에는 시인이 생각하는 가난의 의미가 투영되어 있다. 그것은 비루한 가난이 아닌 바로 청빈淸貧을 뜻한다. 결핍과 고통으로 가득한 가난이 아니라 맑고 깨끗한 가난을 강조함으로써 시인은 한 정신주의자의 지향을 드러낸다. 그것을 시인은 열매를 맺고 비워내는 수숫대, 차오르고 기우는 달의 형상 즉 자연의 형상과 쓸어내고 깁고 하는 생활의 형상을 겹쳐 하나의 풍경으로 결합시킴으로써 성취한다. 자연의 순리를 따라가는 생활의 청빈은 이 같은 겹침에 의해 의미화된다. 달이 들락날락하는 동양화풍의 여백이 자연스럽게 느껴지는 것은 이 때문이다. 이때 '貧'의 분위기는 한적함으로까지 이어지게 된다.

이 시는 안빈낙도安貧樂道라는 전통적 관념을 표상한 것으로 볼 수 있다. 안빈낙도의 정신의 근간은 욕심의 채움이 아니라 비움이다. 이러한 주제는 그 중요성에도 불구하고 오늘날과 같은 현실구조에서는 받아들이기 어려운 것이 되었는지도 모른다. 그렇기 때문에 자칫하면 고리타분한 혹은 시대착오적인 주제가 될 수도 있다. 장석남은 자연과 생활의 결합이라는 전통적 맥락을 수용하고 있음에도 불구하고 그 맥락에 애매성을 증폭시키는 서술전략을 구사함으로써 자연과 생활을 그대로 직결시키는 전통시의 도식적 수용으로부터 자신의 시를 구출해낸다. 이때 안빈낙도의 멋스러움은 살아나고 그 주제는 새로운 묘미를 갖게 된다.

사유의 끈

『벽암록』은 달마대사와 양나라 무제의 문답을 1칙則으로 하여 모두 100칙의 선禪문답을 모아 놓은 공안公案집으로, 선불교의 불같은 화두들이 시적으로 표현된 선문학의 진수로 꼽힌다. 『벽암록』의 문답은 일반인들이 보기에 이게 무슨 말들인지 맥락이 잡히지 않고 모호함이 안개처럼 서려 있어 난감하기 그지없다. 그러나 화두를 이해하려는 집착에서 벗어나 시적으로 몰입하다 보면 자신만의 세계로 그 공안의 내부를 두드려볼 수 있다는 것이 아주 매력적이다. 27칙의 본칙을 보면 한 중이 운문을 찾아와 "나뭇잎이 시들어 떨어지면 어떻게 됩니까?"라고 묻자 운문이 "나무는 앙상한 모습을 드러내고 천지에 가을바람만 가득하지"라고 답을 한다. 그리고 그 본칙에 대해 설두 선사가 "물음도 대답에도 깊은 뜻 서렸구나./3구句를 헤아려라 화살은 먼 구름 밖……/넓은 들에 찬바람 온 하늘에 가랑비(후략)"라는 송을 덧붙이고 있다. 풍경에 대한 소회가 아닌, 번뇌와 망상을 떨쳐버린 세계의 지극함과 오묘함이 깃들어 있는 문답이다. 그러나 꼭 그렇게 해석하지 않아도 좋다. 문답 속에 담긴 광대무변한 세계를 가늠하는 길이 어디 하나이겠는가? 그것이 바로 『벽암록』 읽기의 매력이다. 남전의 고양이, 조주의 짚신, 손가락을 자르는 구지, 법당의 목불을 태우는 단하 선사 등 날카롭기가 송곳 같고 막막하기가 절벽 같은 공안들의 일대 진경이 불립문자不立文字의 세계를 넘나든다.

『벽암록』은 선가禪家에 관련이 있거나 불교 사상과 문학에 관심이 있는 사람들이 주로 읽어왔기에 보급이 그리 대중적이지 못했다. 안동림의 『벽암록』은 그런 사정을 고려해 일반인들이 쉽게 읽을 수 있도록 번역하고 주해를 한 책이다. 원래 『벽암록』은 설두 선사가 지은 '본칙本則'

및 '송頌'과 원오 선사가 붙인 '수시垂示', '착어著語', '평창評唱' 5부로 구성이 되었는데 그중에서 짧은 평문인 '착어'와 해설에 해당하는 '평창'을 생략한 것이 안동림의 『벽암록』이다. 안동림은 '착어'와 '평창'을 최대한 가려 뽑아 '해제'와 '주'에 포함시키면서 독자들이 읽기 편하도록 책의 내용을 '1)해제 2)수시의 원문, 주, 번역문 3)본칙의 원문, 주, 번역문 4)송의 원문, 주, 번역문' 순으로 배열했다. 수시는 머리말과 같은 것이고, 본칙은 공안으로 『벽암록』의 핵심 부분이며, 송은 공안 100개마다 설두 선사가 하나하나 붙인 공안시公案詩로, 날카로운 직관력과 맑은 시상이 돋보여 공안시의 백미라고 일컬어진다.

『벽암록』, 안동림 역, 현암사, 1999

모르는 시어가 없는데
해석이 쉽지 않은 이유는?

　시의 문장에서 특별한 조어(造語)나 한자를 제외하면 단어 하나하나의 의미를 몰라 해석의 곤란을 겪는 경우는 지극히 드물다. 모든 단어를 다 잘 알고 있음에도 시 해석이 어려운 이유는 무엇일까? 시는 시어 하나하나의 뜻이 어려운 것이 아니라 그것들이 조합된 방식이 낯설기 때문에 해석이 쉽지 않은 것이다. 우리가 일반적으로 합의한 문장의 구조에 비추어 본다면 시의 문법은 우리의 언어 규약을 의도적으로 벗어난 문장 구조를 지향한다. 시 해석이 어려운 가장 근본적 이유가 여기에 있다. 뒤틀린 문장, 비정상으로 짜인 문장이 쉬울 리 없다. 그러나 어려운 것이 곧 나쁜 것은 아니다. 여기에는 시가 도달하고자 하는 예술적 야심이 담겨 있다. 시인은 사전 속에 결박된 단어들을 해방시키고자 한다. 사전은 언어 사용자들 간의 약속을 집대성한 것이다. 그것은 단어의 의미와 사용 방식을 규정하는, 즉 언어를 질서화하고 의사소통을 편리하게 하기 위한 규약의 산물이다. 이러한 특징을 재음미해 보면 사전은 언어의 감옥이기도 하다. 언어가 곧 인간의 생각을 표현하는 방법 가운데 하나라면 언어를 규약화하는 것은 생각을 규제하는 것과 동일한 의미를 갖는다. 시인은 이러한 규제를 벗어나고자 한다.

시인이 자신의 내적 의식을 규범문법에 의한 문장이 아닌 시로 표출하는 필연적 이유는 기존의 지시적 언어의 한계에 절망했기 때문이다. 지시적 언어는 언어를 공유하는 언어 공동체 사이에 전제된 약속이면서 체계이다. 약속된 체계는 개별적 존재가 갖는 내면의 복잡성이나 미묘함을 그 체계에 맞출 것을 강요한다. 그러나 언어 공동체가 공유하는 언어 체계만으로 개인의 고유한 내면을 제대로 표현한다는 것은 불가능한 일이다. 그러나 지시적 언어 체계를 거부한 시적 영혼이 자신을 제대로 표현하고 동시에 타인과 소통하기 위해서는 지시적 언어를 시적 질료로 가져올 수밖에 없다. 인간이 생각과 마음을 표현하는 방식은 언어 이외도 여러 가지가 있을 수 있다. 그러나 여타의 표현방식도 언어의 복잡성과 정교함을 따라올 수 없다. 시인이 언어의 감옥을 거부하면서 동시에 그 감옥으로부터 언어를 불러낼 수밖에 없는 이유는 우리가 늘 사용하는 언어보다 더 정교한 표현의 수단이 없기 때문이다. 이처럼 이미 그 의미가 확정된 언어를 질료로 삼을 수밖에 없는 것이 시인의 숙명이며 딜레마이다. 그럼에도 시인은 언어의 불충분함과 불완전성을 뛰어넘어 자신을 표현하고자 하는 욕구를 지닌다. 아직은 드러나지 않은 최초의 감정과 정황은 자신에게는 고유한 것이며 새로운 것이다. 이 고유함과 새로움을 손상하지 않은 채 타자와 소통을 시도해야 하는 것이다. 따라서 시인은 기존의 문법 체계를 변형시켜야 할 운명적 상황을 껴안고 가야 한다. 비유나 상징, 아이러니, 이미지 등 시의 언어미를 구성하는 주요 요소들은 말을 장식하기 위해서가 아니라 이와 같은 필연적 욕구로부터 생성된다.

II
구름 발바닥을 보여다오.
풀 발바닥을 보여다오.
그대가 바람이라면
보여다오.
별 겨드랑이를 보여다오.
별 겨드랑이의 하얀 눈을 보여다오.

III
살려다오.
북 치는 어린 곰을 살려다오.
북을 살려다오.
오늘 하루만이라도 살려다오.
눈이 멎을 때까지라도 살려다오.
눈이 멎은 뒤에 죽여다오.

북 치는 어린 곰을 살려다오.

북을 살려다오.

김춘수, 「處容斷章(처용단장) 第二部(제이부) - 들리는 소리」 부분
(『김춘수 전집 1 시』, 도서출판문장, 1982)

　규범문법을 바탕으로 이 시를 읽는다면 해독이 불가능할 것이다. 대부분의 사람들은 당혹감과 더불어 '도대체 무슨 소리야'라고 말할 것이다. 그러나 주어진 시적 정보를 이용해서 유추해 본다면 이 시가 난해한 것만은 아니다. 이 시를 난해하게 만드는 것은 우리들의 굳어진 의식일지도 모른다. 이 시는 제목이 주는 정보를 절대 간과해서는 안 되는 작품이다. '처용단장'이라는 제목에서 알 수 있듯이 이 시의 화자는 처용이라 할 수 있다. 화자가 누구인가를 간파하는 일은 시를 추상적으로 읽지 않는 중요한 방법이다.

　잘 알려진바 『삼국유사』에 나오는 처용은 동해 용왕의 아들로 역신과 아내가 긴통하는 현장 앞에서 노래하고 춤을 춤으로써 역신을 물리친 초월적 인물이다. 이러한 신화적 이야기를 보다 현실적 차원에서 생각해보면 처용의 비범성을 이해하기 어려울 수도 있다. 아내의 간통 사건 앞에서 초연할 수 있는 사람이 어디 있겠는가. 김춘수의 처용시편들은 처용의 비범함이 아니라 그가 견뎌내야 했던 인간적 고통에 대한 깊은 사색을 바탕으로 한 작품이다. 아내의 간통 사건을 목격했던 비참한 처용의 심정을 헤아려본

다면 이 시의 목소리가 지닌 절박함을 눈치챌 수 있을 것이다. 이 시에서 압도적으로 드러나는 것은 우선 애걸복걸하는 화자의 목소리다. 그것은 '보여다오'와 '살려다오'의 반복을 통해서 전달된다. 빠르고 다급한 목소리로 처용은 자기의 절박하고 비통한 심정을 드러내는 것이다.

한편 이와 같이 시의 전체적 분위기를 파악했다고 해서 이 시를 이해했다고 볼 수는 없다. 이 시의 세부 이미지들의 조합이 상식적이지 않기 때문이다. 구름 발바닥, 풀 발바닥, 별 겨드랑이는 다 무엇인가? 상식을 벗어나는 말의 조합은 그 단어의 쓰임이 용도 변경되었음을 암시한다. 예를 들어 김춘수의 대표작 「꽃」에서 "내가 그의 이름을 불러 주었을 때/그는 나에게로 와서/꽃이 되었다"라는 문장을 상기해보자. 여기에서 '꽃'이 식물로서의 꽃이 아님을 누구나 쉽게 알 수 있다. 꽃이라는 단어가 개인의 시적 문법 속에서 용도 변경된 사례이다. 이처럼 단어의 쓰임이 용도 변경된 경우를 파악하는 데 대부분의 사람들은 별 어려움을 느끼지 않는다. 이런 능력은 어떻게 생겨난 걸까? 답은 간단하다. 우리 모두가 규범문법에 이미 익숙하기 때문에 그것에서 벗어난 문장구조의 불편함 혹은 낯섦을 금세 눈치채는 것이다. 시 해석의 출발은 바로 단어가 용도 변경된 지점에서 시작된다.

위에 인용한 시에서 보이는 발바닥, 겨드랑이, 하얀 눈 등 신체 지시어 또한 그 단어의 쓰임이 용도 변경된 사례이다. 구름, 풀, 별과 어울릴 수 없는 단어를 함께 결합함으로써 시인은 현실에서 경험할 수 없는 낯선 이미지를 생성시킨다. 이런 낯선 이미지들이 열거 혹은 병치될 때 이들의 공통점을 찾는 것은 시 해석을 위해 매우 유용한 방법이다. 구름, 풀, 별은 자연물들이며, 발바닥, 겨드랑이, 겨드랑이의 하얀 눈은 모두 신체 부위로서 겉으로 드러나지 않고 숨겨져 있다는 특징을 지닌다. 이러한 특성을 바탕으로 유추해본다면 처용은 존재의 이면에 감추어진 진실 혹은 비밀을 알아내고자 하는 욕구에 시달리고 있는 것으로 여겨진다. '보여다오'의 반복이 이를 뒷받침해준다. 깨달음은 생의 난관을 극복할 수 있는 힘이다. 아내의 진실은 무엇인가? 진정한 사랑은 무엇인가? 아내의 간통 앞에서 갖게 되는 인간적 고뇌와 그것을 벗어날 수 있는 방법은 무엇인가? 그것을 볼 수 있는 지혜로운 눈 즉 '별 겨드랑이의 하얀 눈'을 가질 수 있게 해달라고 그는 애원하는 것이 아닐까? 앞서 말했듯이 고대 처용설화에는 처용이 춤추고 노래했다고 되어 있다. 이 해탈의 경지는 인간의 능력을 초월하는 것이다. 김춘수의 처용은 아직 그러한 경지에 도달하지 못한 인간적 고뇌를 상징화한다. 그것은 또한 김춘수의 고뇌이기도 하다. 갈구하고 애걸하는 화자를 내세우고 있는 까닭이 여기에 있다.

  그렇다면 「처용단장 제이부」의 III은 어떻게 해석해야 하는가? 이 시에서 중요한 것은 어린 곰이 아니라 북과 어린 곰과의 관계이다. 때리는 자와 맞는 자 가운데 누가 더 불행한 것일까? 둘은 불화의 관계 속에 있다는 점에서 동일하다. 아내와의 불화를 벗어나고자 하는 처용의 몸부림이 '살려다오'로 표현되고 있는 것이다.

'하루만', '눈이 멎을 때까지' 등이 함의하는 시간성은 화자의 절박함을 대변해주는 기능을 한다. 그런데 이 시의 6행에서 화자는 '죽여다오'라고 말한다. 그리고 다시 살려달라고 말한다. 이때 처용의 감정이 극점에 이르고 있음을 간과하지 못한다면 잘못된 해석을 내리게 된다. 여기서의 '죽여다오'는 모순 어법으로 사용된 말이다. 진짜 죽여달리는 말이 아니라 제발 살려달라는 뜻을 지닌다. 애걸복걸이 극에 달하면 살려달라가 아니라 죽여달라는 모순된 표현을 사용할 수 있다는 점을 생각해볼 필요가 있다. 모순 어법 또한 의미를 일탈시킨 용도 변경의 사례라 할 수 있다.

기존의 문법을 뒤틀고 전복시킴으로써 새로운 의미를 창조하는 것이 시의 언어라 할 수 있다. 언어에 대한 사전적 의미는 의미를 확정함과 동시에 언어를 가둔다. 그러나 시적 언어는 객관적 의미를 개인의 문맥 속에서 주관적으로 재구성함으로써 의미를 확장시킴과 동시에 해방시킨다. 이와 같은 시적 언어의 특성은 시 읽기의 어려움을 부추기는 요인이기도 하지만 우리에게 새로운 인식의 경지를 제공하는 요인이기도 한다. 새로운 의미와 인식의 창조는 인간 존재를 틀에 박힌 삶으로부터 벗어나게 하는 존재 전환의 순간으로 이어진다. 아울러 규정된 의미로부터 해방된 언어는 새로운 생명력을 가지고 독자의 의미부여 작용을 자극한다. 창조적 언어와의 조우는 창조적 세계와의 만남이다. 그러나 인식의 갱신이 손쉽게 이루어지는 것은 아니다. 그것은 자신을 지탱시켜주었던 생각의 울타리 일부를 헐어냄으로써 가능한 일이다. 생각을 바꾸고 확장하는 정신활동은 얼마나 어려운 일인가. 시인은 사전 속에 안주하려 하는 견고한 인식의 울타리에 새로운 영토를 잇대어 놓는 존재이다. 그들은 의미를 확정하고 고정시키려 하는 모든 것에 물음표를 찍고 그것에 저항하는 자이다. 개성적 시의 문법은 이로부터 탄생한다.

사유의 끈

부인과 일찍 사별한 바슐라르는 어린 딸을 위해 부엌에서 요리하는 것을 즐겼다고 한다. 그에게 부엌은 철학적 사유와 시적 몽상을 가능하게 한 4원소, 즉 물, 불, 공기, 흙이 가득한 연금술의 공간이었다. 만물의 근원을 이루는 4원소에 대한 바슐라르의 사유에는 시적 풍요로움이 가득하다. 그의 저술들은 산문이라기보다 차라리 시라 할 수 있다. 『공기와 꿈』도 그 가운데 하나이다. 『공기와 꿈』은 날개, 구름, 성운, 빛, 연기, 바람, 나무 등 공기적 이미지의 운동성에 대한 몽상을 보여준다. 바슐라르는 "우리는 너무 빨리 이해하기 때문에 상상하기를 잊어버린다"고 말함으로써 상상의 즐거움과 가치를 강조한다. 공기적 운동성이 지닌 '가벼워짐'에 대해 "그것은 외부 세계에 의해 우리에게 주어지지 않는다. 그것은 상상적 운동에 의해서, 공기에 관한 상상력에 귀 기울임으로써, 가벼워지고 선명해지고 울려퍼지게 된, 예전에는 무겁고 혼란스러웠던 존재의 정복이다"이라고 말한다. 무거운 것을 정복하고자 인간은 얼마나 많은 꿈을 꾸는가. 바슐라르는 "나무는 삶을 푸른 하늘로 싣고 오르는 분명한 힘"이며 "비상을 가득 담은 저수조"이며 "바람에 흔들리는 거대한 둥지"라고 몽상한다. "모든 것을 다 주어 벗어버리려고 꿈꾸는" 공기적 상상력에 대한 그의 문장들을 읽노라면 어느새 행복감에 젖어들게 된다. 시적 문장을 산문화하기 어려운 것처럼 그의 풍부한 몽상의 세계와 그것을 빚어낸 아름다운 문장들도 그러하다. 직접 혀를 담가보는 게 가장 좋다. 몽상이 어떻게 풍요를 만드는지 알게 될 것이다.

바슐라르(Gaston Bachelard, 1884~1962), 『공기와 꿈』, 정영란 역, 민음사, 1993

함축을 풀어내는 최초의 열쇠는?

 학생들에게 시가 무엇이냐고 물으면 대다수가 함축된 언어로 이루어진 짧은 글이라고 대답한다. 그것은 부족하지만 핵심에 가까운 대답이다. 시적 언어는 산문처럼 풀어진 말의 사용을 자제한다. 여러 번 설명한바 말을 풀어서 사용한다는 것은 설명하는 것이고, 이는 대상에 대한 논리적 진술을 뜻한다. 시는 인간의 감정이 비논리적이듯이 비논리적으로 언어를 사용한다. 논리를 거두절미한 채 자신의 감정을 발설하는 것이 시이다. 이때 시인의 언어는 함축을 향해 치닫게 된다. 말의 양적 부피를 버리고 말의 밀도를 지향하는 것이다.
 그렇다면 왜 함축을 해야 하는가? 이는 다시 말하면 시는 왜 짧아야 하는가 하는 문제와 동일한 질문이다. 여기서 시가 내면을 고백하는 양식이라는 사실을 상기할 필요가 있다. 인간의 감정이 극단에 이르렀을 때 쏟아지는 표현방식이 비명이나 울음, 눈물, 웃음, 욕설 등과 같은 것이라고 할 때 이와 등가의 것을 표현하는 말이 짧아지는 것은 당연한 일이다. 비명 따위를 장시간 지속할 수 없는 것처럼 그런 종류의 것을 장황한 말로 표현하는 것은 그 강렬함을 파괴하는 일이다. 비명이나 울음, 눈물, 웃음, 욕설 등이 지닌 강렬함을 몇몇 단어로 실현함으로써 시인은 자신의 내면을 드러내고자 한다. 그러기 위해서 시어는 조밀한 밀도를 지닌 언어가 되지 않으면 안 된다. 이때 논리를 벗어난 언어의 함축은 시 해독을 어렵게 만드는 요인이 된다. 독자는 조밀하게 압축된 의미의 덩어리를 풀어야 할 입장에 처하게 되는 것이다. 그것은 괴로운 일이지만 한편으로는 지적 놀이를 경험할 수 있는 즐거움이기도 하다. 수수께끼로 이루어진 시를 버리는 것이 독자의 자유일 수 있듯이 수수께끼 풀이를 즐기는 것 또한 독자의 자유이다. 그렇다면 함축은 어떻게 풀어내야 하는가?

> 두 눈에 조개껍질을 박은 사람이 안개 속에서
> 오래된 철교를 부수는 소리
>
> 두 눈에 조개껍질을 박은 사람이 안개 속에서
> 허리에 돋아난 제 발들을 떼어내는 소리
>
> 두 눈에 조개껍질을 박은 사람이 안개 속에서
> 내 눈동자를 빼가는 소리

박상순, 「내가 본 마지막 겨울」 전문
(『마라나, 포르노 만화의 여주인공』, 세계사, 1996)

6행으로 이루어진 이 시는 동일한 문장의 형태를 반복함과 동시에 동일한 내용의 구절, 즉 "두 눈에 조개껍질을 박은 사람이 안개 속에서"를 세 번이나 반복하고 있음에도 불구하고 그 의미에 접근하기가 쉽지 않다. 그로테스크한 이미지가 우리의 상상력과 충돌하기 때문이다. 실제의 삶에서 벗어난 그로테스크한 장면 혹은 환상적 장면과 마주쳤을 때 사람들은 곧바로 이에 동의하기 어려울 수 있다. 이러한 현상은 특히 시에서 더욱 두드러진다. 영화나 만화, 소설을 접할 때 사람들은 시보다 훨씬 빠르게 적응한다. 이유는 영화나 만화, 소설이 허구라는 사실에 익숙하기 때문이다. 그에 비해 시는 시인의 솔직한 고해성사라는 인식이 보편적으로 강하게 작용한다. 이러한 소박한 인식은 맞기도 하고 틀리기도 하다. 왜냐하면 다른 장르에 비해 시는 분명 내면을 고백하는 성향이 강하기 때문이다. 그러나 여기서 시가 단순한 고백이 아니라는 사실, 인공적으로 만들어진 예술이라는 사실을 다시 한 번 생각할 필요가 있다. 비명이나 울음, 눈물, 웃음, 욕설 등과 같이 강렬한 감정을 내포한 깃이 시이지만 시는 비명이나 울음, 눈물, 웃음, 욕설 자체는 아니다. 사실 아무런 언어 기교도 없는 솔직한 고백은 시가 아니다. 시인은 자기를 표현하기 위해 얼마든지 신비와 환상, 그로테스크한 이미지를 동원할 수 있다. 일단 기괴한 영화의 한 장면을 보듯 이 시를 본다면 접근하기가 훨씬 용이해진다.

이 시를 읽는 독자라면 "두 눈에 조개껍질을 박은 사람"에 대해 공포감을 느낄 것이다. 그것은 이미지 자체가 공포감을 주기 때문이 아니다. 만일 두 눈에 조개껍질을 박은 사람이 코믹 프로에 등장했다면 우린 공포가 아니라 웃음을 자극받을 것이다. 두 눈에 조개껍질을 박은 사람의 분위기와 상징적 의미를 확정해주는 것은 그가 지닌 모습이 아니라 시적 상황 혹은 문맥이다. 기괴한 모습을 한 이 사람은 안개 속에서 잘 보이지 않는다. 그리고 그는 무언가를 부수고, 떼어내고, 빼가는 폭력적이고도 파괴적인 소리를 만들어낸다. 어렴풋함 속에서 들려오는 소리. 그것이 두 눈에 조개껍질을 박은 사람을 공포로 느끼게 하는 것이다.

그렇다면 이 시의 그로테스크한 세부 묘사에 보다 가까이 가보자. 그는 오래된 철교를 부수고 있다. 철교는 일종의 길이다. 그는 이미 있었던 오래된 길을 부수고 있는 것이다. 이를 좀 더 비약해서 해석한다면 그에게 오래된 철교는 이미 길의 의미를 상실한 길 아닌 길이라 할 수 있다. 다시 말해 그에겐 길이 없는 것이다. 길을 부순 다음 "허리에 돋아난 제 발들"을 떼어낸다. 허리에 돋아난 발은 무엇을 뜻하는가? 왜 허리에 발이 돋아나 있는가? 우린 이런 질문을 당연히 물어야 한다. 비정상적 이미지는 반드시 무언가를 내포한 경우라 할 수 있다. 허리(혹은 겨드랑이)에 돋아날 수 있는 것은 발이 아니라 날개다. 날개는 가벼운 것이고 발은 무거운 것이다. 즉 그는 날개가 있어야 할 자리에 무거운 발을 달고 있는 자이다. 여기서 다시 앞의 연에 등장한 철교를 떠올려보면, 길 없는 자에게 발은 불필요한 것이라 할 수 있다. 이 자학의 심연에서 우리는 절망을 읽게 된다. 갈 수 없는 자, 길을 잃어버린 자, 그래서 자기를 파괴하는 자가 그인 것이다. 그런 맥락에서 우린 두 눈에 조개껍질을 박은 사람을 파괴적이고 폭력적인 부정적 인물로 규정할 수 없게 된다. 그는 마지막으로 "내 눈동자를 빼"간다. 안개 속에서 눈동자는 무용하다. 안개 속에서 감각되는 것은 소리일 뿐이다. 그가 갈 수 없듯이 안개 속에서 '나'는 볼 수 없는 것이다. 여기서 그의 발과 나의 눈동자가 갈 수 없고 볼 수 없다는 무용성으로 의미화되고 있음을 짐작할 수 있다. 그와 내가 안고 있는 존재론적 상황이 동일해지는 것이다. 이때 안개 속에서 만난 사람이 다름 아닌 나 자신일 수 있다는 가능성을 배제할 수 없다. '그'는 '나'의 내면에 있는 또 다른 자아일 수 있다. 길(발)과 눈동자를 잃음으로써 '가다'와 '보다'라는 행위가 거세된 공간과 시간이 "내가 본 마지막 겨울"이라 할 수 있다. 이 시는 모든 희망이 말소된 절망을, 갇혀 있는 존재의 고통을 표현한 작품으로 해석된다. 앞선 해석 과정에서처럼 이 시의 함축적 이미지들은 문맥과 문맥의 연합 속에서 유기적으로 파악해야 한다. 이것이 시에 대한 자의적 해석으로부터 벗어나는 방법이며 동시에 함축을 풀어내는 방법이라 할 수 있다.

사유의 끈

'도상해석학iconology'은 20세기 초 한계점에 다다른 심미적 양식사의 대안으로 등장한 것으로서, 작품에 드러난 도상(형상)의 형식보다는 주제와 의미를 해석하여 양식의 본질을 밝히는 미술사의 한 연구 분야다. 독일 출신의 미술사학자 에르빈 파노프스키의 『도상해석학 연구』는 미술사학은 물론 철학, 문학, 언어학, 사학 등 정신과학의 모든 분야에 지대한 영향력을 끼쳤던 저술이다. 그는 도상해석의 과정을 매우 일목요연하게 제시하고 있는데, '일차적 또는 자연적 주제', '이차적 또는 관습적 주제', '본래 의미 또는 의미 내용'이라는 삼단계의 과정이 그것이다. 이 삼단계를 쉬운 말로 표현하자면 예술적 모티프, 스토리, 상징적 가치로 요약되며 이 과정을 거쳐 특정 도상은 풍부하게 해석될 수 있다.

'일차적 또는 자연적 주제'는 한 인물의 자세나 행동에 담겨 있는 감정이나 실내 정경의 분위기를 인지해내는 작업으로, 전前도상학적 단계라고 한다. '이차적 의미 또는 관습적 주제'는 그림 속의 모티프를 관습적 의미나 개념과 연관시켜 이미지와 이야기의 알레고리를 확인하는 작업인데 이는 좁은 의미의 도상학에 해당된다. 예를 들면, 어떤 여인이 손에 복숭아를 들고 있으면 진실의 의인상이며, 두 인물이 특정한 방식으로 서로 싸우는 모습은 선과 악의 전투를 묘사한 것이라 할 수 있다. 이러한 해석은 당대의 관습적 의미를 읽어내는 작업으로 정확성이 무엇보다 중요하다. '본래 의미 또는 의미 내용'은 순수 형태, 모티프, 이미지, 이야기, 알레고리를 한 국가나 시대, 계급, 그리고 종교 및 철학적 신조로 총체화해서 상징으로 해석하는 것이다. 예수 탄생을 주제로 하는 그림의 경우 중세의 전통적 유형에서는 성모 마리아가 침대나 소파에 누워 있는 모습인 반면, 14~15세기에는 무릎을 꿇고 경배하는 자세로 나타난다. 이러한 변화는 중세 말기의 신학적 주제의 변화를 담고 있는 것은 물론 새로운 감상적 자세를 반영한 것이다.

『도상해석학 연구』는 전前도상학적 기술과 좁은 의미의 도상학적 분석을 올바르게 실행하고 그것을 기반으로 본래 의미나 의미 내용을 밝혀가는 도상해석학의 방법론을 서론에서 충분히 설명한 후 고대 그리스 문화의 문학과 조형 전통이 어떻게 중세와 르네상스까지 이어지는지를 설명한다. 그림은 물론 문학 작품의 함축적 의미를 어떻게 해석할지에 대한 엄밀하고 심도 깊은 해석의 방법론을 알려주는 책이다. 이 저서에 제시된 방법론을 통해서 우리는 형상의 의미를 어떻게 치밀하게 읽어낼 수 있는지 경험할 수 있다. 내용과 형식이 분리된 것은 아니지만 내용파악을 제대로 해야 형식미의 독자성과 가치를 알 수 있는 것 또한 사실이다.

에르빈 파노프스키(Erwin Panofsky, 1892~1968), 『도상해석학 연구』, 이한순 역, 시공사, 2002

시 읽기의 목표는 무엇인가?

　나는 지금도 시는 어려운 것이라고 말하는 데 주저하지 않는다. 작품에 따라 상대적이긴 하지만 시의 난해성은 시의 본질이다. 물론 읽자마자 공감할 수 있는 비교적 쉬운 문법의 시도 많이 있다. 그러나 시를 제대로 읽는다는 것이 무엇인가를 생각해 볼 때 해석이 잘 된다고 해서 쉽다고 말할 수만은 없다. 예를 들어 김소월의 「진달래꽃」을 사람들은 낯설지 않게 읽어낼 것이다. 그러나 「진달래꽃」의 미감을 설명하라고 하면 그것은 여전히 괴로운 일이 될 것이다. 시를 제대로 읽는다는 것은 의미해석을 하는 일이 아니다. 의미해석이 이루어지지 않은 채 그 다음 단계로 갈 순 없지만, 궁극적으로 시 감상의 목표는 의미해석이 아니다. 만일 시를 읽는 사람이 의미해석 이상의 것에 도달하지 못했다면 그는 시를 읽은 것이라기보다 어떤 문장의 뜻을 읽어낸 것에 불과하다. 이런 소박한 감상의 태도가 결국 시에서 멀어지게 하는 요인이 되기도 한다. 왜냐하면 의미해석에 몇 번 실패한 독자는 시의 매력을 알기도 전에 시를 버리게 될 것이기 때문이다. 예를 들어 문장의 의미를 굳이 해석할 필요 없는 시도 많이 있다는 사실을 생각해볼 필요가 있다. 의미해석이 필요 없는 시가 의도하는 바는 무엇인가?

 누웠는 사람보다 앉았는 사람 앉았는 사람보다 섰는 사람 섰는 사람보다 걷는 사람 혼자 걷는 사람보다 송아지 두, 세 마리 앞세우고 소나기에 쫓기는 사람.

박용래, 「소나기」 전문
(『먼 바다』, 창작과비평사, 1993)

 어머니의 고추밭에 나가면
 연한 손에 매운 물 든다 저리 가 있거라
 나는 비탈진 황토밭 근방에서
 맴맴 고추잠자리였다
 어머니 어깨 위에 내리는
 글썽거리는 햇살이었다
 아들 넷만 나란히 보기 좋게 키워내셨으니
 짓무른 벌레 먹은 구멍 뚫린 고추 보고
 누가 도현네 올 고추 농사 잘 안 되었네요 해도
 가을에 가봐야 알지요 하시는
 우리 어머니를 위하여
 나는 빨리 어른이 되고 싶었다

안도현, 「고추밭」 전문
(『서울로 가는 全琫準(전봉준)』, 민음사, 1988)

　박용래의 「소나기」는 소나기가 쏟아지기 시작하는 바로 그 지점의 역동성을 포착한 시이다. 이 시는 구절구절 해석할 것이 별로 없다. 읽는 즉시 의미 파악이 가능한, 어찌 보면 싱거운 시이다. 그런데 시는 항상 진지하고 심각한 주제를 가지고 있어야 한다는 굳건한 믿음을 가진 독자에게 이 시는 오히려 당혹스러울 수 있다. 거창하게 설명해볼 주제가 없는 것처럼 느껴지기 때문이다. 이 시는 소나기 오는 한 순간의 농촌풍경을 초점화하고 있을 뿐이다. 그 이상도 그 이하도 아니다. 갑자기 쏟아지기 시작한 소나기를 피해 일어서고 뛰어가는 분망한 한 순간, 송아지 두, 세 마리 앞세우고 바삐 비를 피하는 농부의 모습에서 우리는 싱그럽고 건강한 여름을 느끼게 된다. 그 정겨움을 즐기면 그만인 것이다.
　그런데 시인이 이와 같은 풍경을 매우 적은 양의 언어로 단숨에 묘사하고 있음을 놓쳐서는 안 된다. 시인은 '~보다'라는 비교격 조사의 반복을 통해 주체의 동작변화와 언어의 리듬감을 만들어 낸다. '~보다'에 의해 점층되는 동작 즉 안고 서고 걷고 쫓기는 점진적 과정을 보며 독자는 소나기가 점점 강하게 내리기 시작하는 순간을 감각하게 된다. 이때 "혼자 걷는 사람보다 송아지 두, 세 마리 앞세우고 소나기에 쫓기는 사람"이라는 구절은 이 시의 풍경을 정겹고 명랑한 것으로 만들어 놓는다. 송아지 없이 혼자 비에 쫓기는 사람이 등장했다면 시의 분위기는 매우 달라졌을 것이다.

안도현의 「고추밭」도 박용래의 「소나기」와 마찬가지로 별로 해석을 요구하지 않는 예이다. 이 시는 자식을 위해 고생하시는 어머니에 대한 애정을 노래한 작품이다. '어머니'는 '사랑'만큼이나 유구하고도 보편적인 시적 제재이다. 그러나 '자식을 위해 고생하시는 어머니'만큼이나 진부한 내용이 또 어디 있겠는가. 그럼에도 이 시는 진부하지 않다. 이 시의 가치는 어머니를 대상으로 했기 때문에 발생하는 것이 아니라 어머니라는 보편의 대상을 절실한 울림으로 그려냈기 때문에 생겨난다. 보편적인 제재를 진부하지 않게, 감동적으로 이끌어가는 요소가 무엇인가를 음미하는 게 이 시 읽기의 목표이다. 이 시의 첫 번째 감동은 "우리 어머니를 위하여/나는 빨리 어른이 되고 싶었다"는 마지막 구절에서 온다. 어려운 유년시절에 자식을 위해 고생했던 어머니를 떠올리는 사람이라면 누구나 이 구절이 담고 있는 슬픈 심경에 공감할 것이다. 철부지가 어른이 되어야겠다고 결심하는 이 비장한 순간은 기특함과 안쓰러운 마음을 불러일으킨다. 이 시의 두 번째 감동은 화자를 비유하는 "맴맴 고추잠자리" "글썽거리는 햇살" 등이 고추밭이라는 공간과 자연스럽게 어우러지는 느낌을 줌과 동시에 어머니 곁을 맴도는 어린 아이의 애처로운 모습을 보여주기 때문에 생성된다. 세 번째 감동은 벌레 먹은 고추들을 챙기면서도 의연함을 버리지 않는 든든한 어머니의 모습에서 온다. 이 시의 미감은 이 모든 요소가 하나로 결합되어 전달되는 것이다. 시 읽기의 목표는 음악과 영화를 일상 속에서 즐기듯 이러한 미감을 즐기는 데 있다.

  신문 사설이나 경전, 철학서 등과 시는 엄연히 다른 무엇을 가지고 있다. 그 다름을 시인은 독자에게 주고자 하는 것이다. 시의 다름은 의미에 국한되는 것이 아니라 의미를 발현하는 독특한 방식(형식)에 있다. 고독과 자유와 사랑을 시인이 어떻게 말하고 있는가를 알 때 시를 제대로 읽는 것이 된다. 김소월과 한용운은 떠나버린 님에 대한 심경고백을 각각 어떻게 다르게 나타내고 있는가? 그들은 이별에 대해 어떻게 서로 다른 태도를 보이는가? 부조리한 억압적 사회에 대해 신경림과 김지하는 어떻게 다른 목소리를 드러내는가? 문정희와 강은교와 김혜순과 최승자는 각각 어떻게 다르게 여성성을 드러내고 있는가? 비슷한 주제와 비슷한 시적 대상을 기조로 한 시편들 사이에서 독자가 감지해야 하는 것은 그것들 간의 다름과 수준이다. 시의 예술적 가치는 주제의 옳고 그름에 있는 것이 아니라, 주제를 구현하는 심미성의 높고 낮음에 있다. 즉 시를 감상할 때 우리가 도달해야 하는 것은 의미해석이 아니라 그 작품이 지닌 미적 수준이라 할 수 있다. 똑같은 흙으로 똑같은 모양의 도자기를 빚어도 도공의 수준에 따라 결과물이 다른 것과 같은 이치라 할 수 있다. 중요한 것은 시가 뜻을 지닌 문장의 나열 이상이라는 사실, 즉 시는 일종의 예술이라는 사실을 잊어서는 안 되는 것이다.

사유의 끈

"사실 관능적이라 해도 실레의 인물은 뼈마디가 강조되고 선묘가 도드라져 무언가 딱딱하고 부러지기 쉽다는 인상을 준다. 그리고 과잉된 의식과 날카롭고 신경질적인 육체가 빚는 부조화의 긴장이 화면 전반에 일종의 공격성 같은 것을 더한다. 〈포옹〉의 누드를 비롯해 그의 누드는 모두 당시의 사회에 대한 저항 같은 것이었다". 이주헌은 에곤 실레 Egon Schiele, 1890~1918 의 〈포옹〉에 대해 이렇게 해설하고 있다. 에곤 실레의 각진 나체를 '신경질적인 육체'라고 표현한 것을 나는 적확한 해석이라고 생각한다. 이 작품의 주제는 사랑이라 할 수 있다. 중요한 것은 사랑이라는 주제가 아니라 그것을 표현하는 방식의 차이이다. 예술 감상의 목표는 주제를 실현하는 형상화 방식을 즐기는 일이다. 회화사를 일별해보면 인간의 육체에 대해 얼마나 다양한 형상화가 이루어졌는가 확연한 차이를 알 수 있다. 『노성두 이주헌의 명화읽기』는 서양 회화의 역사를 매우 정감 있게 서술한 미술서이다. 회화에 관한 핵심적 지식과 감동 모두를 아름다운 문장으로 유연하게 엮어냈다는 점에서 그림 보는 재미 못지않게 읽는 재미가 있는 책이라 할 수 있다. 우리가 명화를 보면서 교양 부족으로 놓쳤던 명화 속의 상징들에 대해서도 배워보시라.

노성두·이주헌, 『노성두 이주헌의 명화읽기』, 한길아트, 2006

에곤 실레, 〈포옹Embrace〉, 1917

```
      1  2  3
   1  ·  ·  ·
   2  ·  ·  ·
   3  ·  ·  ·
      3  2  1
   3  ·  ·  ·
   2  ·  ·  ·
   1  ·  ·  ·
```

$$\therefore {}_nP_h = n(n-1)(n-2)\cdots(n-h+1)$$

(腦髓는부채와같이圓까지展開되었다, 그리고完全히廻轉하였다)

이상, 「線에 關한 覺書3」 전문

이상의 시는 간혹 수학 공식을 풀이하는 것보다 더 어렵다.
腦髓를 펼쳐 회전시키는 순열방식을 풀다 보면
나의 뇌수에 멀미가 일어난다.

V 시적 표현의 재미와 의도 읽기

시의 언어는 추상적인가 구체적인가?

이 질문을 던졌을 때 상당히 많은 학생들이 예상과 달리 시의 언어는 추상적이라고 답하는 것을 볼 수 있다. 이러한 답변 이전의 문제를 짚어보자면, 대부분의 사람들은 문장을 읽으며 추상과 구체에 대해 따로 생각하지 않는다. 그것을 따져볼 필요성을 별로 느끼지 않기 때문이다. 의미파악을 끝내면 글 읽기의 과정도 끝난다. 이것이 우리의 가장 자연스러운 독서 과정이다. 추상적이고 개념적인 언어의 관념적 깊이와 구체적 언어의 감성적 깊이를 요모조모로 맛보고 그 차이를 따져보는 사람은 글 읽기의 미식가 수준에 오른 자이다.

추상적 언어와 구체적 언어를 문제 삼는 것은 이 둘이 지닌 강점과 효과가 각각 다르기 때문이다. 추상어의 지시체는 물질이나 사물이 아니다. 예를 들어 신神, 자유, 고독 등 추상어는 비물질적이다. 신상을 만들어낼 수는 있지만 신이라는 단어가 지시하는 물질화된 존재는 없다. 자유로운 상태를 느낄 수는 있어도 자유라는 단어가 지시하는 사물은 없다. 실제 대상을 갖지 않은 생각까지 언어화했다는 것은 그만큼 인간이 복잡한 존재임을 말해준다. 인간은 추상적 언어를 통해 눈으로 볼 수 없는 관념을 설명하고자 한다. 이때 몸이 아니라 정신의 회로가 활동하게 된다. 이로 인해 사유의 켜는 복잡해지고 생각의 영역은 넓어진다. 철학적 담론은 주로 이와 같은 추상어가 중심이 된다. 추상어와 달리 구체적 언어는 물질적이고 감각적이다. 보고 느끼고 만지고 냄새 맡을 수 있는 감각을 자극하는 언어가 그것이다. 시는 이처럼 구체적인 언어로 형상화된다. 시에 구체적인 언어가 동원되는 이유는 인간과 삶을 개념화하기보다 구체적으로 실감하게끔 하기 위해서이다.

그럼에도 많은 독자들이 시가 추상적이라고 생각하는 까닭은 무엇인가? 답은 간단하다. 감각적으로 표현된 언어를 감각하지 않고 의미(주제)로 추상화시키는 데 열중하기 때문이다. 시 읽기를 의미의 파악과 이해로 환원시켜버리면 시가 구체적인 언어로 이루어졌다는 사실을 간과하게 된다. 말하자면 맛을 음미하지 않은 채 음식을 다 먹어버리는 것과 같은 결과를 낳게 되는 것이다.

시가 추상적이라고 생각하는 또 하나의 이유는 분명하게 알 수 없는 모호한 문장의 집합으로 시를 경험한다는 데서 발생한다. 학생들은 시의 주제를 분명하게 말하길 꺼려한다. 스스로 맞는 해석인지 자신하지 못하기 때문이다. 이러한 경험의 누적이 추상성으로 각인되는 것이다. 시의 주제는 자유, 사랑, 고독, 존재 등 추상적일지 몰라도 그것을 형상화하는 시의 언어는 물질적이고 감각적이다. 이러한 언어 작용에 의해 정감과 느낌이 생성되는 것이다.

하루여, 그대 시간의 작은 그릇이
아무리 일들로 가득차 덜그럭거린다 해도
신성한 시간이여, 그대는 가혹하다
우리는 그대의 빈 그릇을
무엇으로든지 채워야 하느니,
우리가 죽음으로 그대를 배부르게 할 때까지
죽음이 혹은 그대를 더 배고프게 할 때까지
신성한 시간이여
간지럽고 육중한 그대의 손길,
나는 오늘 낮의 고비를 넘어가다가
낮술 마신 그 이쁜 녀석을 보았다
거울인 내 얼굴에 비친 그대 시간의 얼굴
시간이여, 취하지 않으면 흘러가지 못하는 그대,
낮의 꼭대기에 있는 태양처럼
비로소 낮의 꼭대기에 올라가 붉고 뜨겁게
취해서 나부끼는 그대의 얼굴은
오오 내 가슴을 메어지게 했고
내 골수의 모든 마디들을 시큰하게 했다
낮술로 붉어진
아, 새로 칠한 뻥끼처럼 빛나는 얼굴,

밤에는 깊은 꿈을 꾸고

낮에는 빨리 취하는 낮술을 마시리라

그대, 취하지 않으면 흘러가지 못하는 시간이여.

정현종, 「낮술」 전문
(『고통의 축제』, 민음사, 1974)

    우리는 낱낱의 시간을 살아가지만 시간 자체를 물질로 경험할 수는 없다. 해가 뜨고 노을이 지는 것은 아침에서 저녁으로 이행해가는 대기의 변화를 뜻한다. 청년에서 노년으로의 이행은 인간 존재의 생명 변화를 뜻한다. 인간이 경험하는 것은 이러한 변화이며 이에 대한 추상적 기표가 시간이다. 이 시는 이처럼 추상적 시간을 '그릇'으로 비유한다. 즉 시인은 시간을 우리의 실제 삶의 내용물을 담는 작은 그릇이라고 말한다. 우리 모두에게는 매일매일 '하루'의 시간이 주어진다. 하루라는 시간의 그릇에 무엇을 담을 것인가? 일과 놀이와 휴식과 고민과 슬픔이 거기에 담긴다. 그러면서 시간은 흘러간다. 이를 시인은 "우리는 그대의 빈 그릇을/무엇으로든지 채워야 하느니"라고 말한다. 우리에게 주어진 시간의 그릇을 다 채우면 그것이 죽음이라 할 수 있다. 여기에는 그릇을 채우는 것이 곧 시간을 다 소모하는 것이라는 인생의 역설이 담겨 있다. "우리가 죽음으로 그대를 배부르게 할 때까지/죽음이 혹은 그대를 더 배고프게 할 때까지"에는 이러한 역설이 함축되어 있다. 시간의 그릇이 배부르다는 것은 시간을 다 썼다는 것을 의미한다는 점에서 존재의 죽음을 뜻하며, 죽음은 한 존재에게 더 이상의 시간이 용인되지 않는다는 것을 의미한다는 점에서 시간의 사라짐(배고픔)을 뜻한다. 그런 의미에서 시간은 한 존재에게 가혹하고 신성한 것이며 육중하고 간지러운 것이라는 역설로 인식된다. 이것이 곧 삶 속에서 죽음을 인식하는 인간 존재의 숙명이기도 하다. 이 시는 복잡한 존재와 시간의 문제를 그릇이라는 사물성을 통해 구체화하는 것이다. 이 시의 화자는 하루라는 시간의 그릇에 일이 아닌 낮술을 채운다. 낮술을 채웠으니 그 시간의 그릇은 술잔이 아닌가. 한낮에 해야 할 일을 팽개치고 낮술을 마시는 행위는 일종의 반역이며 일탈이다. 밥벌이와 의무를 던져 버린 이 화자는 한 순간의 일탈을 통해 자신의 내부에 감금된 낭만성을 회복하는 것이다. 시간의 가치는 그것을 무엇으로 채우느냐에 달려 있다. 일평생을 노예처럼 일하며 책임과 의무에 자신의 삶을 종속시키는 것은 존재를 학대하는 일일지도 모른다. 그렇다면 인간의 시간 가운데 가장 행복감을 주는 순간은 언제일까? 정현종은 행복의 정점을 '도취'라고 생각한다. "그대, 취하지 않으면 흘러가지 못하는 시간이여"라는 구절이 바로 이에 대한 표현이다. 도취한 존재는 "붉고 뜨겁게/취해서 나부끼는" 생의 순간을 경험하는 것이다. 따라서 존재와 시간은 하나라 할 수 있다. "새로 칠한 뻥끼처럼 빛나는 얼굴"은 낮술로 붉어진 존재의 얼굴이면서 동시에 시간의 얼굴이다. 상기된 이 존재의 얼굴에는 일상의 사슬을 끊어낸 자유가 스며 있다. 자유와 낭만을 잃어버린 시간은 물리적으로 흘러갈지라도 심리적으로는 비생명적인 화석화된 시간이다. 해서 화자는 "밤에는 깊은 꿈을 꾸고/낮에는 빨리 취하는 낮술을 마시리라"고 말한다. 밤에는 꿈꾸고 낮에는 도취의 시간을 살려내는 일, 그것이 곧 인간적 시간이라고 이 시는 강조한다. 이 같은 삶은 불가능한 것일까? 우리는 지나치게 자신의 시간을 질식시키는 것이 아닐까? 이 시는 인간이 회복해야 할 낭만적 시간의 질을 개념적 설명이 아니라 '그릇'과 '술'이라는 사물성으로 구체화한다. 독자는 이를 통해 잃어버린 낭만성을 다시 실감하게 된다. 이처럼 시의 언어는 되도록 추상적인 것을 구체적인 사물로 바꿈으로써 '이해'가 아닌 '느낌'을 주고자 한다. 독자의 시각, 청각, 후각, 촉각 등 구체적 감각을 이끌어내기 위한 몇몇 표현들을 좀 더 보기로 하자.

삽날에 목이 찍히자/뱀은/떨어진 머리통을/금방 버린다

이윤학, 「이미지」 부분
(『아픈 곳에 자꾸 손이 간다』, 문학과지성사, 2000)

먼山(산)에 보라ㅅ빛 은은히 어리이는/나와 나의兄弟(형제)의 해질무렵엔/그대 쇠먹은 목청이라도/두터운 甲(갑)옷 아래 흐르는 피의/오래인 오래인 소리 한마디만 외여라.

서정주, 「거북이에게」 부분
(『미당 서정주 시전집 1』, 민음사, 1983)

왜 네게선 그런 냄새가 나느냐 비 맞고 저승길 다녀온 새들의 살
내다

정진규, 「어성초에게」 부분
(『껍질』, 세계사, 2007)

「이미지」는 삽날에 목이 찍힌 섬뜩한 뱀의 형상을 시각화한 경우이다. 이 징그러운 이미지는 "떨어진 머리통을/금방 버린다"는 예측불허의 사태로 인해 더욱 강렬한 인상을 남기게 된다. 우리라면 떨어진 자신의 머리통을 순식간에 버릴 수 있을까? 「거북이에게」는 거북이의 울음소리를 '쇠먹은 목청'으로 청각화한 경우이다. 거북이의 울음소리를 들어본 사람은 거의 없을 것이다. 그럼에도 딱딱한 껍질 속에 긴 목을 감춘 거북이는 왠지 목이 쉰 쇳소리를 낼 것만 같고 그 소리는 甲옷 아래 오래 묵은 소리일 것만 같다. 이처럼 경험해보지 못한 감각을 실감나게 전달하는 것, 이것이 시적 표현의 리얼리티이기도 하다. 「어성초에게」는 후각적 표현을 절묘하게 드러낸 경우이다. 시인은 어성초라는 식물에서 나는 냄새를 "왜 네게선 그런 냄새가 나느냐 비 맞고 저승길 다녀온 새들의 살내다"라고 표현한다. 비 맞고 저승길 다녀온 새들의 살내? 이 문장은 축축하고 무겁고 비릿한 냄새를 불러일으킨다. 이 시를 읽고 나는 그 냄새가 궁금해 실제 어성초 냄새를 확인한 적이 있었는데 이 표현을 고스란히 실감할 수 있었다. 어성초 냄새를 맡으며 놀라웠던 것은 어성초의 독특한 냄새가 아니라 시인이 이런

악취를 진지하게 감각하고 생각했다는 점이었다. 향기로운 냄새만을 좋아하는 것은 얼마나 편협한 일인가. 감각을 더욱 섬세하게 확장하는 일은 편협함에서 벗어날 때 가능해질 수 있다. 해서 악취를 의식적으로 경험해보는 것 또한 즐거움일 수 있다는 생각을 해보게 된다.

   오, 그리하여 수염투성이의 바람에 피투성이가 되어 내려오는 언덕에서 보았던 나의 어머니가 왜 그토록 가늘은 유리막대처럼 위태로운 모습이었는지를.

기형도, 「폭풍의 언덕」 부분
(『기형도 전집』, 문학과지성사, 2000)

   그리고 붉은 입술의 노을 너머로 차갑고도 딱딱한 밤이 찾아왔다.

박정대, 「뼈아픈 후회」 부분
(『내 청춘의 격렬비열도엔 아직도 음악 같은 눈이 내리지』, 민음사, 2001)

기형도의 「폭풍의 언덕」에 나오는 '수염투성이의 바람'은 따갑고 꺼끌꺼끌한 피부 감각을 환기하는 촉각적 표현이며 어머니를 비유한 '가늘은 유리막대'는 창백한 이미지를 환기한다는 점에서는 시각적이며 동시에 그 창백한 이미지가 온기가 사라진 차가움으로 전달된다는 점에서 촉각적이다. 황지우의 시 제목을 패러디한 박정대의 「뼈아픈 후회」에서 '차갑고도 딱딱한 밤' 또한 촉각 이미지이다. 이 작품은 특이하게도 밤이라는 시간성을 검은 색채(암흑)의 시각성이 아니라 차고 딱딱한 촉각 이미지로 전달한다. 촉각은 피부감각에서 비롯된다는 점에서 다른 감각보다 지각 범위가 넓으며 대상과 '접촉'한다는 점에서 그 직접성이 상대적으로 강하다. 아울러 특정 지역이나 종족이 산출한 문화로부터 가장 덜 영향을 받는다는 점에서 인류 보편적이다. 우리 시에서 상당히 많은 촉각 이미지를 발견할 수 있는데 실제 감각에 관한 논의는 시각이나 청각에 편중된 현상을 보인다. 문장으로 표현된 촉각 이미지에 대해 독자가 둔하게 반응한 결과는 아닐지.

미각은 대체 불가능한 특성을 지닌다는 점에서 표현의 빈곤을 가장 많이 겪는 감각이다. 어떤 음식에 대해 달콤하다, 시다, 쓰다 정도만을 가지고 그 고유의 맛을 표현하기란 부족하다. 멍게 맛을 어떻게 설명해야 하나, 비빔밥은 무슨 맛인가, 젓갈과 동치미의 깊은 맛을 가장 잘 표현할 방법은? 시에 음식이름이 많이 나온다고 해서 미각이 전달되는 것은 아니다. 음식이름은 미각 자체보다 주로 고향이나 추억에 대한 향수를 불러일으키고 그것을 서정화하는 데 더 많이 기여한다. 그런 의미에서 시에서 미각 자체에 대한 표현은 다른 감각에 비해 풍성하지 못한 편이라 할 수 있다.

감각은 경험하는 순간 쾌락 혹은 고통으로 환원하는 특성을 지닌다. 그것은 추상적 인식의 세계가 아니라 구체적 체험의 세계이다. 시인은 인간의 다양한 감각을 증폭시킴으로써 자신의 상상 세계에 살아 있는 피를 공급한다. 그들은 생명감 있는 문장, 현실감 있는 문장으로 문장이 아닌 인간과 사회와 자연과 우주를 보여주고, 들려주고, 냄새 맡게 하고, 맛보게 하고, 만져보게끔 한다. 느끼게 하고 그 느낌을 생각하게 한다. 시인이 창조하고자 하는 것은 문장이 아니라 존재인 것이다.

사유의 끈

감각은 외부와의 접촉을 알려주는 인터페이스다. 우리는 하루 종일 감각하며 생활한다. 후각, 촉각, 미각, 청각, 시각, 공감각 등 모든 감각은 쾌감과 불쾌감을 일깨운다. 감각한다는 것은 무언가를 실감하는 일이다. 그것은 풍부한 경험의 질을 만들어내는 구체성의 세계라 할 수 있다. 그럼에도 우리는 무엇을 감각한다는 사실을 잊은 채 다양한 감각을 무감각으로 둔화시키곤 한다. 이때 생활세계는 생명감과 풍요로움을 잃어버린다. 반대로 감각에만 몰입한 나머지 삶에 대한 근원적 질문들, 예를 들어 죽음, 가치, 사랑과 같은 문제를 외면하기도 한다. 이때 생활세계는 나침반을 잃게 된다. 애커먼의 『감각의 박물학』은 여섯 가지 감각이 지닌 특수성을 무수한 사례를 통해 설명한다. 아울러 그녀는 우리가 지나쳤던 수많은 감각 경험을 박물학적 지식으로 포착해낸다. 한편 "냄새는 오랜 세월 동안 덤불 속에 감춰져 있던 지뢰처럼 기억 속에서 슬며시 폭발한다. 냄새의 뇌관을 건드리면 모든 추억이 한꺼번에 터져 나온다", "신체 접촉은 '나'와 '타자'의 차이, 나의 외부에 누군가, 엄마가 있을 수 있음을 가르쳐준다", "키스는 욕망의 극치고, 시간이 걸리는 일이며, 연애의 달콤한 수고 가운데 영혼을 확장시키는 행위이다"와 같은 시적 문장은 이 책을 읽게 하는 또 하나의 묘미이다. 나는 이 책을 읽으며 섬세한 감각이 얼마나 이 세계를 풍요롭게 의미화할 수 있는 능력인지, 생명체의 생존에 얼마나 중요한 요건인지 다시 깨달을 수 있었다. 현대인들은 전반적으로 시각과 미각에 편중되어 있다. 보고 맛보는 데 쏠려 있는 감각을 후각과 청각과 촉각 쪽으로 분산시킬 필요가 있을 듯하다.

다이앤 애커먼(Diane Ackerman), 『감각의 박물학』,
백영미 역, 작가정신, 2004

A를 A라고 말하지 않고
B라고 말하는 이유는 무엇인가?

아주 단순하게 말해, 훌륭한 시인은 언어 표현에 남다른 재능을 소유한 사람이다. 모든 시인은 되도록 말을 멋있게 표현하려고 노력한다. 시는 언어로 만들어진 예술 장르이기 때문이다. 말을 아무렇게나 하면 좋은 시가 될 수 없다. 조각가가 돌을 섬세하게 깎아 형상을 만들어내듯 시인은 언어에 공력을 쏟아야만 한다. 여기에서 '멋'이란 치장이 현란한 언어의 외관을 뜻하는 것이 아니다. 시에 동원된 언어들의 적절한 결합과 배치, 그것들의 울림과 여운이 만들어내는 새로운 생각의 깊이 등 다양한 요소가 융합되어 시의 아름다움으로 생성된다.

언어를 아름답게 다듬는 미문주의美文主義적 태도는 고전시보다 현대시에서 더 강하게 의식되는 현상이다. 시가 노래로 불러지던 때는 소박하고도 보편적인 감정이 소리나 가락에 힘입어 호소력 있게 전달될 수 있었다. 우리의 민요나 시조창이 그런 경우이다. 고전시가가 가창방식에 의해 구현되었다면 근대 이후의 자유시는 인쇄매체에 의한 읽기 텍스트로 존재한다. 이러한 향유방식의 변화는 고전시와 현대시의 근본적 차이를 뜻한다. 이제 시인은 노래가 지닌 장단고저의 흥취와 정서적 흡인력을 버리고 오로지 언어만으로 시적 아름다움을 전달해야 하는 상황에 처한 것이다. 따라서 미문주의적 태도는 현대 시인들이 벗어날 수 없는 숙명이 되었다. 소박한 언어만으로 독자의 권태로운 의식을 장악하는 것이 쉽지 않기 때문이다.

이와 같은 언어미言語美를 만들어내는 가장 중요한 방법 가운데 하나가 비유다. 비유는 A라는 대상을 B와 비교하여 말하는 방식이다. A라는 대상을 B와 순간적으로 비교하는 능력은 시인의 상상력에 달려 있다. 상상력은 생각의 편린들이 무질서하게 뒤엉켜 있는 상태와는 달리 생각의 조각들에 질서와 통일성을 부여하여 일정한 주제를 향하도록 하는 힘이다. 그것은 언어와의 긴밀한 관계에 의해 이루어지는 언어적 상상력이다. 하이데거Martin Heidegger, 1889~1976가 횔더린Johann Christian Friedrich Hölderlin, 1770~1843의 시를 해명하면서 "시는 언어 속에서 언어에 의한 건설이다"라고 시의 본질을 밝힌 것은 이 때문이다. 상상력이 활달하지 못한 자는 그 언어의 쓰임이 빈약하고 왜소하다. 과시욕에 압도된 상상력은 불필요한 수사를 남발한다. 자신감 없는 내면은 언어를 과장한다. 진부한 생각을 벗어나지 못할 때 그 생각은 권태로운 표현으로 이어진다. 생각이 산만하면 언어를 통일성 있게 응집시키지 못한다. 이와 반대로 비범한 상상력은 독특한 개성미로 나타날 수 있다. 아울러 상상력의 지평이 넓고 풍부해야 그 표현도 풍요로울 수 있다.

그렇다면 여러 가지 말하기 방식 가운데 왜 시인은 유독 A라는 대상을 B와 비교하는 방식에 골몰하는가? A를 B로 전이시키는 방식은 사실 일상생활에서도 자주 구사되는 말하기 방식이다. 예를 들어 인스턴트 사랑, 강물 같은 시간, 꾀꼬리 같은 목청, 마당발, 재주가 녹슬다 따위 등의 비유를 우리는 습관적으로 혹은 무의식적으로 사용한다. A를 B로 전이시키는 방식 자체는 매우 보편적인 인류의 언어 구사 방식이라 할 수 있다. 이러한 현상은 A를 A라고 말하는 것이 A에 대해 아무것도 말하지 않는 것과 같기 때문에 일어난다. A는 분명 다른 무엇도 아닌 A이지만 A를 A라고 말하는 것은 '나는 나다'처럼 존재를 베일 속에 감추어두는 것과 같다. 따라서 A의 감추어진 진실을 드러내기 위해서는 어쩔 수 없이 A와는 다르지만 A와 유사한 B를 동원할 수밖에 없다. 그런 의미에서 모든 언어의 사용은 메타언어metalanguage(언어에 대해 말하는 언어)로서 기능한다. 중요한 것은 비유의 미감이 A라는 대상을 실명하기 위해 A를 무엇과 비교하는가에 따라 그 수준이 결정된다는 점이다.

① 뻐꾹새 소리도 고추장 다 되어/창자에 배는데……

서정주, 「보릿고개」 부분

② 메주처럼 조용한 어머니는 가는귀가 먹어

함민복, 「어머니 지하생활 3주년에 즈음하여」 부분

③ 난 구정물의 수력 발전소/난지도를 몽땅 불사른 후의 에너지

유하, 「세운상가 키드의 사랑 3」 부분

④ 서울의 폭설, 오오 천방지축으로 휘날리는, 저 천박하고 쓸쓸한 농담들

박정대, 「음악들」 부분

⑤ 남도잡가의 구겨진 치마폭처럼 가을은 오고

박기섭, 「입추」 부분

인용한 몇몇 시인들의 시구절이 우리가 일상에서 자주 사용하는 습관적 비유와 어떻게 수준 차이가 나는가 생각하며 읽을 필요가 있다. ①은 뻐꾹새 소리를 ②는 가는귀가 먹은 어머니를 ③은 나를 ④는 서울의 폭설을 ⑤는 가을을 이들과는 다른 층위의 보조관념으로 전이시키고 있다. 비유의 참신함과 그 뜻의 깊이는 바로 보조관념에 달려 있다. 대부분 원관념이 의미의 주축이 된다는 생각에서 보조관념을 부수적인 것으로 취급하는 경우가 많은데 한 시인의 창조적 역량은 원관념이 아니라 보조관념에서 빛을 발한다. 시인이 말하고자 하는 구체적 의미는 보조관념에 의해 전달되며 섬세한 언어의 묘미 또한 보조관념에서 비롯된다. 뻐꾹새 소리, 어머니, 나, 폭설, 가을 등에 대한 수많은 비유가 있을 수 있다. 이 자체는 보편적 대상이다. 보조관념은 이러한 보편적 대상을 자신의 상상력과 사유에 근거한 개성적 차원으로 옮겨놓

는 작업이다. 따라서 독자는 시인이 원관념을 어떤 층위로 옮겨놓았는가에 주목해야 한다.

①은 제목에서 알 수 있듯이 보릿고개를 제재로 한 시이다. 뻐꾹새 소리를 고추장으로 비유함으로써 비어 있는 창자의 쓰라림과 붉은 색감(피맺힘)을 동시에 감각하게 하는 효과를 거두고 있다. 해석의 용이성에도 불구하고 봄날 뻐꾹새 소리와 고추장을 비교하는 감수성은 결코 평범한 것이 아니다. 굶주린 자에게 뻐꾹새 소리는 과연 어떻게 들릴까? 미당의 시에는 이처럼 낯선 비유들이 매우 다양하게 등장한다. ②는 귀가 잘 들리지 않는 어머니를 메주로 비유함으로써 메주의 투박하고 묵중한 이미지와 귀머거리 어머니를 동일화한다. 이 비유에서 친근감과 슬픔을 동시에 느낄 수 있다. ③은 시적 화자인 나를 구정물과 쓰레기로부터 나오는 거대한 에너지로 비유함으로써 품격 있는 고귀한 자아와 구별되는 존재의식을 표방한다. 여기에는 우아하게 포장된 기만적 세계를 조롱하려는 시적 화자의 역설적 태도가 숨어 있다. ④는 서울의 폭설을 천박하고 쓸쓸한 농담으로 비유함으로써 눈에 대한 도시적 감수성을 일깨우고 있다. 천박하고 쓸쓸한 농담의 세계가 곧 도시의 속성인 것이다. ⑤는 가을을 남도잡가와 구겨진 치마폭으로 비유함으로써 남도의 서러운 가을 정서를 드러낸다. 이 구절은 남도잡가와 구겨진 치마폭이라는 이중의 비유가 겹쳐 있는 경우이다.

이를 다시 정리하면 ①에서는 조류가 사물의 층위로, ②와 ③

에서는 인간이 사물의 층위로, ④에서는 자연물이 언어의 층위로 ⑤에서는 계절이 음악과 사물의 층위로 옮겨간다. 즉 A를 B로 전이시키는 방식은 층위 변동을 통해 이질적 세계를 동일화하거나 혼재시키는 것을 뜻한다. 여기서 한 가지 부연할 것은, A가 B로 옮겨질 때 A는 언제나 구체적인 사물의 층위와 결합하는 것만은 아니다. 드물지만 추상이 추상으로, 구체가 추상으로 전이되는 경우도 있다. 이때 효과는 다르다. 미당의 시를 예로 들면 "光化門은/차라리 한채의 소슬한 宗敎"(「광화문」), "石榴꽃은/永遠으로/시집 가는 꽃"(「石榴꽃」) 등의 구절에서 보이는 종교, 영원 등의 추상적 보조관념은 구체적 사물이 드러낼 수 없는 비물질적 신비감을 환기해준다. 신비함이란 비물질성에 가까워질수록 그 속성이 강화된다. 안개, 연기, 바람, 향기 등 공기적 이미지는 물질과 비물질의 경계에 놓인 것들이다. 신비의 극점에 외관마저 버린 신神이 존재한다.

보조관념이 구체이든 추상이든 두 개의 세계가 연합되면 그 내용의 부피와 밀도가 그만큼 복잡해지고 넓어지는 것은 당연한 일이다. 아울러 두 세계의 결합은 명료성을 벗어나 애매성을 지향하게 된다. 이것이 비유를 통해 성취하고자 하는 목표이다. 시인이 비유에 대해 골몰하는 이유도 여기에 있다. 시인의 의식 속에 있는 복잡성과 복합성을 다른 말로 하면 애매성이라 할 수 있다. 시적 대상의 진실은 애매성 가운데 밝혀진다. 한 마디로 단정할 수 없는 복잡한 국면을 대상(원관념)과의 교감을 통해 완성하는 것이다.

반면 언어는 본질적으로 불완전한 것이다. 언어에 대한 이와 같은 의혹은 인간의 내적 의식을 완벽하게 표현해 낼 수 있는 언어란 존재하지 않는다는 사실에 입각해 있다. 그러므로 복잡하고 애매한 대상의 진실을 드러내기 위해서 비유는 불가피하다. 여러 개의 이질적 차원의 상호작용을 통해서만이 대상의 본질에 가까이 갈 수 있는 것이다. 이 같은 비유의 목표에 비추어본다면 인간을 인간으로, 식물을 식물로, 광물을 광물로 옮기는 것, 즉 종種이 같은 층위로 원관념을 전이시키는 방식은 비유의 효과를 감소시킨다. 복잡성과 애매성이 별로 파생되지 않기 때문이다. 원관념과 보조관념의 차이가 크면 클수록, 그러면서도 둘의 결합이 절묘한 조화를 이룰수록 비유는 참신해진다.

거울은 샘물의
미라. 밤이면
빛의 조개처럼
입을 다문다.

거울은
어머니 이슬.
노을들을 박제하는
책, 살이 된 메아리.

페데리코 가르시아 로르카, 「광상곡」 부분
(『로르카 시 선집』, 민용태 역, 을유문화사, 2008)

두 발을 집어 넣었다.
황혼의
실과
양가죽으로
짠
두 개의
상자에
밀어 넣듯.

난폭한 양말,
나의 발은
두 마리의
양털 생선,
황금빛 끈에
꿰인
두 마리의 기다란
감청색 상어,
두 마리의 덩치 큰 개똥지빠귀,
두 개의 대포였다.

파블로 네루다, 「양말에 바치는 송가」 부분
(『인어와 술꾼들의 우화』, 김현균 역, 솔, 1995)

번역된 외국시를 읽는 것은 번역된 산문을 읽는 것보다 훨씬 많은 훼손을 감수하는 일이다. 시는 의미 전달을 위한 장르 이상의 것이기 때문이다. 그 언어가 지닌 고유의 정서나 상징성, 리듬감, 울림 등은 완벽하게 번역할 수 없는 것들이다. 그럼에도 번역시를 읽으면서 종종 우리와는 아주 다른 발상과 마주치는 즐거움을 얻을 수 있다. 인용한 두 편의 시는 낯선 비유의 활달한 전개가 두드러진 작품이다. A에서 B로의 층위 변동이 예사롭지 않은 수준을 드러내고 있다.

로르카Federico García Lorca, 1899~1936의 「광상곡」에서 거울은 샘물의 미라, 빛의 조개, 어머니의 이슬, 노을들을 박제하는 책, 살이 된 메아리로 전이된다. A를 B, C, D, E로 옮겨가는 형태로 되어 있다. 이처럼 비유가 겹으로 연속될 경우 의미의 복잡성 또한 증폭된다. 비유 사용이 복잡하다는 것은 시인의 의식구조가 복잡하다는 것을 뜻한다. 로르카의 거울은 다섯 개의 보조관념의 종합에 의해 의미화된다. 종합 이전에 하나하나의 보조관념을 즐기며 음미할 필요가 있다. 모두가 낯설고 놀라운 비유라 할 수 있다. 예상치 못한 층위 변동이 이루어지고 있기 때문이다. 실제 자신의 생각에 맞게 거울에 대한 보조관념을 만들어 보면 로르카의 비유가 얼마나 흥미롭고 놀라운 것인가를 알 수 있다. 실험해보시길.

네루다Pablo Neruda, 1904~1973의 「양말에 바치는 송가」 또한 낯선 비유로 우리를 사로잡는다. 이 시에서 양말은 황혼의 실과 양가죽으로 짠 두 개의 상자로 전이된다. 아울러 화자의 발은 양털 생선, 감청색 상어, 개똥지빠귀, 대포 등으로 전이된다. 이 엉뚱하고도 활달한 '말 옮기기' 혹은 '말의 변침'은 비유의 놀이적 성격을 강력하게 시사한다. A라는 낱말을 B로 옮기는 비유의 과정 근저에는 의미의 복잡성을 소실시키지 않으려는 의도와 '말 옮기기'의 재미를 성취하려는 놀이적 욕망이 함께 내재해 있다. 비유의 놀이적 성격은 독자들이 간과하곤 하는 비유의 중요한 기능 가운데 하나이다. 비유는 뜻을 확장해가는 일종의 놀이라 할 수 있다. 시인은 A를 B로 C로 D로 옮김으로써 고정된 의미의 세계를 확장하고 해방한다. A와 B를 겹쳐서 사유한다는 것은 두 개의 세계를 동시에 인식함을 뜻한다. 두 개의 차원을 동시에 생각한다는 것은 생각의 결이 그만큼 복잡하게 전개됨을 나타낸다. 이때 단조로운 의식은 풍부해지고 나아가 새로운 인식의 경지가 탄생하게 된다. 우리 시의 예를 통해 다양한 보조관념이 어떻게 종합되는지 보기로 하자.

나의 本籍(본적)은 늦가을 햇볕 쪼이는 마른 잎이다. 밟으면 깨어지는 소리가 난다.
나의 本籍(본적)은 巨大(거대)한 溪谷(계곡)이다.
나무 잎새다.
나의 本籍(본적)은 푸른 눈을 가진 한 여인의 영원히 맑은 거울이다.
나의 本籍(본적)은 次元(차원)을 넘어다니지 못하는 독수리다.
나의 本籍(본적)은

몇 사람밖에 안 되는 고장
겨울이 온 敎會堂(교회당) 한 모퉁이다.
나의 本籍(본적)은 人類(인류)의 짚신이고 맨발이다.

김종삼, 「나의 本籍(본적)」 전문
(『김종삼 전집』, 청하, 1988)

  이 시는 여러 개의 보조관념이 '나의 본적'을 비유하는 형태로 이루어져 있다. 본적은 한 존재가 태어난 근원지를 뜻한다. 그러나 이 시에서 보이는 본적은 장소 개념을 벗어나 있다. 시인은 육체의 근원지가 아닌 정신의 근원지를 비유하는 것이다. 이 시에 사용된 보조관념을 살펴보면 서로 매우 이질적인 이미지들이 병렬되어 있어 그 의미를 종합하기가 쉽지 않다. 마름과 물기, 소리와 고요함, 작은 것과 큰 것, 성스러운 것과 비천한 것, 존재의 어둠과 밝음 등이 상호 충돌하면서 결합되어 있기 때문이다. 이를 구체적으로 대비해보면, 마른 잎의 건조함과 푸른 눈의 거울이 지닌 물기, 거대한 계곡의 위용과 차원을 넘어다니지 못하는 독수리의 우수, 깨어지는 소리와 겨울이 온 교회당 모퉁이의 고요(혹은 몇 사람밖에 안 되는 고장의 고독감), 교회당의 성스러움과 맨발(짚신)의 비천함이 서로 충돌한다. 우리는 이로부터 간단하게 정의내리기 어려운 한 영혼의 형상을 그리게 된다. 크고 맑고 깊고 고독한 그리고 맨발로 헐벗은 이 영혼의 본적은 위대한 수도자의 형상을 닮아 있다. 김종삼은 시인의 본적이 이러한 것이라 생각한 듯하다. 이러한 입체적 형상은 이질적인 것을 통합하는 가운데 만들어진다. 푸른 잔상이 남아 있는 거울과 독수리와 교회당 모퉁이의 고요와 맨발에서 태어나는 영혼. 누구나 육체가 아니라 영혼의 근원지를 말하기 위해서는 이처럼 복잡한 의미의 결합을 시도해야 할지도 모른다. 인간의 비가시적 측면들이 간단하게 설명될 수 없기 때문이다.

사유의 끈

언어의 놀이적 성격이 강화될 때 그 언어는 '농담'의 차원을 형성하게 된다. 농담은 어른들만의 전유물이 아니다. 때때로 아이들의 천진한 언어에서 예측불허의 농담을 발견할 수 있다. 최승호의 『말놀이 동시집』(전 5권)은 말놀이의 재미가 가득 담긴 동시집이다. 프로이트Sigmund Freud, 1856~1939는 『농담과 무의식의 관계』라는 저서에서 "천진난만한 사람은 자신이 표현 수단과 사고 방법을 정상적이고 단순하게 사용한 것으로 잘못 생각하며, 숨겨진 의도를 갖지 않는다. 그는 천진난만함의 생산에 아무런 쾌락도 얻지 않는다. 모든 천진난만함의 특징은 농담의 제삼자에 해당하는 청취자의 의견에 그 본질이 있다. 더 나아가서 천진난만함의 생산자는 별 어려움 없이 그것을 만들어 낸다. 농담에서 이성적 비판이 가하는 억압을 마비시키기 위한 것이었던 복잡한 농담 기술도 그에게는 필요 없다. (…) 천진난만함은 농담 형성의 공식에서 검열 강도를 영점으로 내릴 때 나타나는 농담의 특수한 경우이다"라고 말한다. 이는 천진난만한 말놀이가 다른 농담에 비해 그 요건이 자유롭다는 사실을 시사한다. 최승호는 천진함 속에서 발현될 수 있는 아이들의 엉뚱함과 리드미컬한 분위기를 매우 즐겁게 구사한다. 예를 들어 「타조」에서는 "타/자동차를 타/너는 자동차를 타//나는 타조를 타고 갈 테니까", 「커다란」에서는 "커다란 고래의/커다란 입//커다란 코끼리의/커다란 귀/길다란 코//그런데 눈들은 참 작네", 「까치」에서는 "까치야/깍!/깜짝이야/다음부터는 좀 작게 대답해/그렇지 않으면 네 입을/밧줄로 칭칭 묶어 놓을 거다/알겠니/깍!/깜짝이야"라고 노래한다. 어른들의 세계는 근본적으로 끊임없이 자신의 언어를 검열해야 하는 비놀이적 세계이다. 놀이가 거세된 세계는 황량하다. 자유가 숨 쉴 수 없기 때문이다.

최승호의 『말놀이 동시집』로 퐁당 빠져보시길. 여기서 한 가지! 동시와 동화를 꼭 아이들만 읽어야 한다는 고정관념은 버릴 것.

최승호(1954~), 『말놀이 동시집 1~5』, 윤정주 그림, 비룡소, 2005~2010

은유와 상징, 알레고리의 차이는?

은유는 A와 B의 결합이 문면에 뚜렷하게 드러나기 때문에 시의 맥락을 섬세하게 읽는 독자라면 이를 쉽게 파악할 수 있다. 상징도 은유와 마찬가지로 A와 B를 통합한 경우이다. 그런데 은유와 달리 상징은 원관념 A를 생략하고 보조관념 B만이 문면에 드러난다는 특징을 지니기 때문에 자칫하면 단순한 이미지로 오인할 위험을 갖는다. 상징적 표현은 왜 원관념을 생략하는가? 우리의 상징 경험에 비추어보면 이에 대한 답은 쉽게 풀릴 수 있다. 예를 들어 백합은 순결, 비둘기는 평화, 태극기는 대한민국 등의 예를 생각해보자. 원관념이 없어도 우리는 백합이나 비둘기가 상징하는 바에 대해 별 어려움 없이 동의한다. 상징은 원관념 없이 소통할 수 있는 기호이다. 동일한 관념이 특정 사물과 오랜 시간 동안 반복해서 결합하면 상징이 되기 때문이다.

한편 상징은 원관념과 상징물이 굳이 유사성을 지니지 않아도 통합 가능하다. 백합만이 반드시 순결을 대변해야 할 이유는 없다. 비둘기도 마찬가지이다. 이처럼 상징의 원관념과 보조관념은 자의적 성격이 강함에도 불구하고 우린 그것에 의문을 제기하지 않는다. 원관념과 상징물이 서로 이질적이라는 생각을 하지 않는 것이다. 이것이 상징의 특징이며 은유와의 차이이다. 은유는 A와 B의 유사성을 바탕으로 이루어지지만 동시에 이 둘의 차이를 완전히 지울 수 없다. 반면 상징은 원관념과 상징물 사이에 거리가 없다. 더 정확히 말하면 둘의 통합이 매우 자연스럽게 느껴져 차이를 상관하지 않는 것이다. 비둘기에 평화라는 관념이 들러붙어 있는 것처럼. 이와 같은 상징 일반에 관한 이론은 시인이 만들어낸 개인적 상징에도 그대로 적용되지만 개인적 상징을 간파하는 일은 관습적 상징을 이해하는 것보다 다소 까다로울 수 있다.

산 까마귀
긴 울음을 남기고
地平線(지평선)을 넘어갔다.

四方(사방)은 고요하다!
오늘 하루 아무 일도 일어나지 않았다.

넋이여, 그 나라의 무덤은 평안한가.

김현승, 「마지막 地上(지상)에서」 전문
(『김현승 시전집』, 민음사, 2005)

'까마귀'는 김현승의 개인적 상징물이다. 김현승의 다른 작품들을 읽어보지 않은 독자라면 이 시에 등장하는 까마귀를 하나의 이미지로 판단할 수도 있다. 만일 이 시의 까마귀를 단순 이미지로 판단하면 이때의 까마귀는 풍경의 일부로 역할 할 것이다. 시인이 마지막 지상에서 바라보는 스산한 분위기를 까마귀가 효과적으로 그려내기 때문이다. 이 시의 까마귀를 이런 정도로 판단했다고 해도 크게 잘못된 것은 아니다. 상관없다.

그런데 상징의 측면에서 이 시의 까마귀를 해석하면 보다 복잡한 의미가 생성될 수 있다. 김현승은 초기부터 까마귀의 이미지에 자신의 관념을 반복 투영함으로써 한국인들이 관습적으로 생각하는 까마귀와는 전혀 다른 까마귀 상징성을 만들어낸다. 「내 마음은 마른 나무가지」 「가을의 祈禱」 「薄明의 남은 時間 속에서」 「겨울 까마귀」 「산까마귀 울음 소리」 「까마귀」 등이 모두 까마귀가 등장하는 시편들이다. 그에게 까마귀는 불길한 새가 아니라 인간적 고뇌를 싸안고 피안으로 날아가는 초월의 새이다. 여기에는 김현승의 기독교적 상상력이 개입되어 있다. 시인은 인간의 한계를 벗어나 구원에 이르는 종교적 관념을 거듭 사유하는 과정에서 그 초월적 상징으로 까마귀를 몽상했던 것이다.

이와 같은 김현승의 까마귀는 인간의 한계와 고뇌, 구원, 초월 등 다양한 의미를 한꺼번에 표상한다. 이처럼 하나의 상징물에는 여러 개의 원관념이 응집되어 있다. 이 또한 은유와의 차이이다. 은유가 하나의 원관념에 하나 이상의 보조관념이 결합하여 애매성을 파생시킨다면 상징은 여러 개의 의미가 연합된 원관념을 하나의 상징물로 표상한다. 김소월과 한용운의 님, 이상의 거울, 윤동주의 별, 서정주의 피, 김춘수의 꽃, 김종삼의 물, 박남수의 새, 조정권의 산정, 기형도의 바람 등이 이와 같은 개인적 상징이라 할 수 있다.

> 대책없이 거리에서 크게 웃는 사람들이 있다
> 어깨동무를 하고 넥타이를 매고
> 우르르 몰려다니는 웃음들이 있다
> 그런 웃음은 너무 폭력적이다, 함께 밥도 먹고 싶지 않다
> 계통이 훌륭한 웃음일수록,
> 말없이 고개숙이고 달그락달그락 숟가락질만 해야 하는
> 깨진 알전구의 저녁식사에 대한 이해가 없다
> 그러므로 아무리 참고 견디려 해도
> 웃음엔 민주주의가 없다
>
> 최금진, 「웃는 사람들」 부분
> (『새들의 역사』, 창비, 2007)

알레고리도 상징과 마찬가지로 원관념이 생략된 상태로 표현된다. 그러나 알레고리의 원관념은 상징에 비해 그 의미가 명확한 것이 특징이다. 그리고 은유가 여러 개의 보조관념을 가질 수 있는 것과 달리 알레고리는 보조관념 또한 단일하다. 「별주부전」의 토

끼와 거북이, 「어린 왕자」에 나오는 사막의 여우가 드러내고자 하는 원관념을 생각해보시라. 인용한 시에서 '웃음'은 계층간의 차이와 갈등을 함축하는 알레고리적 표상물이다. 넥타이를 하고 몰려다니며 거침없이 웃어대는 계층과 고개를 숙이고 밥을 먹는 궁핍한 계층의 대비를 통해 시인은 '웃음'의 공평한 분배가 이루어지지 않는 거짓 민주주의를 비판한다. 이 시에서 '웃음'은 불평등한 사회를 함축하는 시어라 할 수 있다. 알레고리는 이처럼 전달하고자 하는 내용이 분명하다. 간혹 간명하고 분명한 것이 강한 호소력을 가질 수 있다. 알레고리는 상징에 비해 단순해 보이지만 독자로부터 쉽게 이해를 구할 수 있다는 장점을 지닌다. 참여시나 문명비판 시에 알레고리가 많이 등장하는 이유는 그것이 목적하는 바를 알레고리가 잘 실현해줄 수 있기 때문이다.

  상징이나 알레고리에 대한 일차적 파악은 드러난 보조관념이 단순한 이미지가 아니라는 사실을 알아차리는 것에서 시작된다. 그런데 단순 이미지와 그렇지 않은 경우를 파악하는 일은 실제 그리 어렵지 않다. 예를 들어 김춘수의 「꽃」에서 "내가 그의 이름을 불러 주었을 때/그는 나에게로 와서/꽃이 되었다", 김수영의 「눈」에서 "눈은 살아 있다/떨어진 눈은 살아 있다/마당 위에 떨어진 눈은 살아 있다"와 같은 구절을 읽을 때 독자는 꽃과 눈이 단순한 사물이 아니라는 것을 어려움 없이 간파할 수 있다. 특정 단어가 사전적 의미 이상의 심도 있는 내용을 내포한다고 판단되면 이는 상징이거나 알레고리일 가능성이 크다. 이때 드러난 보조관념을 상징으로 볼 것이냐 아니면 알레고리로 볼 것이냐는 다소 유동적이다. 만일 최금진의 「웃는 사람들」에 나오는 '웃음'의 원관념을 보다 입체적(다의적)으로 해석하고 이를 상징으로 판단해도 틀린 것은 아니다. 읽는 독자의 해석력에 따라 그 경계가 조정될 수 있다. 인간이 만들어낸 시적 문장이 마치 수학공식을 대입하듯 어느 하나의 이론적 틀에 정확하게 부합할 수 없다는 것에 대해 늘 유념할 필요가 있다. 이것이 시적 문장의 본질적 매력이기도 하다. 도식적이고 기계적인 틀을 거부하고 인간적 진실의 애매성을 드러내기 위해 탄생한 애매한 문장들이 쉽게 이론적 논리로 환원될 리 없다.

    은유와 상징, 알레고리를 구분하는 일에는 다소 섬세한 감식안이 필요할지도 모른다. 그럼에도 이에 대한 구분은 이론가의 몫만은 아니다. 서로 다른 표현방식은 다른 의도와 효과를 겨냥한다. 시인은 문장의 독특한 멋을 살리기 위해, 그 멋에 오묘한 뜻을 더하기 위해 이런저런 표현법을 실험하는 사람이다. 고급독자는 이를 감식하고 해석하고 평가하고 즐기는 사람이다. 서로 다른 표현방식을 다르게 읽는 것은 곧 시를 잘 즐기는 방법이다.

사유의 끈

진 쿠퍼의 『그림으로 보는 세계문화상징사전』은 1500여 개의 항목과 400여 개의 도판이 수록된 인류문화의 상징을 집대성한 사전이다. 저자는 "상징체계는 앎의 도구이자, 가장 유서 깊고 가장 근본이 되는 표현 방식"이라고 말하고 "상징에는, 온 시대를 뛰어넘으면서 인류의 보편적인 전통이 되어왔고, 여느 소통 방법의 한계를 초월해서 국제적인 언어를 구성하는 거대한 상징체계가 들어 있다"고 설명한다. **Beard**(턱수염, 수염): 수염은 힘, 남자다움, 왕권을 나타낸다. 서양에서는 성인 남자를, 동양에서는 노년을 나타낸다. **Fool**(어릿광대, 익살꾼, 바보): 왕은 법과 질서의 힘을 상징하며, 어릿광대는 혼돈의 힘을 상징한다. **Sneeze**(재채기): 혼의 현현顯現, 혼의 동요나 머리에서 생명력의 일부가 상실되는 것. **Web**(거미줄): 거미줄은 생명, 운명을 뜻한다. 시간의 거미줄은 신적 존재에 의해서 짜인다. 거미줄은 우주 설계도이며, 공간 구성의 요소가 중심으로부터 방사상으로 뻗어 있다. 이 같은 몇몇 항목에 관한 설명의 일부에서 감지할 수 있듯이 인류 보편의 상징에는 상상을 자극해주는 매우 흥미로운 생각들이 숨어 있다. 심심할 때 아무 페이지나 열어서 그림도 보며 부담 없이 읽을 수 있어 좋은 책이다.

진 쿠퍼(J. C. Cooper), 『그림으로 보는 세계문화상징사전』,
이윤기 역, 까치, 1994

왜 뒤틀어서 말하나?

하나의 문장의 표면과 이면에 서로 반대되는 화자가 양립해 있을 때 그 표현법을 반어Irony라고 지칭한다. 두 개의 화자로 동시에 말한다는 게 가능한가? 서로 상반된 화자가 동시에 목소리를 낼 수는 없다. 반어적 표현의 화자 가운데 하나는 표면에 드러나 있고 나머지 하나는 이면에 숨겨져 있다. 반어적 표현을 제대로 이해하기 위해서는 드러난 화자의 목소리를 그대로 받아들여서는 안 된다. 표면에 드러난 목소리는 진실의 가면에 불과하다. 가면을 진실로 오해하는 순간 반어는 죽은 언어가 된다. 말하는 주체의 의도와는 다르게 문장이 전달된 것이기 때문이다. 반어의 진실은 숨겨진 화자에게 있다. 이러한 반어적 표현은 우리의 일상에서도 자주 사용된다. 예를 들어 "아주 참 잘하셨어요! 훌륭하십니다"라는 표현을 진짜 일을 잘해낸 사람이 아닌 실수로 일을 그르친 사람에게 했다면 이는 반어적 표현이다. 실수한 사람에 대한 조롱과 비난이 숨겨져 있는 표현이라 할 수 있다. 따라서 반어를 이해한다는 것은 숨겨진 화자의 의미를 이해하는 것을 말한다.

그런데 사람들은 왜 이런 방식으로 말을 뒤틀어서 하는 것일까? "일을 왜 이따위로 처리해!"라고 직접적으로 비난하는 것과 "아주 참 잘하셨어요! 훌륭하십니다"라고 간접적으로 비난하는 것에는 어떤 차이가 있는가? 직접적 비난과 비교해볼 때 모순을 발생시키는 간접적 비난이 몇 가지 효과를 더 거둘 가능성이 있다. 직접적 비난이 상대의 실수를 지적하는 것에 그친다면 반어에 의한 간접적 비난은 상대의 실수를 더욱 강하게 부각시키고 상대를 조롱거리로 만드는 공격적 독설로 기능하게 된다. 상대는 꾸지람을 듣는 것 이상의 감정 즉 모멸감이나 수치심을 느끼게 된다. 이때 말하는 주체는 상대를 공격하는 즐거움 혹은 통쾌함을 맛볼 수 있다. 우리가 유쾌한 자리에서 던지는 농담을 관찰해보면 가벼운 반어적 표현이 많이 사용된다는 사실을 발견할 수 있는데 이는 반어의 공격적 성향이 놀이적 요소를 내포하고 있음을 증명한다.

우리 시사에서 유난히 반어적 혹은 역설paradox적 표현을 많이 사용한 시인으로 한용운, 이상, 김수영, 오규원 등을 꼽을 수 있다. 한용운은 비논리적 역설을 통해 진리에 도달하는 선시禪詩적 사유체계를 내면화한 경우라는 점에서 그의 반어에 대한 인식을 다른 시인들과 구별할 필요가 있을 듯하다. 그렇다면 한용운을 제외한 나머지 시인들을 생각해보면, 이들은 왜 다른 표현방식보다 반어나 역설을 선호하는 것일까? 반어적 표현을 선호하는 이면에는 어떤 세계관이 놓여 있는가? 아이러니스트는 궁극적으로 세계(대상)에 대해 불편한 심경을 지닌 자이다. 그는 때로 자신을 대상화함으로써 자기모순에 대해서도 불편한 자의식을 드러내기도 한다. 아이러니스트는 근본적으로 불화 속에 존재한다. 다시 말해 세계와 자아의 관계가 평화로운 자리에 아이러니스트는 존재하지 않는다. 따라서 세계의 부조리함과 마찰하는 자의 언어는 뒤틀릴 수밖에 없다. 그는 세계의 모순을 냉정하게 분석하고 해석하는 자이다. 이를 통해 갖게 되는 인식은 자신과 세계가 동일해질 수 없다는 사실이다. 그는 지적 작용력을 바탕으로 세계를 비판하고 냉소하고 조롱하며 삐딱한 태도로 세계와 맞선다. 모순된 세계를 모순된 어법으로 응대하는 것이다. 반어와 역설은 세계의 모순을 날카롭게 인식한 자가 쏟아내는 뒤틀린 언어라 할 수 있다. 뒤틀린 세계를 뒤틀린 형식으로 맞받아내는 방식이 반어와 역설인 것이다. 이 같은 아이러니스트의 인식으로부터 낙관적 자세나 도취적 태도를 발견하기는 어렵다. 이상이나 김수영의 시를 떠올려보시라. 그들의 언어가 본질적으로 세계에 대한 부정의식으로부터 출발하고 있기 때문이다. 그러므로 아이러니스트의 의식 세계는 행복이 아니라 진실한 불행에 더 가까이 닿아 있다고 볼 수 있다. 그는 불편한 심경을 불편한 언어로 표현함으로써 우리들의 무비판적인 의식을 자극한다.

    뒷집 타일 工場(공장)의 경식이에게 동그라미를 그려 보였더니
    동그라미라 하고

연탄장수 金老人(김노인)의 손주 명하는 쓰레기를 쓰레기라 하고
K식품 회사 손계장의 딸 연희는 빵을 보고 빵이라 하고 연희 동생 연주는
돼지 새끼를 보고 돼지 새끼라고 했다.

다시 한 번 물어봐도 경식이는
동그라미를 동그라미라 하고
명하는 쓰레기를 쓰레기라 하고
연희는 빵이라 하고 연주는 돼지 새끼라 한다.
또다시 물으니 묻는 내가 우습다고 히히닥하며
나를 피해 다른 골목을 찾는다.

정답 만세!
그리고 정답 아닌 다른 대답을 못하는
우리들 어린 王子(왕자)와 公主(공주)에게 만세 부르는 우리의 어른들 만세!

오규원, 「우리들의 어린 王子(왕자)」 전문
(『오규원 시 전집 1』, 문학과지성사, 2002)

이 시의 내용을 반어로 이해하지 않은 채 읽는다면 이 시는 언급의 여지가 없는 당연한 이야기에 관한 것이 될 것이다. 일반적으로 오답을 말하는 아이들이 문제지 정답을 이야기하는 아이들

은 문제가 되지 않기 때문이다. 그러나 시인은 이러한 생각을 반어적 표현으로 뒤집는다. 앞서 말했듯이 반어적 표현에는 표면적 화자와 이면적 화자가 양립해 있다. 양립해 있는 화자의 다면성을 정확히 포착하기 위해서는 무엇보다 맥락을 이끌어가는 표면적 화자의 태도와 어조를 자세히 살피는 게 중요하다. 이 시의 표면에 드러난 화자는 기특한 아이들의 정답에 만세를 외친다. 아울러 "어린 王子와 公主에게 만세 부르는 우리의 어른들"에게도 만세를 외친다. 그러나 이렇게 감탄하는 화자의 태도를 자세히 살펴보면 그의 '만세!'가 석연치 않다. 그는 정답을 말한 아이들에게 동일한 질문을 다시 던짐으로써 아이들의 답변을 재확인한다. 아이들의 상태를 다시 진단하는 신중함을 보이는 것이다. 그리고 "정답 아닌 다른 대답을 못하는" 아이들이라고 결론을 내린다. 이러한 태도 때문에 이 표면적 화자가 외치는 '만세!'를 의심하게 된다. 그가 외치는 만세의 진의는 환호가 아니라 좌절과 분노라 할 수 있다. 시인은 모든 물음에 기계적으로 대답하는 아이들의 도식화된 생각구조를 우려하는 것이며 우리들 어린 王子와 公主를 이렇게 교육시킨 어른들을 비판하는 것이다. 이는 아이들에게 획일적 시각을 심어주는 우리 사회를 반어적으로 풍자한 작품이라 할 수 있다.

그를 알거나 몰라도 된다
그는 우연히 거기에 있거나

여기에 없기 때문이기도 한데 그렇다면
그는 벌써 죽었거나 아직 살아 있을 것이고
구십구 프로의 불행과,
일 프로의 행운으로 자자할 것이 뻔하다
부지런히 누군가와 만나고 헤어지면서
뒤를 돌아보거나 갈 길을 재촉했을 그는
사람의 입에 자주 오르내린 만큼
도무지 쉽게 잊히기도 해서
그의 행방은 도처이되 종적은 묘연하다
그는 전대미문이고 파란만장이며
우르르 몰려가는 아침이었다가
울컥 쏟아지는 밤이기도 한데
가늠키 어려운 안부와 형언키 어려운 풍문 속에
얼핏얼핏 보이기도 하고 안 보이기도 하는 그는
여차하면 과거가 되어버리기 십상이어서
그가 거기에 있든 여기에 없든 죽었든 살았든
그는, 끝까지 그여야 하겠지만
굳이 그가 아니어도 상관은 없다

정병근, 「그」 전문
(『태양의 족보』, 세계사, 2010)

반어와 역설의 경계를 명확히 구분하는 일은 용이하지 않으며 종종 둘 중 어느 것으로 판단해야 할지 모호할 때도 있다. 김준오는 "아이러니의 경우 진술 자체에는 모순이 없으나 진술된 언어와 이것이 지시하는 대상이나 숨겨진 의미 사이에 모순이 생기는 반면 역설은 진술 자체에 모순이 생기는 것이다"[*]라고 이 둘의 차이를 설명한다. 예를 들면 "도시는 안전하고 위험하다"와 같이 진술 자체가 모순된 표현이 역설이다. 이러한 기준으로 본다면 오규원의 「우리들의 어린 王子」는 반어로 이루어진 작품이라면 위에 인용한 정병근의 「그」는 역설로 이루어진 작품이다. 오규원의 시에서는 그 모순이 표면적 화자와 이면적 화자의 상반성에서 발생한다면 정병근의 시에서는 상반된 진술의 병립에 의해 발생한다.

시 「그」는 삼인칭으로 살아가는 어느 존재의 존재성을 문제화한 작품이다. 시인은 '그'에 대해 "알거나 몰라도 된다", "벌써 죽었거나 아직 살아 있을 것이고", "사람의 입에 자주 오르내린 만큼/도무지 쉽게 잊히기도 해서", "행방은 도처이되 종적은 묘연하다", "얼핏얼핏 보이기도 하고/안 보이기도 하는", "끝까지 그여야 하겠지만/굳이 그가 아니어도 상관은 없다" 등 수많은 역설로 진술한다. 알아도 그만 몰라도 그만인 그, 죽어도 그만 살아도 그만인 그, 기억과 망각 사이에서 오락가락하는 그, 급기야는 그가 아니어도 상관없는 그는 이 세계에 있으면서 동시에 없는 역설적 존재이다. 한 존재의 존재성이 이 같은 모순 속에 놓일 수 있을까? 세

---

[*] 김준오, 『詩論』, 삼지원, 1995, p. 226.

상의 누구도 그를 아쉬워하지 않는 존재, 아무런 가치를 부여받지 못한 희미한 존재의 상태를 시인은 역설로 표현하고 있는 것이다. 그렇기 때문에 '그'는 '나'가 아니라 늘 삼인칭으로 존재한다. 이 세계는 나를 쉽게 그로 만들지 않던가! 이는 소외가 아니라 존재 상실을 의미한다. 지금 여기에 있어도 자기의 실종을 경험하는 자가 바로 정병근의 '그'라 할 수 있다. 해서 '그'는 현존하면서도 "여차하면 과거가 되어버리기 십상"인 위기에 처해진 자이다. 이 시는 존재감을 상실한 우리들의 일면적 초상을 유연한 역설의 전개를 통해 실감나게 드러낸 작품이라 할 수 있다.

사유의 끈

니체는 『선악을 넘어서』에서 "냉소주의는 저열한 영혼이 진실에 접할 수 있는 유일한 방식이다. 고귀한 인간이라면 거친 냉소주의 세련된 냉소주의, 가릴 것 없이 마땅히 모든 냉소주의에 귀를 기울여야만 하며 파렴치한 어릿광대나 학문적 호색한이 떠드는 소리를 코앞에서 듣게 된 자신의 행운에 마땅히 기뻐해야 한다"고 말한다. 뒤틀린 언어로 세계에 응수하는 사람은 냉소주의자일 가능성이 크다. 냉소가 저열한 영혼이 진실에 접할 수 있는 유일한 방법이라는 니체의 말에 나는 동의한다. 냉소의 감정은 파괴적 감정이라는 점에서 저열하다. 그러나 냉소주의자는 세계를 안전지대로 낙관하는 기름진 온건주의자보다 덜 저열하다. 고귀한 인간이라면 이들의 냉소에 귀를 기울여야한다고 말하는 이유가 여기에 있다. 니체 그 자신도 철저히 자기긍정으로 무장한 냉소주의자가 아니던가! 시를 추구하는 청춘들에게 내게 가장 권하고 싶은 철학서는 니체의 저술들이다. 그의 사상을 제대로 이해하기 어렵다 할지라도, 그의 강력한 '독설'은 분명 매력적이다. 아마도 인류사에 그만큼 주저 없이 문장을 써내려간 사람도 드물 것이다. 그의 문장에는 정신의 방파제를 후려치는 해일 같은 힘이 있다. 우리에게 벅찬 감동을 주기에 부족함이 없다. 니체 읽기를 시작하고자 하는 사람은 내 경험으로 미루어본다면 『선악을 넘어서』 정도로 시작하는 것이 좋을 듯하다. 참고로 내가 탐독했던 청하출판사의 책들은 안타깝게도 지금은 구하기 어렵다.

니체(Nietzsche, Friedrich, 1844~1900), 『선악을 넘어서』, 김훈 역, 청하, 1982

상투적 표현이란 어떤 것인가?

멋진 표현, 멋진 문장을 발견하는 것은 시를 읽는 큰 즐거움 가운데 하나이다. 하나의 멋진 문구만으로도 독자를 충분히 사로잡을 수 있는 것이 시의 힘이기도 하다. 어느 경우에는 한 편의 시 가운데 한두 구절만 반복적으로 독자의 입에 오르내리기도 한다. 거듭 강조했듯이 시의 미학은 언어의 운용방식에 의해 결정된다. 따라서 시인은 늘 상투적 표현을 경계할 수밖에 없다. '상투적'이라는 말의 사전적 정의는 "늘 써서 버릇이 되다시피 한, 또는 그런 것"이다. 진부한 문구, 식상한 표현, 도식적이고 기계적인 수사 등이 모두 상투적 표현이다. 표현이 상투적일 때 그 내용의 절박함이나 진정성은 전달되지 않는다. 시인이라고 해서 언제나 경이로운 문장만을 생각해낼 수 있는 것은 아니다. 그럼에도 상투적인 표현은 상상력의 결핍이나 나태함에서 비롯된다는 사실을 부정하기 어렵다.

간혹 학생들이 상투적 표현의 예를 질문하는 경우가 있다. 그때마다 그 예가 잘 떠오르지 않는 경험을 하곤 한다. 시를 읽으며 굳이 진부한 표현을 기억하고자 하는 사람은 없을 것이다. 상투적 표현은 기억하고자 해도 금세 잊어버리게 되는 문장이다. 시의 생명은, 그것이 서정시든 지독하게 난해한 실험시든 독자의 기억 속에 살아남을 때 유지되는 것이 아닐까? 상투적 표현으로 이루어진 시는 결코 오래 기억될 수 없다. 그런데 유의할 것은 한 편의 시는 비중이 큰 문장과 부수적 역할을 하는 문장이 함께 어우러져서 그 맥락을 형성한다는 점이다. 어떤 문장이든 전체 맥락 속에서 그 가치가 결정된다. 다음은 학생들이 수집한 상투적 표현 가운데 몇몇의 예이다. 시 전체 맥락을 삭제한 채 한두 문구만을 떼어놓는 것이 매우 조심스러운 일임에도 불구하고 질문에 대한 답이라 생각하며 여기에 소개한다.

- 빈 그림자만 남은/나의 모습/계절의 뒷배경처럼 허전하다.
- 누군가의 마음 위에 붙지만/도착하면 쓸모 다하고 버려지는 우표처럼
- 돌아본 길들이 상처투성이다.
- 손에 잡히지 않는 그리운 사람의 얼굴처럼/밤하늘의 별들은 반짝입니다
- 사랑엔, 눈빛 한번의 부딪침으로도/만리장성 쌓는 경우가 종종 있다
- 사랑이 왜 바보 같냐면/이러지도 저러지도 못하기 때문이죠.
- 서로를 못내 그리워하는 것이 사랑이라는 것을 알았다

- 은빛으로 반짝이는 강,
- 들판 건너 서쪽 하늘 핏빛으로 저물고
- 인생이란/기쁨과 슬픔이 짜아올린 집,
- 그대 떠난 길 지워지라고/눈이 내린다
- 지금 이 순간 창밖에서/행복은 철 지난 플래카드처럼/사소하게 나부끼고 있습니다
- 꽃가루처럼 산산이 부서져 흩날리는 생의 신비여
- 잘 돌아가는 냉장고를 구형 모델이라는 이유로/새 것으로 바꾸듯 삶을 살 수만 있다면
- 천 년 바람 사이로 고요히/폭설이 내릴 때
- 천 년을 함께 살아도 한 번은 이별해야 한다
- 당신이 내 절망의 이유이던 때가 있었다/당신이 내 희망의 전부이던 때가 있었다

사유의 끈

　철학사를 다룬 일련의 책들은 어렵거나, 산만하거나, 어떤 독자를 대상으로 한 것인지가 분명치 않아 자주 외면을 받는다. 그러다 보니 철학사란 일반인들의 관심사에서 한참 벗어나 있는 게 현실이다. 철학의 필요성은 누구도 부정하지 않지만 철학사를 통독해본 사람은 매우 드물다. 철학은 모든 교양의 원점이며 인류 정신사의 메인스트림Mainstream이라는 점에서 교양의 겸비를 위해 탐구해야 할 필수 지식이라 할 수 있다. 그러나 사정은 그렇지 않다. 전문적인 철학 연구자를 위한 철학사가 아닌 누구나 쉽게 이해할 수 있는 일반인을 위한 철학사 책이 절대 부족함을 부정하기 어렵다. 다행히도 한스 요아힘 슈퇴리히Hans Joachim Storig의 『세계철학사』가 그 부족의 간극을 채워주고 있어 위안이 된다.

　철학사를 다룬 책들이 대부분 서양에 편중되어 있어 '세계철학사=서양철학사'라는 고질적인 편견을 만들어냈는데, 요아힘 슈퇴리히의 『세계철학사』는 그런 우려를 말끔하게 해소해준다. 인도와 중국 철학에 대한 깊이 있는 조망은 물론 동양철학을 서양철학과 비교함으로써 철학사에 대한 균형잡힌 안목을 갖게 해주기 때문이다. 저자가 특별히 1부에 '동양의 지혜'라는 제목으로 고대 인도와 중국 철학을 첫 번째로 다룬 것만 봐도 이 책이 다른 책들과 어떻게 구별되는지를 보여준다. 또한 '인간의 인식과 실천과 의미'라는 것을 철학사 서술의 중심으로 삼으면서 인류의 정신사를 체계적으로 개관하고 있어 자칫하면 산만해질 수 있는 철학사 서술의 문제를 유려하게 극복하고 있다. 머리말에서 저자가 "이 책은—학문적 교양이 있건 없건 간에— 일상의 수많은 일거리와 근심거리를 안고 살아가는 사람들, 우리 시대의 거대한 역사적 변화와 여러 재앙을 목도하면서 자기 나름의 생각을 가다듬어 보고 또 세상의 수수께끼와 인간 존재의 영원한 물음을 풀기 위해 애쓰는 사람들, 그리고 어느 시대에나 있었던 위대한 사상가들의 사유와 저작이 이 과정에서 도움과 실마리를 줄 수 있으리라는 가정을 처음부터 묵살하지 않는 많은 사람들을 위한 것이다"라고 밝히고 있듯이 일상을 의미 있게 살아가고자 하는 모든 사람들에게 이 책은 소중한 지표 역할을 하리라 생각한다.

한스 요아힘 슈퇴리히(Hans Joachim Storig, 1915~), 『세계철학사』, 박민수 역, 이룸, 2008

Etude II - inner organ

```
                    의 눈
  가 면      낙타의       에 서
          뒤에숨은
   면    엉    빛    i
  가       킨    나
    면      너    는
    뒤      와    발
    에      내    톱
    는      가        사
            날        이
            지
            못
            하
             는
                  얼
                  굴
                   을
```

정재학, 「깃털 가면 속으로」 부분
깃털처럼 음악처럼 흘러내리는 글자들.
가면 뒤에 숨은 무수한 추락의 비애!
가면 뒤에서 존재는 실종된다.

VI 시의 혈관에 흐르는 음악 읽기

내재율이란?

　시를 조금이라도 배웠던 사람이라면 내재율이라는 용어에 대해 생소한 느낌을 갖지 않을 것이다. 내재율은 시의 형식적 측면을 설명할 때 반복적으로 얘기되어 왔던 용어이기 때문이다. 학생들에게 내재율이 무엇인지 질문하면 '율이 겉으로 드러나 있지 않고 내재해 있는 것'이라고 답한다. 일반적으로 맞는 대답이다. 그러면 나는 다시 '율이 내재해 있다는 게 뭐지?'라고 묻는다. 이때부터 대답은 지리멸렬해진다. 이유는 간단하다. 그동안 내재율이 지시하는 실체가 아니라 말뜻만 배웠기 때문이다. 내재율이라는 용어를 수없이 들으면서도 그것을 실감해보지 못한 것이다.

　나는 외형률 혹은 외재율의 반대 개념으로서 내재율이라는 용어를 사용하는 것에 다소 불만을 가지고 있다. 겉과 안은 공간 개념이다. 문장의 표면에 율의 규칙성이 두드러진 것이 외재율이라면 불규칙적인 율이 두드러진 것이 내재율이다. 독자는 규칙적인 율과 불규칙적인 율 모두를 문장을 통해 감지한다. 율이 내재해 있다는 것은 율이 안에 감추어져 있다는 의미인데 그렇다면 문장의 겉과 안은 어디인가? 내재율은 도대체 어디에 감추어져 있는 것인가? 안에 감추어져 있는 것이 아니라 불규칙적으로 드러나 있을 뿐이다. 그런 의미에서 내재율은 그 자체로 개념의 혼란과 오해를 야기하는 용어라 할 수 있다.

근대 이전의 시가에서는 규칙적인 율에 시인이 의도하는 바를 담아내는 것이 아름다움으로 여겨졌다. 우리가 개인의 자유의지를 반영한 자유시의 형식을 지향하는 것과 마찬가지로 고전적 형식의 틀 또한 당대인들의 지향이나 가치관을 반영한다. 고전적 세계에서는 전체의 지향이 개인을 우선한다. 개인은 전체의 부분으로서 역할함으로써 세계를 조화롭게 만드는 것이 미덕이었다. 이는 절제와 균형과 조화를 지향하는 당시 미의식을 나타낸다. 중구난방으로 자유롭게 자신의 개성을 드러내는 것을 별로 탐탁지 않게 여겼다는 얘기다. 3장 6구로 이루어진 시조와 같은 정형시는 이 같은 고전적 세계의 미의식을 반영한다. 반면 근대적 세계는 규범화된 틀을 거부하고 개인이 창안해낸 개성적 틀을 존중한다. 개인의 자유와 인권이 중요한 가치로 인식되었기 때문이다. 자유시가 드러내는 자유분방한 율이 생겨난 것은 바로 이 때문이다. 말하자면 천 편의 자유시가 있다면 천 개의 개성적 율이 존재한다.

율이란 음악적 요소이기 이전에 생명적 요소이다. 모든 생명적 존재는 움직임을 만들어내는 생명기관을 가지고 있으며 이는 반복적 움직임을 통해 생명의 박자를 만들어낸다. 맥박과 호흡, 근육과 맞물린 관절의 움직임, 파도의 왕복운동, 달과 별의 운행, 지구의 자전, 사계절의 변화 등이 그것이다. 이처럼 생명적 존재에게 율은 원초적이며 생래적인 것이다. 모국어는 이 같은 생래적 호흡을 가장 잘 담아낸 소통의 산물이다. 언어의 율은 비물질적 차원으로 감지되지만 그 언어와 더불어 생활했던 사람에겐 결코 낯선 것이 아니다. 그는 태어나면서부터 모국어의 분절에 익숙해져 있기 때문이다. 따라서 내재율을 감지하는 일은 그리 어렵지 않다.

그럼에도 내재율을 설명하는 데 곤란을 겪는 것은 순전히 시의 음악적 요소에 대해 무신경하기 때문에 일어나는 현상이다. 시가 산문에 비해 음악적이라는 사실을 이론으로 잘 알고 있음에도 그것을 즐길 겨를이 없었던 것이다. 즉 의미해독이라는 문제에 늘 발목이 잡혀 시를 시답게 읽을 수 없었던 것이다. 한 가지 강조할 것은 내재율은 시의 의미와 분리할 수 없는 중요한 시적 장치라는 점이다. 이는 시의 의미가 화자의 정서적 상태와 분리할 수 없다는 사실에서 기인한다. 마음이 다급한 화자는 다급한 호흡법을 드러낸다. 반면 사물을 관조적으로 바라보는 자는 매우 안정된 호흡을 드러낸다. 불안과 초조한 심정을 지닌 자의 호흡은 불균형하고 거칠 수밖에 없다. 산책하는 자와 질주하는 자의 호흡이 다르듯 화자의 심리상태는 곧바로 시의 리듬으로 이어지며 이는 다시 시의 분위기와 의미에 관여하는 요인으로 기능하게 된다. 여기서 현대시가 시작된 이래 가장 광포한 내재율을 보여준 이상의 작품부터 볼 필요가 있을 듯하다.

싸움하는사람은즉싸움하지아니하던사람이고또싸움하는사람은
싸움하지아니하는사람이었기도하니까싸움하는사람이싸움하는구
경을하고싶거든싸움하지아니하던사람이싸움하는것을구경하든지
싸움하지아니하는사람이싸움하는구경을하든지싸움하지아니하던
사람이나싸움하지아니하는사람이싸움하지아니하는것을구경하든
지하였으면그만이다.

이상, 「烏瞰圖 詩第三號(오감도 시제삼호)」 전문
(『이상문학전집 1』, 문학사상사, 1989)

내키는커서다리는길고왼다리아프고안해키는작아서다리는짧고
바른다리가아프니내바른다리와안해왼다리와성한다리끼리한사람
처럼걸어가면아아이夫婦(부부)는부축할수없는절름발이가되어버
린다無事(무사)한世上(세상)이病院(병원)이고꼭治療(치료)를기다리
는無病(무병)이끝끝내있다.

이상, 「紙碑(지비)」 전문
(『이상문학전집 1』, 문학사상사, 1989)

 이상이 그의 시에서 자주 띄어쓰기를 안 했다는 것은 널리 알
려진 사실이다. 그런데 문제는 왜 띄어쓰기를 안 했는지 그것이
무엇을 의도하며 어떤 효과를 만들어내는지에 대해 더 이상 질
문하지 않는다는 데 있다. 띄어쓰기를 생략함으로써 이상은 말의
속도를 최대화한다. 위에 인용한 첫 번째 시 「烏瞰圖 詩第三號」를

분절하지 않은 채 표기한 그대로 읽어보면 읽는 자의 호흡이 걷잡을 수 없이 빨라짐을 느낄 수 있다. 숨차게 달리도록 장치되어 있는 것이다. 이때 화자의 마음이 느긋하게 안정되어 있지 못하다는 사실을 감지할 수 있다. 질주의 속도로 말할 수밖에 없는 급박한 심정을 이상은 이렇게 표현한 것이다. 그 속도는 광기적이다.

  이상이 드러내는 광기적 속도에 밀려가듯 시를 다 읽고 나면 거의 대부분의 독자는 도대체 무엇을 읽은 것이지 알 수 없는 미궁에 빠지고 만다. 위에 인용한 시처럼 극심한 동어반복이 동반된 경우는 더욱더 그러하다. 마치 미친 자의 알 수 없는 목소리를 순식간에 들었던 것 같은 착각을 일으키게 된다. 끝끝내 이상의 시를 알고자 하는 사람이라면 재독이 불가피함을 깨닫게 되는 순간이다. 이것이 이상이 독자를 움켜쥐는 전략이며 힘이기도 하다. 이상의 모든 시는 반드시 여러 번 재독하지 않으면 해석을 할 수 없게 되어 있지 않은가! 재독을 수행하는 자는 역설적이게도 세상에서 가장 느린 속도로 이상의 시를 읽을 수밖에 없다. 의미에 따라 말의 마디를 분절시키며 천천히 읽어야 미궁을 벗어날 수 있기 때문이다. 이상은 가장 빠른 리듬과 가장 느린 리듬 모두를 요구하는 독서 수행 방식을 유도함으로써 자신의 분열을 드러낸 것이 아닐까? 빠름과 느림 사이에서, 혼란과 논리 사이에서, 광적인 것과 합리적인 것 사이에서, 비참하게 허덕이는 한 존재의 불안과 초조가 이 이중의 분열적 리듬 속에 배어 있는 것이다.

  두 편의 시의 내재율을 보다 구체적으로 경험해보자. 시 「烏瞰

「圖 詩第三號」를 의미의 분절 없이 읽어보면 최초로 머릿속에 각인되는 것은 '싸움'이라는 단어와 'ㅆ'이라는 된소리의 울림이다. 이 두 가지의 경험만으로도 이 시가 즐거움이나 행복과는 거리가 멀다는 인상을 받게 되며 독자는 'ㅆ'을 거듭 반복함으로써 욕설을 내뱉는 듯한 체험을 꼬인 혀로 감각하게 된다. 다시 의미 분절을 수행하면서 천천히 시를 읽어보면, 시 읽기의 과정이 일직선으로 흘러가지 못함을 알게 된다. 앞 구절과 뒤 구절의 형태가 아주 비슷하면서 의미 면에서는 다르기 때문에 독자는 그 차이에 매달리게 되는 것이다. 이런 과정을 몇 차례 반복하다보면 드디어 말멀미를 일으키게 된다. 하나의 문장으로 이루어진 시 한 편을 읽으며 독자는 기진맥진해지는 것이다. 띄어쓰기가 생략된 질주의 속도와 더불어 앞뒤를 다시 읽으며 독서를 진행할 수밖에 없는 느린 속도가 이 시의 이중적 내재율이다. 그 과정 가운데 경험하게 되는 말 멀미 또한 이 시의 내재율이 불러일으키는 효과이다.

  이상이 만들어낸 재독의 과정과 말 멀미의 혼미함은 '불화'의 곤혹스러움을 그대로 반영한다. 이상이 이 시에서 보여주는 세계는 싸움을 하든 안 하든 모두 싸움과 관련되어 있다. 싸우는 자와 싸우지 않는 자의 입장이나 위치가 확실하지 않다. 구경꾼과 싸우는 자의 경계가 유동적으로 바뀌고 그들 모두는 싸움의 세계에 놓여 있다. 벗어날 수 없다. 'ㅆ'으로 이루어진 세계의 불화를 "구경하든지하였으면그만이다"라고 화자는 마무리한다. 얼마나 냉정한 마무리인가. 여기에는 세계에 대한 냉소적 태도가 강력하게 배어 있다.

시 「紙碑」 또한 읽는 자로 하여금 질주하는 속도와 느린 속도 모두를 요구하는 형태로 되어 있다. 이 시에서도 시인은 왼 다리, 오른 다리, 성한 다리 등의 시어를 반복함으로써 의미해독을 일직선으로 수행할 수 없게 만든다. 이는 독서 리듬을 불편하게 하는 효과를 가져 온다. 마치 부축할 수 없는 절름발이 부부의 불구적 행보처럼 리듬이 절름거리는 것이다. 이것이 내재율이다. 시인은 불편한 내재율을 통해 '나'와 '안해'의 불구적 관계를 의미화한다. 애써 성한 다리끼리 걷다보면 오히려 절름발이가 되듯이 애써 의미 분절을 하고 읽으면 오히려 절뚝이는 리듬을 경험하게 된다. 시의 의미와 리듬이 일치하는 것이다.

> 나무는 자기 몸으로
> 나무이다
> 자기 온몸으로 나무는 나무가 된다
> 자기 온몸으로 헐벗고 영하 13도
> 영하 20도 지상에
> 온몸을 뿌리 박고 대가리 쳐들고
> 무방비의 裸木(나목)으로 서서
> 두 손 올리고 벌받는 자세로 서서
> 아 벌받은 몸으로, 벌받는 목숨으로 기립하여, 그러나
> 이게 아닌데 이게 아닌데

온 魂(혼)으로 애타면서 속으로 몸 속으로 불타면서
　　버티면서 거부하면서 영하에서
　　영상으로 영상 5도 영상 13도 지상으로
　　밀고 간다, 막 밀고 올라간다
　　온몸이 으스러지도록
　　으스러지도록 부르터지면서
　　터지면서 자기의 뜨거운 혀로 싹을 내밀고
　　천천히, 서서히, 문득, 푸른 잎이 되고
　　푸르른 사월 하늘 들이받으면서
　　나무는 자기의 온몸으로 나무가 된다
　　아아, 마침내, 끝끝내
　　꽃 피는 나무는 자기 몸으로
　　꽃 피는 나무이다

황지우, 「겨울-나무로부터 봄-나무에로」 전문
(『겨울-나무로부터 봄-나무에로』, 민음사, 1985)

　이 시는 겨울나무가 봄 나무로 이행해가면서 견뎌내야 하는 생명의 고통스러운 몸짓을 실감나게 전달하기 위해 절묘한 내재율을 동원한 경우이다. 육안으로도 금세 감지할 수 있는 가장 기본적인 내재율의 요소는 행과 연이라 할 수 있다. 이 시는 연을 나누지 않은 채 행만 나눈 형태로 이루어져 있다. 행의 분절은 독자에게 읽기를 잠시 멈추어달라는 요구이며 연의 분절은 행보다 더 오래 멈추어달라는 요구이다. 만약 행도 연도 없이 문장이 이어져 있는 산문시 형태의 경우라면 그대로 천천히 이어서 읽으면 된다. 이 시는 연을 나누지 않고 행만을 분절해 놓았기 때문에 독자는 행과 행 사이에서 잠시 쉬어가며 읽으면 된다. 한국말에 익숙한 독자라면 이 시를 천천히 세 번 정도 읽고 나면 내재율을 충분히 감지할 수 있으리라 생각한다. 우리 시에는 행이나 연, 쉼표, 마침표 등 시인이 요구하는 표식을 좇아 여러 번 읽다보면 읽는 것만으로도 시의 의미를 매우 쉽게 간파할 수는 있는 작품이 의외로 많다. 한 번 체험해보시길.

율을 인지시키는 기본 단위는 동일한 문장, 구, 어휘, 음소의 반복이다. 그리고 그 반복의 이어짐과 조화가 율을 느끼게 해준다. 일단 이 시에서 반복되는 구절이나 단어, 음소들을 다시 나열해보면 다음과 같다.

─── ── ───
── ──
자기 온몸으로 ─── 나무가 된다
자기 온몸으로 ─── ── ──
── ── ───
─── ── 박고 ─── 처들고
──── 裸木(나목)으로 서서
── ──── 벌받는 자세로 서서

아 벌받은 몸으로, 벌받는 목숨으로 ----, ---
이게 아닌데 이게 아닌데
--- 애타면서 속으로 -속으로 불타면서
버티면서 거부하면서 ----
영상으로 -- -- -- --- 지상으로
밀고 간다, 막 밀고 올라간다
--- 으스러지도록
으스러지도록 부르터지면서
터지면서 --- --- -- -- ---
천천히, 서서히, ---, -- -- --
--- -- -- 들이받으면서
--- --- ---- 나무가 된다
---, 마침내, 끝끝내
꽃 피는 --- -- ---
꽃 피는 · ---

  이를 다시 유사음끼리 짝을 맞추어보면, 박고 - 쳐들고, 나목으로 서서 - 자세로 서서, 온몸으로 - 벌받는 몸으로 - 벌받는 목숨으로, 아닌데 - 아닌데, 애타면서 - 불타면서 - 버티면서 - 거부하면서 - 부르터지면서 - 터지면서, 밀고 간다 - 막 밀고 올라간다, - 으스러지도록 - 으스러지도록, 천천히 - 서서히, 마침내 - 끝끝내 등이 비선형적 구조로 배치되어 있음을 볼 수 있다. 여기서 눈에 띄는 것은 움직임의 수단을 나타내는 격조사 '~으로'와 동시적 움직임을 나타내는 연결어미 '~면서', 그리고 부사어들이다. 이들은 박고 쳐들고, 서고, 애타고, 불타고, 버티고, 거부하고, 부르터지고, 밀고 올라가는 동사들과 연결되어 있다. 여기 나열된 구절이나, 단어, 음소의 반복이 곧 겨울나무의 몸짓이다.

겨울나무는 영하에서 영상으로 밀고 가기 위해, 꽃 피기 위해 온몸을 움직이는 것이다. 그 움직임은 한 번에 종료되는 것이 아니라 동일한 어휘들이 반복되는 것처럼 동일한 몸짓을 여러 번 반복함으로써 한 걸음씩 나아가게 된다. 그만큼 자기 몸으로 겨울을 이겨내는 것이 쉽지 않음을 말한다. 그런데 겨울나무는 온몸으로 더디게 애쓰며 봄 나무가 되어가지만 이 시의 호흡은 불길이 점점 활활 타듯 빨라진다. 호흡이 빨라진 것은 반복적 어휘들이 시 중반부터 더 많아졌기 때문이다. 목숨을 걸고 겨울과 싸우는 자가 느긋하게 걸어갈 수 없을 것이다. 온몸의 혈관을 영하에서 영상으로 바꾸려면 심장을 뜨겁게 풀무질해야 하지 않겠는가. 이러한 반복을 살려서 이 시를 다시 읽어보면 행과 행 사이에서 우린 어떤 의지적 목소리의 비장하고도 단호한 울림을 느끼게 된다.

사유의 끈

　은하에는 10조 개의 별이 있고, 그런 은하가 10조 개 모여 대우주를 이룬다. 지구란 일개 은하의 변방에 있는 태양계의 '창백한 푸른 별'이다. 그 별에서 내가 살고 있는 몇 평의 공간이란 무無의 공간으로 취급해도 무리가 없을 만큼 미미하다. 우주와 나는 그렇게 조우하고 존재한다. '나'의 근원은 우주를 떠돌던 먼지였다. 우주의 먼지에서 진화한 인간, 그것이 우주와 인간의 과거와 미래를 규정하는 끈이자 칼 세이건의 『코스모스』가 모험을 출발하는 지점이기도 하다. 칼 세이건은 "코스모스를 정관하노라면 깊은 울림을 가슴으로 느낄 수 있다. 나는 그때마다 등골이 오싹해지고 목소리가 가늘게 떨리며 아득히 높은 데서 어렴풋한 기억의 심연으로 떨어지는 듯한, 아주 묘한 느낌에 사로잡히고는 한다"는 말로 우주 탐험의 첫발을 내딛는다. 미지의 세계에 대한 동경과 신비로 가득 찬 그의 낭만적 독백은 우주의 탄생, 은하계의 진화, 태양의 삶과 죽음, 외계 생명의 존재 등 장대한 우주의 대서사시로 이어진다.

　천문이나 우주에 대한 일반인들의 관심은 미미하다. 인간이 우주의 일부분이며, 우주에 대한 탐험은 인간에 대한 탐구와도 같다는 것을 대중적으로 알리기 위해 칼 세이건은 사람들의 눈에 신선한 충격을 줄 수 있는 방송 프로젝트를 3년 동안 진행했다. '코스모스'라는 이름의 프로젝트는 전 세계 60개국에 방송되어 6억의 시청자를 감동시켰으며, 그 내용을 책으로 옮긴 것이 바로 역사상 가장 많이 읽힌 과학 교양서 『코스모스』다. 천체에 대해 종합적이고 전반적인 설명을 먼저 한 후에 거기에 포함된 각각을 하나씩 집중해서 소개하는 방식을 취하고 있어 어려운 개념도 쉽게 이해할 수 있다. 또한 주요한 것에 대한 적절한 반복과 시적 비유를 넘나드는 문학적 문체(은하수를 밤하늘의 등뼈로 비유한 것만 보아도 그의 문장의 매력이 무엇인지 짐작 가능하다)가 독서의 리듬을 타게 한다. 무한 우주를 꿈꾸게 하는 공상과 실제를 분간함으로써 억측을 가려내는 회의의 정신으로 우주의 심포니를 종이 위에 옮겨 놓은 칼 세이건의 『코스모스』는 과학적 상상력과 문학적 상상력의 출발이 결코 서로 멀지 않음을 드러낸다.

칼 세이건(Carl Sagan, 1934~1996), 『코스모스』,
홍승수 역, 사이언스북스, 2004

쉼표는 어떤 역할을 하는가?

쉼표는 휴지(休止)를 나타내는 문장부호이다. 읽던 문장을 잠시 쉬었다가 다시 시작하라는 표시라는 점에서 쉼표는 단어, 구, 절의 의미를 뚜렷이 구분해줌과 동시에 문장의 리듬을 만드는 음악적 기능을 한다. 시를 읽을 때 쉼표 하나도 섣불리 보아서는 안 된다는 말은 이 때문이다. 그러나 시인의 의도와 달리 쉼표의 기능이 큰 효과를 거두지 못한 채 미비한 경우도 있다. 반대로 쉼표가 절대적 역할을 하는 경우도 있다. 쉼표가 시 내부에서 어떤 역할을 하는지 그 효과를 타진하는 것은 독자의 몫이다. 시의 맥락에 따라 쉼표의 역할은 상대적으로 단순한 멈춤 이상의 효과와 의미를 창출한다. 각각의 시편에서 쉼표의 구체적 역할이 다를 수 있다는 뜻이다. 그런 의미에서 쉼표에 부가된 의도와 효과를 생각하며 시를 읽는 것이 중요하다. 쉼표 하나도 섣불리 보아서는 안 된다는 것을 알면서도 막상 시를 소리 내어 읽어보라 하면 학생들은 매우 빠른 속도로 쉼표를 무시한 채 읽곤 한다. 앎보다 습관이 앞지르기 때문이다. 다음 두 편의 시에서 쉼표는 시 전체의 리듬과 의미를 만드는 데 절대적 역할을 하는 경우이다.

　박수소리. 나는 박수소리에 등 떠밀려 조회단 앞에 선다. 운동화 발로 차며 나온 시선. 눈이 많아 어지러운 잠자리 머리. 나를 옭아매는 박수의 낙하산 그물. 그 탄력을. 팅. 끊어버리고 싶지만, 아랫배에서 왁식으로 부글거리는 어머니. 오오 전투 같은, 늘 새마을기와 동향으로 나부끼던 국기마저 미동도 않는. 등 뒤에 아이들의 눈동자가, 검은 교복에 돋보기처럼 열을 가한다. 천여 개의 돋보기 조명. 불개미떼가 스물스물 빈혈의 육체를 버리고 피난한다. 몸에서 팽그르 파르란 연기가 피어난다. 팽이. 내려서고 싶어요. 둥그런 현기증이, 사람멀미가, 전교생 대표가, 절도 있게 불우이웃에게로, 다가와, 쌀푸대를 배경으로, 라면 박스를, 나는, 라면 박스를, 그 가난의 징표를, 햇살을 등지고 사진 찍는 선생님에게, 노출된, 나는, 비지처럼, 푸석푸석, 어지러워요 햇볕, 햇볕의 설사, 박수소리가, 늘어지며, 라면 박스를 껴안은 채, 슬로우비디오로, 쓰러진, 오, 나의 유년!! 그 구겨진 정신에 유리 조각으로 박혀 빛나던 박수소리, 박수소리.

함민복, 「박수소리·1」 전문
(『우울氏(씨)의 一日(일일)』, 세계사, 1990)

　미끌하며 내 다섯 살 키를 삼켰던 빨래 툼벙의 틱, 톡, 텍, 톡, 방망이 소리가 오늘 아침 수도꼭지에서 흘러나와 수챗구멍으로 지나

간다 그 소리에 세수를 하고 쌀을 씻고 국을 끓여 먹은 후 틱, 톡, 텍, 톡, 쌀집과 보신원과 여관과 산부인과를 지나 르망과 아반테와 앰뷸런스와 견인차를 지나 화장터 길과 무악재와 서대문 로터리를 지나 그렇게도 많은 사람들을 지나간다 꾹 다문 입술 밖에서 서성이던 네 입술의 뭉클함도 삼일 밤 삼일 낮을 자지도 먹지도 못하던 배반의 고통도 끝장내고 말거야 내뱉던 악살의 순간도 지나간다 너의 첫 태동처럼 틱, 톡, 텍, 톡, 내 심장 한가운데를 지나 목덜미를 지나 손끝을 지나간다 지나가니 여전히 누군가를 만나 밥을 먹고 술을 마시고 웃고 울고 입을 맞추고 쌀을 사고 종이와 볼펜을 사고 모자를 사고 집을 산다 한밤중이면 더욱 크게 들려오는 틱, 톡, 텍, 톡, 소리를 잊기 위해 잠을 자고 사랑을 하고 아이를 낳는다 틱, 톡, 텍, 톡, 날카로운 구두 뒤축으로 나를 밟고 지나가는 그 소리보다 더 크게 틱, 톡, 텍, 톡, 기침을 하고 틱, 톡, 텍, 톡, 노래를 하고 틱, 톡, 텍, 톡, 싸운다 틱, 톡, 텍, 톡, 소리가 들리는 한 틱, 톡, 텍, 톡, 나는, 지나가는 것이고 틱, 톡, 텍, 톡, 살아 있는 것이다 틱, 톡, 텍, 톡, 틱, 톡, 텍, 톡, 틱, 톡, 텍, 톡 ……

정끝별, 「지나가고 지나가는 2」 전문
(『흰책』, 민음사, 2000)

함민복의 「박수소리·1」에서 유독 쉼표가 많이 사용되고 있음을 한눈에도 알 수 있다. 그리고 시의 중반부를 넘어가면서 쉼표의 사용이 더욱 증가함을 볼 수 있다. 쉼표로 토막 난 말들의 증가와 화자의 정황은 어떤 상관성이 있는 것일까? 이 시에서 박수소리는 환호와 축하의 박수소리가 아니다. 그런 점에서 이 시의 제목은 독자의 기대와는 다른 낯섦을 준다. 화자는 조회단이라는 딱딱하고 의례적 공간을 향해 쏟아지는 차가운 연민의 박수소리를 받으며 서 있는 불우이웃이다. 함민복 시인처럼 1970년대 초등학교를 다녔던 세대에겐 익숙한 풍경이라 할 수 있다. 당시 학교에선 학용품이나 밀가루, 라면, 쌀과 같은 것을 극빈한 학생에게 나누어주곤 했는데 이는 주로 조회라는 공식 의례에서 이루어졌다. 아울러 이 시에서 보이는 것처럼 구호품 전달 장면을 사진으로 찍어 복도에 걸어놓음으로써 학교의 선행을 전시하곤 했다. 최악의 경우엔 선생님이 아니라 전교생 대표가 동료인 불우이웃에게 빈민구호품을 하사하기도 했던 것이 사실이다. 함민복은 이러한 상황에서 상처받은 불우한 유년의 자아를 회상하고 있다. 그는 과연 어떻게 호흡을 가다듬으며 자신의 유년을 고백할 수 있을까?

이 시의 화자는 동료들의 발로 차는 듯한 폭력적 시선의 뜨거움과 고요함을 견디며 조회단 앞에 선다. 이때 그의 머릿속에 떠 오른 것은 "아랫배에서 왁식으로 부글거리는 어머니"이다(시집에 표기된 '왁식'은 나쁜 음식을 뜻하는 악식惡食의 잘못된 표기로 판단된다). 시선을 견디고 수치심을 감내하지 않으면 안 되는 이유가 '어머니'라는 시어에 담겨 있다. 불쌍한 어머니를 생각하며 화자는 조회단 앞에 겨우 서 있는 것이다. 그리고 동료들의 시선으로 몸이 불타오를 것 같은 순간 그에게 라면 박스가 전달된다. 함민복은 이 순간을 묘사하면서 쉼표를 집중적으로 삽입한다. "둥그런 현기증이, 사람멀미가, 전교생 대표가, 절도 있게 불우이웃에게로, 다가와, 쌀푸대를 배경으로, 라면 박스를, 나는, 라면 박스를, 그 가난의 징표를" 이후 화자가 쓰러질 때까지 쉼표는 계속된다. 이 부분을 천천히 읽어보면 단어와 구절이 잘게 토막 나 있다. 스타카토staccato와 같이 분절된 리듬이 형성되는 것이다. 그것은 빠른 속도감에도 불구하고 화자의 정황 때문에 경쾌하게 인지되지 않는다. 시인은 극렬한 수치감 때문에 몸을 가누지 못하는 화자의 숨 가쁜 고통의 호흡을 이들 쉼표로 드러내는 것이다. 유년의 슬픈 추억으로부터 빠져나오면서 이 시의 화자의 호흡은 다소 진정된다. 마지막 부분 "오, 나의 유년!! 그 구겨진 정신에 유리 조각으로 박혀 빛나던 박수소리, 박수소리"에서 쉼표가 잦아들었다는 사실이 이를 말해준다. 이 시는 간신히 자신을 지탱하는 화자의 힘겨운 호흡을 수많은 쉼표를 통해 드러낸다. 아울러 "유리 조각으로 박혀 빛나던 박수소리"와 같은 뛰어난 비유들이 쉼표들과 어우러져 있다. 이 시에 사용된 비유와 쉼표는 모두 한 존재의 지극한 슬픔의 함량을 말해주는 눈물의 흔적들이다.

함민복의 시에서 쉼표가 감정의 고저에 따라 불규칙적으로 나타나는 것과 달리 정끝별의 「지나가고 지나가는 2」에서는 쉼표가 '틱, 톡, 텍, 톡,'이라는 상징적 음에만 고정·반복되어 나타난다. 그런데 이 소리 상징은 문장과 문장 사이에서 한 덩어리로 불규칙하게 돌출함으로써 시 전체의 리듬과 의미를 점층시킨다. 시의 후반부로 갈수록 틱, 톡, 텍, 톡의 출현이 빈번해지기 때문이다. 이때 독자는 쉼표의 영향을 받아 틱, 톡, 텍, 톡을 또박또박 발음하며 시를 읽게 된다. 그렇다면 틱, 톡, 텍, 톡은 무엇을 의도한 소리 상징인가?

  이 시는 지극히 평범한 일상적 풍경과 틱, 톡, 텍, 톡이라는 소리 상징의 결합을 통해 따분한 일상적 일화 이상의 의미를 형상화한다. "쌀집과 보신원과 여관과 산부인과를 지나 르망과 아반테와 앰뷸런스와 견인차를 지나 화장터 길과 무악재와 서대문 로터리를 지나 그렇게도 많은 사람들을 지나" 음식을 만들고 아이를 낳고 물건을 사는 일상의 반복 속에 그침 없이 틱, 톡, 텍, 톡 소리가 들려온다. 이 소리는 일상의 순간순간에 격절을 만들며 화자의 의식 속에서 솟아난다. 문맥을 따라가면 틱, 톡, 텍, 톡은 방망이나 심장, 구두 소리와 닮아 있으면서 동시에 끊임없이 '지나가는' 소리이다. 그런 의미에서 틱, 톡, 텍, 톡은 일상 속에서 지나가 버리는 '시간'의 소리이다. 지나가고 지나가는 소리에 화자는 틱, 톡, 텍, 톡 순간순간 붙들리는 것이다. 모든 것은 지나가고 지나갈 뿐이다. 그런데 화자가 그 지나감을 의식에 각인한다는 점에서, '지나감'을 지나칠 수 없다는 의식을 드러낸다는 점에서 이 시는 역설적이다. 이 허무의 심연으로 울려오는 존재 성찰의 소리가 틱, 톡, 텍, 톡이라 할 수 있다. 허무하게 시간이 지나간다는 것을 망각하지 않고 의식하는 일은 고통스러운 행위이지만 그것은 유한한 존재의 진실에 대한 성찰이라는 점에서 실존적이다. 그런 의미에서 지나간다는 것을 인식하는 일이 곧 진정한 살아 있음이다. "틱, 톡, 텍, 톡, 소리가 들리는 한 틱, 톡, 텍, 톡, 나는, 지나가는 것이고 틱, 톡, 텍, 톡, 살아 있는 것이다"라는 구절은 바로 이를 의미한다. 시의 마지막 부분에 틱, 톡, 텍, 톡의 글자 크기가 점점 작아지는데 이는 소리의 작아짐을 시각화한다. 이 같은 공감각의 이미지는 이 시에서 어떤 효과를 만드는가?

사유의 끈

　머릿속이 매연으로 가득할 때, 생활에 쉼표를 찍고 호흡을 가다듬고 싶을 때, 그러나 '지금 여기'가 아닌 곳으로 떠날 수 없을 때 역사학자이며 나무 애호가인 토머스 파켄엄의 크고 넓적한 책 『세계의 나무』를 펼치시라. 거기 60그루의 경이로운 나무들이 서 있다. 나무는 동물보다 훨씬 놀라운 생존 전략을 가진 그로테스크하고도 신비로운 생명체이다. 세계에서 제일 큰 나무 자이언트 세쿼이아는 무게가 1천5백 톤에 달한다. 야자수 코코 드 메르의 거대한 열매는 인간의 도움 없이도 수천 킬로미터나 떨어진 곳에서 서식지를 찾아낸다. 세상에서 가장 오래된 나무 브리슬콘 소나무는 수령이 4천6백 년 이상으로 밝혀졌다. 이러한 나무의 세계를 보고 있으면 내가 살고 있는 도시 공간이 왜소하게 느껴진다. 인간과 더불어 이 같은 나무의 세계가 공존한다는 게 얼마나 다행한 일인가! 저자의 말대로 『세계의 나무』에는 고리타분한 식물학적 설명이 거의 배제되어 있다. 토머스 파켄엄은 멋진 나무 사진과 더불어 나무에 관한 은유적, 신화적 상상을 펼쳐 보인다. 이 책의 마지막 부분을 마다가스카르에 있는 거대한 바오밥나무가 장식하고 있다. 석양에 물들어 황금빛으로 빛나는 바오밥나무가 꼭 신전의 열주처럼 장엄하기 그지없다. 마음이 경건해진다.

토머스 파켄엄(Thomas Pakenham), 『세계의 나무』,
전영우 역, 넥서스BOOKS, 2003

여백의 미란?

여백은 누구나 알듯이 빈자리를 뜻한다. 일종의 공간 개념이다. 우리는 주로 그림을 감상할 때 여백의 미라는 말을 사용하곤 한다. 그림의 대상과 나머지 빈 부분이 잘 어우러졌을 때 여백의 미가 살아 있다고 말한다. 즉 채워져 있는 부분과 비어 있는 부분의 조화 속에 작품의 진정한 아름다움이 있다고 사람들은 생각한다. 우리가 드러내고자 하는 것은 지시 대상인데 왜 그 대상을 둘러싼 빈 부분이 필요한 것일까? 사람들은 여백을 통해서 초점이 되는 대상을 더 확실하게 지각한다. 빈 부분이 채워져 있는 부분을 부각시키는 것이다. 꽉 채워진 화면은 뭔가 부자연스럽고 불편하다. 대상이 공간 속에 억압된 느낌을 주기 때문이다. 실내 공간을 가득 채운 하나의 거대한 사과를 통해 사물의 크기에 대한 사람들의 고정관념을 동요시킨 마그리트Rene Magritte, 1898~1967의 〈청강실〉처럼 의도적으로 여백을 지워버린 그림이 아니라면 대상의 자연스러운 상태를 위해 여백은 필수적이다. 예를 들어 단원 김홍도(1745~?)의 〈주상관매도〉는 여백의 미를 탁월하게 살려낸 대표적

르네 마그리트, 〈청강실 The Listening Room〉, 1953

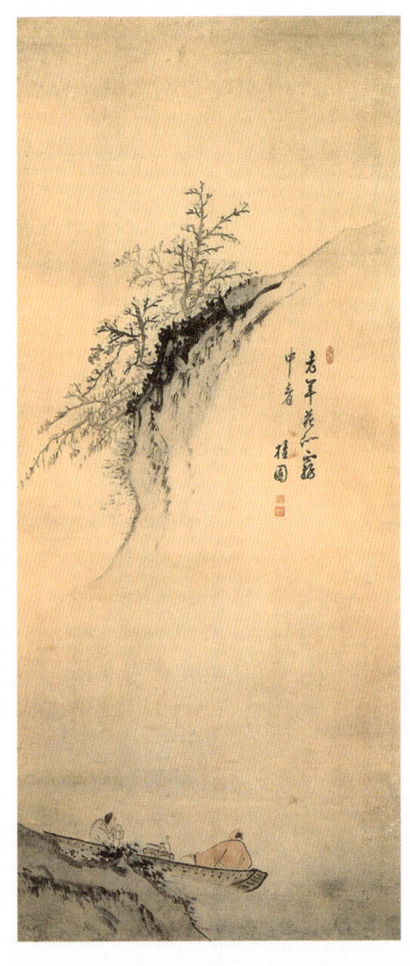

단원 김홍도, 〈주상관매도舟上觀梅圖〉, 18세기

한국화라 할 수 있다.
  이러한 여백은 언어의 미감에 집중하는 시의 경우에도 매우 중요한 기능을 한다. 언어의 울림과 의미를 잘 살려내기 위해서는 말의 여백이 필요하다. 그림에서 여백이 빈자리를 뜻한다면 시에서 여백은 침묵에 해당한다. 말과 침묵이 어우러져야 조화로운 언어미가 탄생하는 것이다. 물론 시에서도 의도적으로 여백의 미를 삭제함으로써 색다른 긴장미를 만들어내는 경우가 없는 것은 아니다. 띄어쓰기를 하지 않은 이상의 작품이 이에 해당한다. 특별한 의도가 없다면 시인은 자신이 드러내고자 하는 대상을 잘 부각시키기 위해서 여백에 해당하는 침묵을 멋지게 운용할 줄 알아야 한다. 침묵은 독자에게 고요와 적막을 선사한다. 침묵 속에서 독자는 앞서 읽었던 구절들을 음미하고 몽상하고 휴식한다. 그것은 시인과 독자 모두의 호흡을 가다듬는 기회이기도 하다. 여기서 한 가지 밝힐 것은 의미의 생략과 비약이 이루어지는 순간에도 일종의 틈gap이 발생하는데 이 빈 부분은 여백이라 하기 어렵다. 그 틈은 즉각적으로 채워질 것을 요구하기 때문이다. 이러한 틈 앞에서 독자는 몽상이나 휴식보다는 의미를 메우기 위해 투쟁해야만 한다. 이런 틈과 달리 여백은 독자를 이완시키고 호흡을 늦추는 기능을 한다. 따라서 여백이 많으면 시의 리듬은 느려진다. 시에 따라 여백의 양은 달라질 수 있다. 예외가 없는 것은 아니나 시인의 시선이 대상에 육박할 경우보다 대상과 일정한 거리를 취하는 관조적 시선을 가질 때 여백의 양이 많아질 가능성이 크다.

다음은 여백이 거의 없는 시이다.

나는 나는 빛나는 미간을 나는 미간을
      빛이 쪼개지는 내 미간을 미간을 찌푸려서
    나는 빛을 찡그리며 내 극심한 다각형
        나는 이 두통을 나는 미간을 찌푸리며 이 두통을
    광채의 완강한 형태 다각형 가득한 두통 나는
        미간을 찌푸려서 이 두통을 다각형 파괴 파괴한다

                다각형을 다각형 다각형을 파괴하는
            파괴하는 다각형을 파괴하는 다각형 투명한
          투명 다각형을 투명하게 파괴하는 투명함의
            보석 보석의 보석 다각형을 투명하게 보석을
                파괴하는 감각 감각

성귀수, 「부서진 프리즘」 부분
(『정신의 무거운 실험과 무한히 가벼운 실험정신』, 문학세계사, 2003)

    이 시는 행과 연이 안배되어 있지만 미친 듯이 중얼거리는 화자의 동어반복 때문에 행과 행 사이, 연과 연 사이에서 여백의 이완성을 느끼기 어렵다. 행과 연이 분절되어 있음에도 독자는 호흡을 늦추지 못한 채 홀린 듯 빠른 속도로 시를 읽을 수밖에 없다. "나는 나는", "미간을 미간을", "다각형을 다각형 다각형을", "파괴하는 다각형을 파괴하는 다각형" 등에서 보이는 반복어들이 읽는 자의 속도를 재촉하기 때문이다. 더욱이 행이 시작되는 지점의 불규칙한 형태에 의해 독자는 느긋한 기분을 잃어버리고 불안하게 다음 행을 좇게 된다. 시의 전문을 소개하지 않았지만 이 시는 인용한 부분과 비슷한 마흔아홉 개의 연으로 이루어진 작품이다. 나머지 연에서도 "광란을 광란을", "눈동자가 눈동자가", "격자가 격자가 격자가", "상처투성이 상처투성이 상처 상처투성이"와 같은 동일한 어휘의 반복현상을 무수히 경험하게 된다. 이때 행과 연 사이의 여백은 사라지고 그 자리를 대신해서 귀울림이 끊임없이 생성되는 것을 느낄 수 있다. 가시화된 여백을 이 시는 난청 효과로 무참하게 지워버리는 것이다.

내 가슴속에 가늘한 내음
애끈히 떠도는 내음
저녁해 고요히 지는 제
먼 山(산)허리에 슬리는 보랏빛

김영랑, 「1(가늘한 내음)」 부분
(『김영랑 박용철 외』, 지식산업사, 1981)

상칫단
아욱단 씻는

개구리 울음 伍里(오리) 안팎에

보릿짚
호밀짚 씹는

日落西山(일락서산)에 개구리 울음.

박용래, 「西山(서산)」 전문
(『먼 바다』, 창작과비평사, 1984)

    한국 현대시 가운데 김영랑과 박용래의 시는 음악성과 여백의 미를 가장 잘 살려낸 대표적 경우라 할 수 있다. 인용한 두 편의 시는 시구절과 여백의 어우러짐을 함께 읽어갈 때 그 맛의 진수를 느낄 수 있는 작품이다. 김영랑은 슬픔으로 가득한 마음의 상태를 종종 노래하곤 했는데 「1(가늘한 내음)」 또한 그러한 예 가운데 하나이다. 이 시는 상실감으로 가득한 마음의 상태를 노래한 '분위기'의 시이다. 먼 산자락으로부터 밀려오는 저녁 공기의 습습한 냄새, 가늘고 애끈한 그 냄새의 보랏빛이 화자의 마음에 흐르는 슬픔의 뉘앙스라 할 수 있다. 그 뉘앙스를 전달하기 위해 시인은 '내음'이나 '보랏빛'과 같은 명사로 행을 마무리함으로써 독자의 상상 속에서 공기적 이미지가 확장되도록 유도한다. 즉 내음이나 보랏빛은 긴 여운을 남기는 시어이며 여운이 길게 남는다는 것은 여백이 커진다는 것을 의미한다. 박용래의 「西山」은 개구리 울음소리가 가득한 농촌의 저녁 풍경을 간명한 언어로 그려낸 작품이다. 행과 행 사이, 연과 연 사이에 놓여 있는 여백에는 노을빛과 개구리 울음소리가 가득 퍼져 있다. 빛깔과 소리의 퍼짐을 충분히 살려내기 위해 시인은 저녁밥 짓는 풍경을 "상칫단/아욱단 씻는" 정도로 압축해버린다. 여백을 살리면서 동시에 농촌 풍경의 정감을 고스란히 담아내는 것이다. 이처럼 여백의 미가 커질 때 의미의 하중은 작아진다.

그런데 여백의 양과 작품의 수준이 비례하는 것은 아니다. 여백이 불필요하게 많으면 지나친 이완 때문에 시가 지루하게 느껴질 수 있으며 반대로 시인이 여백에 너무 인색하면 시가 답답하게 느껴질 수 있다. 이는 작품에 따라 상대적이다. 다급하고 초조한 의식은 여백을 버릴 수밖에 없다. 반면 몽상적이고 느긋한 의식은 여백 속에서 거니는 것이 가능하다. 여백은 시인의 의식 상태와 무관하지 않다. 우리 시에서 점점 여백이 축소되고 있는 것은 우리의 정신이 느긋함을 잃었다는 증거이다. 불안과 강박과 경쟁심에 내몰린 의식이 여백을 허용하지 못하는 것이다.

사유의 끈

여백의 미를 이야기할 때 언제나 함께 거론되는 것이 '동양화(한국화)'이다. 그런데 우리에게 여백의 미를 지닌 한국화는 얼마나 친숙하고도 낯선 것인가. 샤갈과 고흐와 피카소의 그림에 익숙한 우리에게 김명국이나 강희안, 윤두서, 정선, 최북의 그림은 언젠가 달력에서나 본 듯한 동양화 일반에 불과하다. 변별력이 없는 진부한, 그러면서도 우리가 음미하기 이전에 이미 멀어진 미의 세계, 그것이 한국화에 대한 일반적 경험이다. 서구 예술에 대한 보편적 선호 속에서 우리의 미의식이 균형감을 잃고 있는 것은 아닐까?

『오주석의 한국의 美 특강』은 한국화를 어떻게 보아야 하는가, 아니 어떻게 읽어내야 하는가에 대한 가장 친절한 안내서이다. 오주석은 서양식으로 길들여진 우리의 시선을 교정하며 이렇게 말한다. "병풍이고 두루마리건 이렇게 오른쪽에서 왼쪽으로 갑니다. 그러니까 족자 그림에서는 우상右上에서 좌하左下로 가는 시선이 옛날 분들한테는 중요했던 것입니다. (…) 서양사람들 시선은 좌상左上에서 우하右下로 가지만, 우리는 정반대입니다". 이 책은 저자의 말대로 "간단하지만 무척 중요한 문제"를 명확하게 집어냄으로써 한국화 감상의 기초를 제공함과 동시에 그림 '읽는' 재미가 무엇인지를 체험하게 한다. 저자는 안목이 없다면 놓쳐버릴 수밖에 없는 숨어 있는 아름다움을 명료하게 우리 앞에 제시한다. 아울러 한국화의 이면에 담겨 있는 동양정신의 비의를 구체적으로 드러낸다. 여백의 숨통을 간과하지 않았던 한국화의 아름다움은 이제 현대인의 정신을 치유할 수 있는 미의 영토가 아닐까?

오주석(1956~2005), 『오주석의 한국의 美 특강』, 솔출판사, 2003

삶이란 자신을 망치는 것과 싸우는 일이다

망가지지 않기 위해 일을 한다
지상에서 남은 나날을 사랑하기 위해
외로움이 지나쳐
괴로움이 되는 모든 것
마음을 폐가로 만드는 모든 것과 싸운다

슬픔이 지나쳐 독약이 되는 모든 것
가슴을 까맣게 태우는 모든 것
실패와 실패 끝의 치욕과
습자지만큼 나약한 마음과
저승냄새 가득한 우울과 쓸쓸함
줄 위를 걷는 듯한 불안과

지겨운 고통은 어서 꺼지라구!

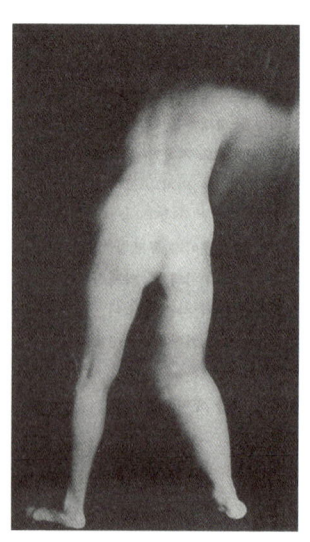

신현림, 「나의 싸움」 전문
삶을 정의내리는 문장에는 그 사람의 인생관이 스며 있다.
자신을 망치는 것과 싸우는 일이 삶이라는 말에서
나는 한 비관론자의 어둠을 본다. 사진 속 어둠에 머리를 묻고
팔을 휘두르는 저 무거운 육체가 과연 고통을 무찌를 수 있을 것인가?

VII

그 밖의 질문들

이야기시는 소설과 어떻게 다른가?

　시의 유구한 역사를 살펴볼 때, 시는 주로 개인의 감정을 노래한 서정양식으로 기능해왔던 것이 사실이다. 논리나 인과성을 거두절미한 채 시인의 절절한 감정을 응집시킨 서정시가 시의 주류 역할을 해온 것이다. 그런데 이러한 인식이 한편으로는 시에 대한 폭넓은 이해를 방해하기도 한다. 시는 서정 장르이고 소설은 서사 장르라는 도식이 그중 하나이다. 즉 서정과 서사는 서로 섞일 수 없는 대립성을 지닌 채 인식되곤 한다. 서정성이 비논리적이고 비약적인 표현 방식을 지향한다면 서사성은 상대적으로 인과적이고 논리적인 맥락을 지향한다. 그런 점에서 둘은 성격을 달리한다. 때로 대립적이기도 하다. 그러나 시를 보다 다양하게 경험해보면 이 둘이 겹칠 때가 종종 있다. 이야기를 바탕으로 자신의 감정을 드러낼 수도 있지 않겠는가? 사실 우리 시에 이야기가 끼어들기 시작한 것은 아주 오래전부터이다. 고대가요인 「공무도하가」와 「황조가」에는 그 노래가 지어지게 된 사연이 담겨 있다. 신라의 향가나 백제의 노래에도 배경 설화가 존재한다. 노래와 이야기가 한

쌍으로 이루어진 예들이다. 이러한 이야기시 전통은 근대에 와서도 우리 시의 한 지류를 형성한다. 백석의 시가 그러하며 신경림의 시가 그러하다. 풍속과 생활과 현실을 제재로 한 시편들, 가족을 포함한 여러 인물들이 함께 등장하는 시편들에 종종 이야기가 담겨 있음을 볼 수 있다.

장르는 고정된 것이 아니라 생성·발전·쇠퇴라는 운동성을 지닌다. 그러는 가운데 서로 이질적인 장르가 혼합되기도 한다. 말하자면 장르의 경계가 언제나 뚜렷한 것만은 아니다. 서사시, 설화시, 이야기시, 서술시 등과 같은 명칭은 모두 순수 서정시와 달리 이야기를 포함한 시를 지칭한다. 이렇게 명칭이 많아진 이유는 이야기를 담은 시에 대해 학자들마다 다소 견해 차이가 있기 때문이다. (이 가운데 서술시라는 용어를 쓰는 것이 타당하다고 판단되지만 여기에서는 이해의 까다로움을 줄이기 위해 이야기시로 지칭하고자 한다.)

이와 같은 이야기시에 대해 독자들은 다소 갈등을 일으키기도 한다. 만일 소설과 구분이 안 될 정도로 긴 이야기가 시집으로 묶였다면 독자는 이를 시로 받아들이기 어려울 수도 있다. 그럼에도 일단 시집에 들어 있는 작품은 시로 받아들여야 한다. 이런 걸 일컬어 '문학제도'라고 한다. 잘 알려진바, 마르셀 뒤샹Marcel Duchamp, 1887~1968은 변기를 미술관에 전시했으며 앤디 워홀Andy Warhol, 1928~1987은 비누상자(브릴로 상자)를 전시관에 쌓았다. 미술관이나 전시관은 변기나 비누상자와 같은 생활용품을 미술작품으로 탈바꿈시킨다. 소설 속에 시가 들어가 있으면 그것은 소설의 한 부분이다. 그렇게 인정하고 가자는 게 문학제도이다. 일종의 약속인 것이다. 그러나 개인적 소견으로 시집으로 묶인 이야기를 시로 도저히 받아들일 수 없어도 상관없다. 사실 그로부터 신랄한 비평과 장르에 대한 고민이 시작되기도 한다.

  이야기시는 일반적으로 순수 서정시와 비교할 때 분량 면에서 길어질 가능성이 크다. 노을 지는 풍경이나 거센 바람 이미지만으로도 서정을 표현할 수 있지만 그것만으로 이야기를 만드는 것은 불가능하다. 이야기가 형성되기 위해서는 서정성과는 다른 여러 가지 장치가 필요하다. 예를 들어 등장인물 간의 관계, 앞뒤 사건의 맥락, 인물이 몸담고 있는 실질적인 공간 등등. 이와 같은 것들이 어느 정도 얽혀야 이야기가 될 수 있다.

> 밤늦게 귀가할 때마다 나는 세상의 끝에 대해
> 끝까지 간 의지와 끝까지 간 삶과 그 삶의
> 사람들에 대해 생각하게 된다 귀가할 때마다
> 하루 열여섯 시간의 노동을 하는 어머니의 육체와
> 동시 상영관 두 군데를 죽치고 돌아온 내 피로의
> 끝을 보게 된다 돈 한푼 없어 대낮에 귀가할 때면
> 큰길이 뚫려 있어도 사방이 막다른 골목이다
>
> 옐로우 하우스33호 붉은 벽돌 건물이 바로 집 앞인데

거기보다도 우리집이 더 끝이라는 생각이 든다
거기로 들어가는 사내들보다 우리집으로 들어가는 사내들이
더 허기져 보이고 거기에 진열된 여자들보다 우리집의
여자들이 더 지친 표정을 짓고 있기 때문만은 아니다
어머니 대신 내가 영계백숙 음식 배달을 나갔을 때
나 보고는 나보다도 수줍음 타는 아가씨는 명순氏(씨)
紅燈(홍등) 유리房(방) 속에 한복 입고 앉은 모습은 마네킹 같고
불란서 인형 같아서 내 색시 해도 괜찮겠다 싶더니만
반바지 입고 소풍 갈 때 보니까 이건 순 어린애다
쌍꺼풀 수술 자국이 터진 만두 같은 명순氏(씨)가 지저귀며
유곽 골목을 나서는 발걸음을 보면 밖에 나가서 연애할 때
우린 食堂(식당)에 딸린 房(방) 한 칸에 사는 가난뱅이라고
경쾌하게 말 못 하는 내가 더 끝이라는 생각이 든다

내가 제일 무서워하는 사람들은 강원연탄 노조원들이다
내가 말을 걸어본 지 몇 년째 되는 우리 아버지에게
아버님이라 부르고 용돈 탈 때만 말을 거는 어머니에게
어머님이라 부르는 놈들은 나보다도 우리 가정에 대해
가계에 대해 소상히 알고 있다 하루는 놈들이, 일부러
날 보고는 뒤돌아서서 내게 들리는 목소리로, 일부러
대학씩이나 나온 녀석이 놀구 먹구 있다고, 기생충
버러지 같은 놈이라고 상처를 준 적이 있는, 잔인한 놈들

지네들 공장에서 날아오는 연탄 가루 때문에 우리집 빨래가
햇빛 한번 못 쬐고 방구석 선풍기 바람에 말려진다는 걸
모르고, 놀구 먹기 때문에 내 살이 바짝바짝 마른다는 걸
모르고 하는 소리라고 내심 투덜거렸지만 할 말은
어떤 식으로든 다 하고 싸울 일은 투쟁해서 쟁취하는
그들에 비하면 그저 세상에 주눅들어 굽은 어깨
세상에 대한 욕을 독백으로 처리하는 내가 더 끝
절정은 아니고 없는 敵(적)을 만들어 槍(창)을 들고 달겨들어야만
긴장이 유지되는 내가 더 고단한 삶의 끝에 있다는 생각

집으로 들어서는 길목은 쓰레기 하치장이어서 여자를
만나고 귀가하는 날이면 그 길이 여동생들의 연애를
얼마나 짜증나게 했는지, 집을 바래다주겠다는 연인의
호의를 어떻게 거절했는지, 그래서 그 친구와 어떻게
멀어지게 되었는지 생각하게 된다 눈물을 꾹 참으며
아버지와 오빠의 등뒤에서 스타킹을 걷어올려야 하고
이불 속에서 뒤척이며 속옷을 갈아입어야 하는 여동생들을
생각하게 된다 보름 전쯤 식구들 가슴 위로 쥐가 돌아다녔고
모두 깨어 밤새도록 장롱을 들어내고 벽지를 찢어 발기며
쥐를 잡을 때 밖에 나가서 울고 들어온 막내의 울분에 대해
울음으로써 세상을 견뎌내고야 마는 여자들의 인내에 대해

단칸방에 살면서 근친상간 한번 없는 安東金哥(안동김가)의 저
력에 대해
　아침녘 밥손님들이 들이닥치기 전에 제각기 직장으로
　公園(공원)으로 술집으로 뿔뿔이 흩어지는 탈출의 나날에 대해
　생각하게 된다 귀가할 때 혹 知人(지인)이라도 방문해 있으면
　난 막다른 골목 담을 넘어 넘고넘어 멀리까지 귀양 떠난다

　큰 도로로 나가면 철로가 있고 내가 사랑하는 기차가
　있다 가끔씩 그 철로의 끝에서 다른 끝까지 처연하게
　걸어다니는데 철로의 양끝은 흙 속에 묻혀 있다 길의
　무덤을 나는 사랑한다 항구에서 창고까지만 이어진
　짧은 길의 운명을 나는 사랑하며 화물 트럭과 맞부딪치면
　여자처럼 드러눕는 기관차를 나는 사랑하는 것이며
　뛰는 사람보다 더디게 걷는 기차를 나는 사랑한다
　나는 닮아 있거나 내가 닮아 있는 힘 약한 사물을 나는
　사랑한다 철로의 무덤 너머엔 사랑히는 西海(서해)가 있고
　더 멀리 가면 中國(중국)이 있고 더더 멀리 가면 印度(인도)와
　유럽과 태평양과 속초가 있어 더더더 멀리 가면
　우리집으로 돌아오게 된다 세상의 끝에 있는 집
　내가 무수히 떠났으되 결국은 돌아오게 된, 눈물겨운.

김중식, 「食堂(식당)에 딸린 房(방) 한 칸」 전문
(『황금빛 모서리』, 문학과지성사, 1993)

시의 다양한 주제 가운데 특히 가족과 관련된 주제는 다른 주제에 비해 이야기를 형성할 가능성이 농후하다. 이야기의 핵심 요소인 사건과 갈등이 모두 관계에서 비롯되기 때문이다. 가족은 최초의 관계 형성의 장이다. 거의 모든 시인에게서 가족과 관련한 시편을 발견할 수 있는데 이는 가족이라는 주제가 그만큼 중요하고 보편적이라는 사실을 말해준다. 위에 인용한 시도 가족 이야기를 다룬 작품 가운데 하나이다. 그렇다면 소설가가 다룬 이야기와 시인이 다룬 이야기는 어떻게 다른가?

이야기시는 소설보다는 함축적이며 순수 서정시보다는 덜 함축적이다. 우선 이 시는 화자인 나를 포함해서 어머니, 창녀인 명순氏, 강원연탄 노조원들, 아버지, 여동생들에 대해 서술되어 있다. 이들 모두는 공단 주변에 사는 빈곤한 사람들이다. 화자인 나는 탄광촌에서 식당을 꾸리며 생계를 이어가는 안동김가네 아들로서 대학을 나왔지만 변변한 직장 하나 구하지 못한 백수이다. 놀고먹는 백수이지만 나는 우울한 시선으로 자신의 생활과 주변을 들여다본다. 이 시는 바로 이 우울한 시선에 의해 전개된다.

식당을 하는 '우리집' 앞에는 옐로우 하우스 33호 붉은 벽돌 건물이 있고 집으로 들어서는 길목에는 쓰레기 하치장이 있다. 그리고 우리집 식구들은 식당에 딸린 방 한 칸에서 함께 살아간다. 이와 같은 공간 설정은 '우리집'이 하층민에 속한다는 사실을 알려준다. 한편 이 시에는 몇 겹의 갈등이 암시되어 있다. '나'는 아버지와 몇 년째 말을 하지 않는 사이이며 어머니와도 용돈 탈 때 외에는 말을 거는 일이 없다. 그런 나와 심리적으로 대립해 있는 사람들이 강원연탄 노조원들이다. 그들은 "싸울 일은 투쟁해서 쟁취하는" 노동자들이며 나는 "세상에 대한 욕을 독백으로 처리하는" 주눅 들린 지식인 백수이다. 강원연탄 노조원들은 놀고먹는 나를 "기생충/버러지 같은 놈이라고" 비웃는다. 한편 나와 여동생들의 연애는 가난에 대한 수치심 때문에 늘 당당함을 잃고 만다. 또한 여동생들은 "아버지와 오빠의 등뒤에서 스타킹을 걷어올려야 하고/이불 속에서 뒤척이며 속옷을 갈아입어야 하는" 민망한 사태를 매일 경험해야 한다.

　이와 같은 일상의 조각이 이 시의 이야기를 구성한다. 그런데 일상의 조각들, 예를 들어 서로 이야기를 나누지 않는 아버지와 나의 냉랭한 관계, 투쟁적인 강원연탄 노조원들의 생활, 나와 여동생의 연애 등에는 많은 이야기 요소가 생략되어 있다. 아울러 각각의 조각들은 잘 만들어진 한 편의 각본처럼 서로 유기적으로 연결되어 있지 않다. 이처럼 이야기시는 소설에 비해 상대적으로 압축과 생략, 암시성이 강한 맥락으로 구성된다. 즉 서사구조에 미완으로 남은 공백이 많이 남아 있는 것이 이야기시와 소설의 차이이다.

　한편 이 시의 전체 맥락을 하나로 통일시켜주는 것은 사건과 사건 사이를 연결하는 인과성이 아니라 화자의 감정을 대변하는 '끝'이라는 상징적 시어이다. 시인은 끝이라는 시어를 반복함으로써 이야기 전체에 통일감과 리듬감을 부여한다. 이 시에서 끝이라는 시어는 세상의 막다른 지점, 생활의 밑바닥, 인내와 능력의 한계, 자기 비하와 연민의 감정을 동시에 느끼게 하는 현실의 구체적 상황, 서해와 중국을 돌아 돌아오게 되는 귀착점이면서 출발지점, 끊어낼 수 없는 슬픔의 극점 등 다양한 의미를 함축한다. 화자는 이 끝이라는 감정 속에서 '우리집'을 본다. 자신의 배움과 생각이 미치지 못하는 현실의 영역에서 그는 피로와 수치심과 모멸감을 느끼며 소외되어 있다. 그리고 '우리집'의 가난보다 더 끝에 와 있는 자신에 대한 자의식으로 괴로워한다. 살펴본바 이 시는 이야기와 화자의 감정이 결합된 서정적 이야기시라 할 수 있다. 그런데 모든 이야기시가 이처럼 서정성을 드러내는 것은 아니다. 이 시와 달리 서정성을 제거하고 객관적 사태만을 드러내는 이야기시도 있다.

> 나는 새도 떨어뜨린다던 남산 중앙정보부, 그곳에 들어가 신원진술서 취미란에 '식사'라고 썼다가 치도곤을 당한 유쾌한 학생이 있었다. "뭐 이 새끼 취미가 식사라고? 이 새끼 이거 순 유물론자 아냐?" 그 일로 그는 조사도 받기 전에 밤새도록 수사관 두 명에게 돌아가며 맞았다는데, 가난이 원죄이던 시절 그는 런닝구 바람에 책을 끼고 신당동에서 동숭동까지 걸어다닌 강골의 고학생이었다.
>
> 이시영, 「취미」 전문
> (『바다호수』, 문학동네, 2004)

간명한 서술로 이루어진 시 「취미」는 '중앙정보부'로 환유되는 독재정권의 탄압을 웃지 못할 사건을 통해 드러낸 작품이다. 수사관과 고학생 사이에서 벌어진 취조실에서의 사건은 1980년대 전후 우리의 파행적 역사와 정치 상황을 함축적으로 서술한다. 시대의 가난과 배고픔을 유물론으로 몰아가는 혹은 유물론자를 적으로 간주하면서 기실은 유물론이 무엇인지 모르는 수사관의 단순·무식한 태도와 납득할 수 없는 억지를 통해 탄압의 부당성을 들춰내고 있는 것이다. "뭐 이 새끼 취미가 식사라고? 이 새끼 이거 순 유물론자 아냐?"라는 말도 안 되는 발언에 의해 이 폭력적 수사관들은 권력자의 위치에서 비웃음의 대상으로 전락하게 된다. 이 발언이 그들의 무잡하고도 저열한 수준을 그대로 드러내기 때문이다. 이 시의 묘미는 수사관들의 발언이 오히려 그들 자신을 격하시키는 반어적 사태를 몰고 온다는 데 있다. 이때 시적 화자의 주관적 판단이 개입된 부분은 '유쾌한'이라는 수식어 정도라 할 수 있다. 시인은 자신의 판단이나 감정을 개입시키지 않은 채 사건에 대한 분석과 비판을 독자 스스로 하도록 유도하는 것이다. 김중식의 「食堂에 딸린 房 한 칸」이 이야기를 서정화한 경우라며 이시영의 「취미」는 서정성이 제거된 객관적 보고 형식의 이야기시라 할 수 있다. 다음 소개될 장정일의 두 편의 시는 극적 요소가 강화된 이야기시라 할 수 있다.

　　험프리 보가트에게 빠진 사나이, 라고

그녀는 쓴다. 그리고 계속해서 쓴다
동글동글한 필체로 그녀는 쓴다. 남편은 퇴근해서
저녁을 먹는다, 라고 저녁을 마친 남편은
영사기가 설치된 취미실로 간다, 라고
그녀는 쓴다

남편은 어린 딸의 재롱에 흥미가 없다, 라고
그녀는 쓴다. 매일 저녁, 이것 봐요
당신 아이 노는 모습 좀 봐요, 할 때
남편은 얼마나 심드렁한가, 난
영사기나 손보겠어. 이것 봐요, 할 때마다
난 영사기나 손보겠어

장정일, 「험프리 보가트에게 빠진 사나이」 부분
(『햄버거에 대한 명상』, 민음사, 1987)

어제 저녁, 나를 주제로 시를 쓰면서
그녀는 나에게 모욕을 가했다.
이해할 수 없다, 이해 할 수 없다고 운을 맞추어 가며
그녀는 나를 우스꽝스러운 동성연애자로 각색했다.
험프리 보가트에게 빠지다니, 빠진다는 표현은
얼마나 잘 숨기어진 외설인가?

나는 그녀가 이해할 수 없다고 말 할 수
있는 것이 놀랍다. 이해할 수 없다니?
나는 그녀가 풀려고 애쓰는 퍼즐 게임을
도무지 이해 할 수 없다. 그리고 매일 저녁
그녀가 읽어주는 실비아 플라스를
나는 이해할 수 없다

여보 실비아는 이렇게 썼어요
여보 실비아가 놀랍지 않아요? **아아 지겨워라**
실비아에겐 어떤 섬찟함이 있어요. **아아 지겨워**
가령 〈피의 분출은 시〉이라거나 〈나의 시간,
시간은 허영과 결혼했어요〉 같은 구절은
자살하기 전의 실비아의 심정이 잘 드러나 있지요

그러고서 담배 한 대를 길게 붙여 물거나
위스키 속의 얼음을 짤랑짤랑 흔들어 마시며
그녀는 이해할 수 없는 말들을 쏟아놓는다.
우리는 사랑과 슬픔의 핵우산 아래 있지요
다시 얼음을 짤랑짤랑 흔들어 마시며
더할 수 없게 슬픈 어조로.
성인들에겐 상처입을 영혼이 있지만
우리에겐 상처입을 영혼조차 없지요.

> 아무래도 그녀는 미쳤다.
> 원고지 앞에 멍청히 쭈그리고 앉아 중얼거리는
> 아내는 미쳤다. 제발 현실을 직시하라구
> 할 때마다. 몽상가들이 꿈꾸는 것은 바로
> 현실입니다. 제발, 할 때마다
> 몽상가들이 꿈꾸는 것은 현실입니다.
>
> 장정일,「실비아 플라스에게 빠진 여자」전문
> (『햄버거에 대한 명상』, 민음사, 1987)

 단순하게 말해 극양식이란 대화로 이루어진 서술을 뜻한다. 장정일은「잔혹한 실내극」「즐거운 실내극」과 같이 완전히 대화로만 이루어진 극시를 실험하기도 했는데, 위에 제시한 예들은 극시라기보다 극 지향적 이야기시로 보는 것이 타당하다. 인용한 두 편의 시는 내용상 짝을 이룬다. 시집을 열어 보면 두 편의 시가 순차적으로 배열되어 있다. 그런 의미에서 두 편의 시는 각각 독립되어 있으면서 동시에 상호침투적이다. 마치 동일 인물이 그려낸 두 개의 장면을 보는 것과 같은 효과를 거둔다.
 두 편 모두 '남편'이라는 동일한 화자에 의해 이야기가 진행되는데, 화자는 아내와의 일상적 삶을 고백함으로써 왜곡된 부부 관계를 함축적으로 드러낸다. 남편인 화자는 험프리 보가트라는 남자배우에게 빠져 있고 아내는 자살로 생을 마감한 미국의 여성 시인 실비아 플라스에게 빠져 있다. 둘은 부부로서 함께 살아가지만 그들이 사랑하는 대상은 각기 다른 존재이다. 그리고 그들의 사랑의 대상은 이성이 아니라 동성이라는 공통점을 지닌다. 아내는 화자에게 모욕을 가하고 남편인 화자는 "이해 할 수 없다"를 반복한다. 둘은 서로를 이해하거나 용납할 수 없음에도 불구하고 부부라는 이유로 관계를 지속한다. 부조리한 관계가 빚어내는 갈등을 극화시킴으로써 시인은 현대인의 소외된 사랑과 성sexuality을 문제 삼는 것이다.

이때 시인은 남편의 독백monologue 속에 아내의 독백을 그대로 담아내는 방식을 취한다. 예를 들어 화자인 남편은 '그녀는 ~ 쓴다'라고 아내의 말을 간접적으로 인용하거나 혹은 "여보 실비아는 이렇게 썼어요/여보 실비아가 놀랍지 않아요? **아아 지겨워라**"와 같이 그녀의 목소리를 직접적으로 소개하는 방식을 통해 극적 요소를 강화한다. 이처럼 화자는 이중의 독백을 혼합하는 방식을 통해 '나'의 이야기가 아니라 '우리들'의 일상을 이야기한다. 이때 남편과 아내는 소통이 원활하지 않은 대화를 보여줌으로써 말의 기능 면에서 독백 이상의 의미를 얻어내지 못하는 기형적 대화 방식을 부각시킨다. 표면적으로는 대화의 형식을 띠고 있지만 이면적으로는 독백에 불과한 왜곡된 부부관계를 드러내는 것이다. 즉 시인은 어린 딸에게조차 흥미를 보이지 않고 오로지 영사기에만 관심을 보이는 남편의 삶과 이해할 수 없는 시를 매일 저녁 읽어주는 아내의 삶이 어떻게 불협화음을 이루는가를 이러한 대화구조를 통해 보여줌으로써 현대사회 속에서 균열된 부부관계, 가족관계, 나아가서 인간관계를 이야기로 담아내는 것이다. 따라서 이 시에서 보이는 불협화음으로써의 대화는 소외된 우리 내면의 구조물이라 할 수 있다.

이야기시는 나 자신만이 아니라 타인과의 관계를 문제 삼을 때 생성된다. 시인은 이야기시에 주관적 서정과 객관적 사건, 극적인 요소 등 다양한 국면을 뒤섞을 수 있다. 중요한 것은 시로 형상화된 이야기와 산문으로 형상화된 이야기가 어떻게 다른가를 감지하는 데 있다. 이야기시를 그냥 이야기로만 읽는 행위는 시적인 맛을 간과하는 시 읽기 방식이다. 압축과 생략, 비약이 숨어 있는 행간의 긴장감을 놓치지 않는 것이 이야기시 읽기의 재미라 할 수 있다.

사유의 끈

"이 세상에는 두 가지 종류의 인간이 있다. 박상륭을 읽은 자와 읽지 않은 자." 소설가 박상륭의 추종자(?)들이 즐겨 하는 말이다. 우리 소설사에는 훌륭한 명작을 남긴 소설가들이 적지 않다. 박상륭도 그 가운데 하나이다. 내가 유독 박상륭의 『죽음의 한 연구』를 소개하는 이유는 처음 이 소설을 읽었을 때 가졌던 놀라움 때문이다. 한국적 토양에서 이런 소설이 가능한가? 이 소설의 무게와 견줄 수 있는 작품이 있을까? 단 하나의 문장을 한 페이지가 넘는 길이로 완벽하게 구사하는 이 작가는 누구인가? 『죽음의 한 연구』는 나로 하여금 한국소설에 대한 '자부심'을 일깨워주었던 최초의 작품이다. 간혹 책 제목에 붙여진 '연구'라는 어휘에 부담을 느끼는 독자들이 있는데 이 소설은 '연구'라는 제목에 값하는 깊이를 지니고 있다. 솔직히 고백하자면 독서가 그리 용이한 소설은 아니다. 그럼에도 시간을 들여 읽을 가치가 충분히 있는 소설이라는 것에 자신한다. 『죽음의 한 연구』는 소설적 재미 그 이상이다. 이 소설은 인간의 비극적 실존과 사투하는 위대한 영혼의 처절한 서사를 박상륭 특유의 문체로 그려낸다. 죽음은 고통의 정점에 놓인 삶의 사태이다. 『죽음의 한 연구』의 주인공은 그 낱낱의 통증을 우리의 정신에 각인시킨다. 이것을 이끌고 가는 박상륭의 만연체는 처음에는 견딜 수 없음을, 그러나 서서히 중독증을 일으키는 문체라 해도 틀리지 않다. 단문의 신속함과 단순함에서 벗어나기!

박상륭(1940~), 『죽음의 한 연구 上·下』, 문학과지성사, 1997

조합도 창조인가?

프랑스의 초현실주의 예술가 마르셀 뒤샹Marcel Duchamp, 1887~1968 에게서 우리는 제일 먼저 〈샘Fountain〉이라는 작품을 떠올릴 것이 다. 1917년 뉴욕의 독립미술가협회Society of Independent Artists에 출품 한 이 미술품은 20세기 예술사에 가장 획기적인 영향을 끼친 작품으로 평가된다. 잘 알려진 바, 이 작품은 남성용 소변기에 R. 머트R. mutt라는 서명을 넣었을 뿐 예술적 변형이 전혀 가해지지 않은 기성품 자체라 할 수 있다. 당연히 전시는 거부되었으며 예술계는 격렬한 논쟁에 휩싸이게 된다. 뒤샹은 자신을 비난하는 사람들에게 "머트 씨가 〈샘〉을 자신의 손으로 직접 만들었건 아니건 그것은 중요한 것이 아닙니다. 그는 그것을 '선택'했습니다. 그는 흔한 물품 하나를 구입해 새로운 제목과 관점을 부여하고 그것이 원래 지니고 있던 기능적 의미를 상실시키는 장소에 그것을 갖다 놓은 것입니다. 결국 그는 이 오브제로 새로운 개념을 창조해낸 것이지요……"*라고 변론한다. 이 사건 이후 원래 기성품을 의미했던 레디 메이드ready-made라는 용어는 새로운 미적 개념으로 등

극하기에 이른다.

    전시실에 갖다 놓은 변기를 우리는 어떻게 받아들여야 할까? 아무런 아름다움도 없는 이 작품을 예술품이라 할 수 있을까? 사물을 보는 새로운 관점을 제공한다 할지라도 이 작품을 어떻게 감상해야 하는가? 이러한 난처한 기분과 질문을 불러일으키는 것이 바로 작품 〈샘〉의 가치이다. 미국의 예술철학자 아서 단토Arthur C. Danto, 1924~ 의 말대로 이때부터 예술은 감상의 대상이 아니라 철학의 대상이 된다. 더 이상 아름답지 않은 예술 작품 앞에서 사람들은 '예술이란 무엇인가?'를 묻지 않을 수 없게 된 것이다. 아울러 뒤샹의 〈샘〉은 예술가의 창조란 무엇인가를 다시 묻게 한다. 기성품을 전시실에 갖다놓았다고 해서 이를 창작미술품으로 받아들여야 하는가? 미국 여배우 마릴린 먼로의 사진을 복제한 앤디 워홀Andy Warhol, 1926~1987의 작품이 대중화된 이 시대에도 이와 같은 갈등은 여전히 진행 중이다. 고흐Vincent van Gogh, 1853~1890의 〈론강의 별이 빛나는 밤〉과 레오나르도 다빈치Leonardo da Vinci, 1452~1519의 작품 〈모나리자〉에 콧수염과 턱수염을 그려 넣은 뒤샹의 패러디화 〈L.H.O.O.Q〉 가운데 하나를 거실에 건다면 어느 쪽을 택하겠냐고 물으면 학생들은 백 퍼센트 고흐를 선택한다. 이유는 고흐의 그림이 뒤샹의 그림보다 아름답기 때문이며 또 하나의 이유는 뒤샹의 그림엔 고전적 의미의 감동이 없기 때문이다. 감동

---

* 마르크 파르투슈 엮음, 『뒤샹, 나를 말한다』, 김영호 역, 한길아트, 2007, pp. 109~110.

반 고흐, 〈론강의 별이 빛나는 밤 Starry Night over the Rhone〉, 1888

마르셀 뒤샹, 〈L.H.O.O.Q〉, 1919

과 공감은 예술의 매우 중요한 기능 가운데 하나이다. 우리는 감동할 수 없는 예술을 어떻게 받아들여야 하는가? 예술과 감동을 분리할 수 있는가? 아주 진지하게 생각해볼 문제이다.

뒤샹 이후 예술세계의 파문은 지속되어 왔으며 레디 메이드는 더 이상 낯설지 않은 예술 창작의 매개가 되었다. 기성품을 작품에 반영하거나 차용하는 사례가 늘어났으며 이것과 저것을 뒤섞어 전혀 새로운 작품을 만드는 경우가 빈번해졌다. 이러한 방법은 이제 가장 현대적인 것으로 여겨지기도 한다. 우리의 경우 1980년대 중후반 박남철, 황지우, 장정일, 장경린 등이 실험한 해체시를 시작으로 1990년대에 이르면 이 같은 방식이 유행처럼 보편화된다. 우리에게 90년대는 냉혹한 정치이데올로기의 시대를 벗어나 문화주의 시대를 맞이한 때이다. 1989년 동구권의 몰락, 한반도의 냉전체제를 둘러싸고 있던 거대담론의 붕괴와 연동된 탈정치, 탈이데올리기, 탈계급, 탈남성성, 탈근대 지향은 중심의 해체, 억압된 것의 복귀, 전복, 탈주, 일상성, 욕망, 파편화, 경계, 다원주의, 혼성 등의 어휘로 이루어진 90년대의 지배적 담론이 형성되었으며 이에 따라 모든 권위적이고 독선적인 것을 해체하고자 하는 욕망이 패러디 형식과 퓨전 문화를 급속도로 부흥시켰다. 예를 들어 무협지, 영화, 광고, 대중가요, 만화, 신문의 특정지면, 전자오락, 포르노 등을 인유, 패러디, 벌레스크burlesque, 트라베스티travesty, 혼성 모방의 방법을 통해 복제·재생산하는 경우를 쉽게 발견할 수 있다. 함성호의 다음 시는 레디 메이드의 예 가운데 성공적인 작품이다.

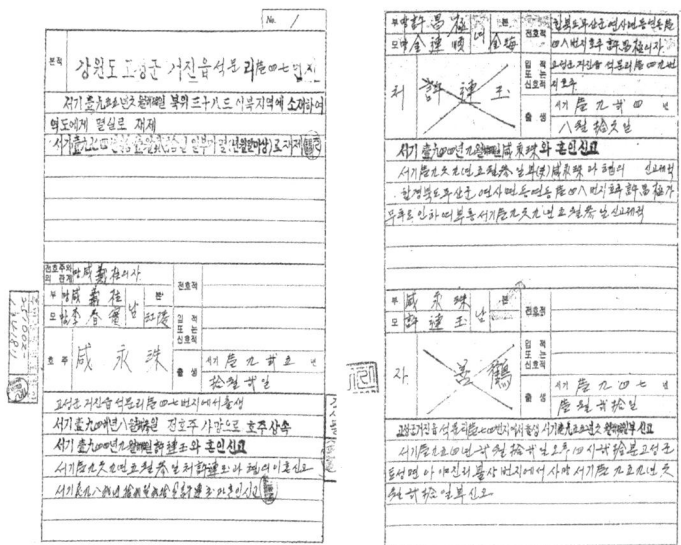

함성호, 「우울한 地圖(지도)」 전문
(『聖(성) 타즈마할』, 문학과지성사, 1998)

이 시는 호적등본을 아무런 변형 없이 패러디하여 시집에 옮겨 놓은 작품이다. 뒤샹이 변기를 전시실에 갖다놓은 것과 동일하다. 호적등본은 개인의 기록이 아니라 국가에서 만든 공식 기록이다. 이 객관적 문서에는 주관적 관점이나 감정이 완전히 배제되어 있다. 오로지 사실만을 담은 기록이며 주로 공식적 증명을 위해 사용된다. 그런 의미에서 이 문서는 차가운 텍스트이다. 반면 시는 주관성이 강화된 뜨거운 텍스트라 할 수 있다. 시인은 이 문서에 「우울한 地圖」라는 제목을 붙이고 있다. 제목 때문에 독자는 자신과는 전혀 상관없는 한 가계의 내력을 읽게 된다. 거기에는 혈육 간의 관계와 출생, 사망, 상속, 이혼 등의 사연이 싸늘하게 적혀 있다. 냉정하게 압축된 혈육의 파일이라 할 수 있다. 혈육의 역사와 우여곡절이 이렇게 짧고도 냉정하게 적혀 있다는 사실이 우리를 슬프게 한다. 감정이 배제된 차가운 텍스트가 오히려 우릴 울컥하게 하는 것이다. 인간 삶의 내력이 이런 것인가. 그런 의미에서 이 시는 역설적이다. 대한민국 사람이라면 누구나 가지고 있는 공식기록을 함성호는 시집이라는 낯선 공간에 옮겨놓음으로써 그 원래의 딱딱한 기능과는 다른 느낌을 창출해내는 것이다.

> 우리 관군이 육전에서 패배를 거듭하고
> 있는 동안 해전에서는
> 이순신 장군이 연전연승 일본 함대를 격멸시켜
>
> 전세를 역전시키고 있었다. 4번 타자
> 김봉연이 타석에 들어서자
> 관중들은 함성을 지르며
>
> 묵묵히 걸어나갔다. 최루탄 가스에도
> 아랑곳하지 않고
> 자유로운 삶을 위해서 그들은

콘돔이나 좌약식 피임약을
상용하였으므로 대부분의 아이들이
외동아들이거나 외동딸이었음에도

불구하고 라면은 퉁퉁
불어 있었다. 정확히 물을 3컵 반
재어서 부어넣었는데, 어떻게, 면발이 퉁퉁

장경린, 「라면은 퉁퉁」 전문
(『누가 두꺼비집을 내려놨나』, 민음사, 1989)

    이 시는 영화의 몽타주montage 기법을 그대로 응용한 작품이다. 몽타주는 다양한 장면들을 조합하는 편집 기술을 뜻한다. 장경린은 몽타주 기법을 통해 주로 위기에 직면한 과거의 역사적 사건과 속악한 현실을 조합함으로써 장면의 극적 대비를 만들어내곤 하는데 그의 대표작 「亂中日記」 연작을 비롯해 인용한 시 「라면은 퉁퉁」이 그러한 예이다. 이 시는 낯선 개의 시로 다른 사건을 몽타주하고 있다. 이순신 장군의 전투, 야구 경기, 시위 장면, 성 풍속도, 그리고 퉁퉁 불은 라면으로 대변되는 일상 등 전혀 연관 없는 불연속적 사건들을 배치해놓고 있다. 그런데 시인은 각 연의 끝 부분의 의미가 다음 연과 연결되도록 만듦으로써, 예를 들어 "일본 함대를 격멸시켜//전세를 역전시키고 있었다"처럼, 이질적인 다섯 개의 사건 혹은 장면을 마치 연속적인 것으로 읽도록 장치한다. 이처럼 관계없는 것을 연결시키는 기발한 상상력은 시적 재미를 줌과 동시에 다섯 개의 사건에 동시성을 부여하는 기능을 한다. 과거와 현재가 퉁퉁 불은 라면이 놓인 일상의 식탁 앞에서 동시적으로 펼쳐지는 것이다. 이 시는 전쟁과 전쟁의 모형을 딴 경기, 삶의 부당성에 맞서는 시위대의 장면을 하나로 뒤섞음으로써 콘돔과 퉁퉁 불은 라면으로 점철되는 우리들의 일상이 오합지졸의 난세임을 드러낸다. "정확히 물을 3컵 반/재어서 부어넣었는데"도 불구하고 삶은 불어터진 라면처럼 신통치 않은 것이다.

패러디를 포함한 조합 방식은 현대예술의 대표적 창작 원리라 할 수 있다. 그것은 뒤샹의 말대로 기존의 사물이나 원본에 대한 새로운 관점을 부여함으로써 놀이로서 예술, 나아가서 새로운 미의식과 인식의 창조를 가능케 한다. 그러나 앞서 살펴본 함성호나 장경린과 같이 작품의 이면에 진지한 동기를 내포한 경우도 있지만 그렇지 않은 무분별한 조합도 적지 않은 것으로 생각된다. 뒤섞기의 성공여부는 조화로움에 달려 있다. 조화로움을 가능케 하는 것은 뒤섞는 자의 창조적 역량으로부터 생겨난다. 뒤섞는 행위는 일차적으로 일종의 놀이이다. 놀이에도 분명 수준이 있다. 즐겁다고 다 좋게만 여길 일은 아니다. 뒤섞음은 이것과 저것의 차등을 무화시키고 차이를 생성시키는 방법일 수 있다. 그러나 섞어야 할 것, 절대 섞일 수 없는 것, 섞어서는 안 되는 것, 그냥 놔두는 것이 더 큰 미덕인 것, 낡았지만 보존해야 하는 것 등에 대한 진지한 판단이 동반되어야 하지 않을까? 훌륭한 문화예술은 섬세한 정신을 바탕으로 빚어질 수 있다. 결핍과 과도함에 균형감을 부여하는 것이 곧 섬세한 정신이다. 차이의 생성은 질적 평준화를 뜻하는 것이 아니다. 진정한 차이를 만들려면 질을 담보해야만 한다. 현대는 예술생성의 동력으로 필연성보다는 우연성을 강조하는 시대이다. 그러나 창조적 정신의 발현을 우연성에만 기댈 때 예술의 수준은 허술해질 수밖에 없다. 철학의 받침 없이 우연성에 기대어 마구잡이로 뒤섞는 문화예술은 거칠고 조잡하다. 이 거칠음은 우리의 정서와 심성을 무의식적으로 거칠게 훈육할 것이다. 그것은 탈주도 자유도 아니다.

사유의 끈

　예술세계에 무슨 일이 벌어지고 있는 것일까? 1964년 앤디 워홀은 슈퍼마켓에서 가져온 평범한 비누 상자(Brillo Box)를 보고 그와 똑같은 모양의 나무 상자를 수백 개 제작하여 뉴욕의 화랑에 전시하였다. 예술철학자 아서 단토로 하여금 '예술의 종말'을 고민하게 했던 매개가 바로 워홀의 브릴로 상자이다. 아서 단토가 말하는 예술의 종말은 그야말로 예술세계가 끝났다는 단순한 의미가 아니다. 그는 워홀이 제작한 브릴로 상자를 보고 우리가 예술이라고 생각하고 향유했던 과거 예술이 이제는 역사적으로 종말을 고하게 되었다고 생각한다. 『예술의 종말 이후』 서문에서 그는 예술세계의 이 같은 변화의 출발에 마르셀 뒤샹이 있음을 강조하며 다음과 같이 말한다. "모더니즘의 역사는 빼기의 역사였다. 예컨대, 예술가들이 미를 예술의 개념에서 뺄 수 있다는 사실을 깨닫는 데에는 그리 오랜 시간이 걸리지 않았다. 미술이 시각적으로 식별 가능한 일체의 내용을 담지 않고 그냥 완전히 추상적일 수 있다는 것을 깨닫는 데에도 오랜 시간이 걸리지 않았다. 예술가에 의해 만들어지지 않은 어떤 것도 예술작품이 될 수 있다는 것을 깨달은 것은 바로 마르셀 뒤샹이었다. 뺄 수 없는 어떤 것이 남아 있는가? 모든 예술작품이, 그리고 예술작품만이 소유하는 속성들이라는 게 있는가? 일체의 것이 예술작품이 될 수 있는가? 이런 방식으로 물음들을 제기한다는 것은 예술의 철학적 개념사의 이전 시기들에서는 접근할 수 없었던 반성적 의식의 층위로 예술 개념을 가져간다는 것을 의미한다". 이제 예술작품은 감상의 대상이 아니라 '예술이란 무엇인가?'를 묻게 하는 철학의 대상이 된 것이다. 당신은 앤디 워홀의 브릴로 상자를 보며 어떤 생각을 하게 되는가? 도대체 예술이 무엇이라 생각하는가? 과연 모든 것이 예술이 될 수 있는가? 마르셀 뒤샹이나 앤디 워홀은 왜 변기나 비누상자를 전시한 것일까?

아서 단토(Arthur C. Danto, 1924~), 『예술의 종말 이후』,
이성훈·김광우 역, 미술문화, 2004

앤디 워홀, 〈브릴로 상자Brillo Box〉, 1964

기괴한 이미지의 진실은?

똥, 오줌, 시체, 뱀, 구더기, 뱀파이어, 악마, 유령과 같은 것들에 대해 사람들이 혐오나 기피의 감정만을 갖는 것은 아니다. 이러한 것들이 자신과 무관하다고 여겨질 때 사람들은 역겹고 기괴한 것에 흥미와 호기심을 가진다. 때로 그것을 즐기기도 한다. 우리는 공포 영화를 돈을 지불하고 보지 않던가. 재앙과 악행에 대해 큰 호기심을 갖는 것을 볼 때 기괴함이 인간의 외부에 있는 것이 아니라 인간의 내부에 포함되어 있는 한 성향이라는 사실을 부인하기 어렵다. 일상은 기괴한 요소들을 애써 덮어가며 안녕과 평화를 유지하는 것일지도 모른다. 사람들은 시체나 유령이 비현실적인 이야기에서만, 믿거나 말거나 상관없는 소문을 통해서만 존재하는 것으로 믿고 싶어 한다. 그럼에도 이에 대한 인간의 표상 행위는 지속적이었다고 할 수 있다. 이는 기괴함이 호기심의 산물 이상의 것임을 뜻하는 것이 아닐까? 동물을 잡아 제사를 지내는 원시부족의 속죄양 의식을 떠올려보면 그 답을 찾는 일이 어렵지 않을 듯하다.

우리 시의 역사를 살펴보면 기괴함에 대한 충동은 극단적으로 절제되어 왔다고 할 수 있다. 이는 우리들의 서정의 토대가 농경과 더불어 비롯되었기 때문이다. 강변을 따라 형성된 농경문화는 투쟁적 육식문화와 달리 상대적으로 부드러운 성향을 지닌다. 비유적으로 말해 농경문화는 동물적이기보다 식물적이라 할 수 있다. 그러나 오늘날은 이 같은 농경문화의 혈통으로 우리 삶의 양태를 다 설명하기 어려운 상황이 되었다. 권태로운 일과의 지독한 반복 속에서 자극과 충격을 욕망하는 도시적 체질이 형성된 지 이미 오래인 것이다. 그런 의미에서 예술적 기괴함에 대한 요구는 당연한 현상이라 할 수 있다. 1990년대는 이러한 요구가 우리 사회에서 폭발적으로 드러나기 시작한 때이다. 90년대 이전에 기괴한 감각의 수용이 없었던 것은 아니지만 근대 100년의 역사 가운데 90년대만큼 기괴함에 대한 충동이 폭발적으로 드러난 적은 없다. 이는 불길하고 섬뜩한 시적 이미지, 불쾌함과 역겨움을 자극하는 엽기성, 공포스러운 피학과 가학의 시적 상황, 음란하거나 병적인 혹은 과감하게 노출된 육체성의 재현 등으로 구체화되는 그로테스크한 상상력을 기반으로 한다. 즉 우아미가 아니라 일종의 '추醜의 미학'이 90년대의 중요한 시 형상화 원리로 자리 잡게 된 것이다. 그로테스크한 상상력은 대상의 관습적 존재 상태를 의도적으로 과장·왜곡함으로써 고착되어 있던 독자의 정서에 강한 긴장감을 촉발시키고 시에 대한 온건한 기대지평을 와해시키는 효과를 얻는다. 그로테스크한 시의 문법은 특히 신체성에 대한 부각과 그것에 대한 새로운 해석에 집중되는 현상을 보이는데, 이는 90년대 이후 지금까지 지속되는 시적 경향 가운데 하나이다. 환상시로 지칭할 수 있는 일군의 시가 이를 대표한다.

> 어머니가 마당에서 톱질을 한다 쇠못을 박는다 아버지 등에 나를 박아 의자를 만든다 나는 머리부터 쑥쑥 들어가 아버지 심장을 쿡 찌른다 아버지가 핀에 꽂힌 나비처럼 파득거린다 휴일이다 찔레꽃이 핀다 벌이 날아든다 벌은 우리 집과 자기네 집을 오가며 빨랫줄을 만들고 누이는 세탁기를 돌린다 빙글빙글 찔레꽃 찔레꽃이 핀다 꽃봉오리에서 어린 청어들이 쏟아져 나와 마당 가득 퍼진다 참으로 오랜만의 꿀 같은 휴일이야 어머니가 의자에 앉아 벌이 남기고 간 허공의 빨랫줄을 바라본다 아버지의 손과 발이 매달려 있다 어머니의 멍든 일생이 피 묻은 치마와 함께 사납게 펄럭이고 있다
>
> 함기석, 「탯줄」 전문
> (『착란의 돌』, 천년의 시작, 2002)

찔레꽃이 핀 꿀 같은 휴일은 얼마나 아름다운가. 그러나 이 시에서 보이는 찔레꽃 핀 휴일은 음산하다. 화사한 찔레꽃이 피어 더욱 그러하다. 이 시에 등장하는 어머니는 톱질과 망치질로 아버지와 나를 의자로 만든다. 어머니는 그 의자에 앉아 허공의 빨랫줄을 바라보며 휴일을 즐긴다. 한편 누이는 세탁기를 돌려 아버

지를 빨랫줄에 매단다. 이러한 폭력적 행위들은 일종의 처형 혹은 복수와 연관된 것으로 읽힌다. 마지막 부분 "어머니의 멍든 일생이 피 묻은 치마와 함께 사납게 펄럭이고 있다"라는 문장이 이를 암시한다. 어머니와 누이는 자신들을 멍들게 한 가부장적 세계를 징벌하는 것이다. 톱질과 망치질 사이, 세탁기를 돌리는 사이 찔레꽃은 핀다. 그리고 의자가 만들어지고 빨래가 끝났을 때 "꽃봉오리에서 어린 청어들이 쏟아져 나와 마당 가득 퍼진다". 이때 꽃과 어린 청어는 친족살해의 결과물이라는 점에서 생명적 아름다움으로 느껴지지 않는다. 처형 이미지와 아름다운 자연 이미지의 대비는 오히려 기괴함과 공포감을 배가시키는 역할을 한다. 아울러 꽃과 청어를 어미와 새끼의 관계로 연결하는 '불일치'가 기괴함을 가중시킨다. 여기에는 남성성에 대한 강렬한 혐오와 징계 의식이 내포되어 있다. 환상시의 궁극적 목표는 비현실적 환상을 통해 현실의 부조리함을 전복시키는 데 있다. 오랜 동안 계속되어 왔던 여성 억압에 비추어볼 때 이 시에 등장하는 어두운 환상은 과도한가, 아니면 시적 리얼리티를 갖는가? 또 한 예를 보자.

내 방에는 세 개의 시계가 있네 각기 다른 시간을 가리키고 있었네 문 옆의 시계를 보니 약속 시간이 가까웠네 밖에 나가보니 모두들 우산을 쓰고 있었네 나만 비를 맞네 비는 수은으로 내 몸에 스며드네 방에 있을 때는 비가 오지 않아서 안심했었네 수은독이 견디기 힘들었네 약속 장소는 너무 멀었네 택시를 잡았네 운전사는 몸을 뒤로 돌려 나를 보며 운전하네 그는 마구 달렸네 담배를 피우고 싶었지만 물먹은 성냥은 켜지지 않았네 그는 나에게 뭔가 계속 말을 거네 알 수 없는 변성화음이었네 그는 앞차를 받았네 그래도 계속 나를 보네 택시에서 내렸네 다른 택시를 잡았네 그는 담배에 불을 붙여주었네 담배 연기는 오로라처럼 피어오르네 담배 연기가 아름다운 것을 처음 느꼈네 그는 외눈박이였네 약속 장소 반대 방향으로 가네 운전기사와 다퉜네 그는 담배 연기를 싫어했네 구토하네 나 그 냄새 견디기 힘들어 택시에서 내렸네 수은은 계속 내리네 다른 택시를 또 잡았네 그는 내 눈동자가 은색이라 하네 믿지 않았네 그 운전사는 눈이 네 개였네 거북하지 않았네 그는 약속 장소에 왔으니 내리라고 하네 생각해 보니 그에게 약속 장소 말한 적 없네 그는 요금을 받지 않네 내려보니 내 방이었네 방에는 아무도 없었네 침대 위의 시계는 아직 약속 시간이 되지 않았네 거울을 보네 눈동자가 없었네 놀라지 않았네 벽에 걸린 시계는 약속 시간이 지났네 우산을 들고 다급히 나갔네 사람들은 우산을 쓰고 있지 않네 모두 나를 이상하게 쳐다보네 모두들 똑같은 복장을 하고 있었네 택시를 잡으려 했지만 아무도 나를 태우지 않네 눈이 없는 노파가 나에게 얘기하네 ― 슬픔 동심 광기를 슬픔 동심 광기를 너에게 슬픔 동심 광기를― 너에게 주노라 슬픔 동심 광기를 자기에게 눈을 달라 하네 나 망설이고 있는데 다시 한 번 간절하게 부탁하네 갈등 끝에 한쪽 눈을 주기로 했네 왼쪽 눈을 주었네 노파는 오른쪽 얼굴로 받네 약속 장소까지 걷기로 했네 우산이 거추장스러웠네 우산을 버렸네 잠시 후 다시 비가 내리기 시작하네 나 우산 찾으러 돌아갔지만 누군가 가져갔네 택시를 잡았네 운전기사의 두 개의 눈이 나를 안심시켰네 그는 나에게 담배를 권하네 그의 손등에 눈이 하나 있었네 약속 장소를 잊지 않고 얘기해 주었네 그는 다 왔으니 내리라고 하네 내 방이었네

   세 개의 시계는 처음부터 죽어 있었네

정재학, 「세 개의 시계」 전문
(『어머니가 촛불로 밥을 지으신다』, 민음사, 2003)

   각기 다른 시간을 가리키는 세 개의 시계, 수은 독이 섞여 있는 비, 뒤를 보고 운전하는 택시 기사 혹은 외눈박이이거나 눈이 여러 개인 택시 기사, 손등에 눈이 달린 택시 기사, 눈동자가 없는 화자의 은색 눈, 장님 노파, 잃어버린 우산, 변성화음 등 이 시는 불길한 이미지의 연속을 통해 비현실적인 공포감을 전달한다. 화자는 약속 시간에 맞추어 여러 번 택시를 갈아타고 가지만 택시는 약소 장소 반대 방향으로 가거나 처음 출발지인 '내 방'으로 되돌아온다. 눈이 너무 많거나 기괴한 눈을 가진 택시 기사들은 길의 안내자이다. 그러나 그들은 약속 장소를 제대로 안내할 수 없는 불구적 존재들이다. 시인은 진실을 볼 수 없는 과잉된 눈의 세계를 이처럼 괴기한 이미지로 그려낸다. 한편 이 시의 화자는 눈동자가 없는 은색의 눈을 가진 자이다. 그의 눈은 택시 기사와 달

리 결핍된 눈의 형상을 하고 있다. 화자의 결핍된 눈 또한 과잉된 눈과 마찬가지로 진실에 도달할 수 없는 존재 상태를 암시한다. 한편 거리에서 만난 '눈이 없는 노파'는 눈 한쪽을 받은 대가로 '슬픔 동심 광기'를 화자에게 준다. 이 노파는 무엇을 상징하는가? 그는 잃어버린 인간의 내적 진실을 찾아주는 예언자인가? 왼쪽 눈을 오른쪽 얼굴로 받는 노파는 화자의 거울상인가? 화자는 수은이 내리는 거리에서 눈동자가 없는 한쪽 눈을 준 대가로 '슬픔 동심 광기'를 이식한다. 나머지 한쪽 눈에는 여전히 눈동자가 없다. 그는 약속 장소에 도달하는 데 실패하고 자신의 방으로 되돌아오곤 한다. 이때 각기 다른 시간을 가리키던 세 개의 시계가 처음부터 멈춰 있음을 깨닫는다. 여러 번의 시도에도 불구하고 방을 빠져나가지 못하는 공간의 폐쇄성은 곧 시간의 멈춤과 같은 것이다. 존재의 상태가 변화되지 않기 때문이다. 정재학의 시에는 이처럼 같은 지점을 벗어나지 못한 채 계속 맴도는 링반데룽Ringwanderung(환상방황)의 상황이 불구의 눈을 가진 존재들과 함께 자주 등장한다. 진실을 볼 수 없을 때 공간과 시간은 폐쇄된다. 그런 의미에서 이 시에 등장하는 비현실적 이미지들은 맹인과도 같이 병든 우리들의 존재 상태를 알레고리한다. 눈먼 자들의 불길한 도시에서 우리는 어떻게 진실을 찾을 수 있을까?

　기괴한 환상은 이처럼 비현실적 이미지를 통해서 현실에서 은폐된 비가시적 진실을 들추어낼 때 그 가치를 발휘할 수 있다. 기괴함에 대한 충동은 일종의 악취미에 해당한다. 그것이 곧 추에 대한 충동이기 때문이다. 역겹고 잔혹한 것에 대한 취미가 다만 추함 이상의 의미를 갖지 못할 때 예술은 황폐해질 위험에 노출된다. 추함이 예술미를 성취하기 위해서는 세상의 아름다움을 물리칠 수밖에 없는 필연성을 내포해야만 한다. 추함을 추구하는 내적 동기가 분명하지 않을 때 그것이 우리 시의 아름다움을 해치는 독이라는 사실을 우리는 심각하게 생각해야만 한다. 이러한 우려는 우리 시에서 추함을 현대성으로 오인하는 세태가 만연하기 때문에 생겨난다.

사유의 끈

　꼬리가 아홉이고 귀가 넷이며 눈은 등에 붙어 있는 양처럼 생긴 동물의 이름이 '박'인데 그 동물을 몸에 차면 두려움이 없어진다고 한다. 닭처럼 생겼으며 머리와 날개는 셋이고 눈과 다리가 여섯 개인 '창부'를 잡아먹으면 잠이 없어진다고 한다. 여섯 개의 다리와 네 개의 날개를 지니고 있으며 얼굴이 없는 돼지처럼 생긴 동물 이름이 '제강'인데 노래와 춤에 도통한 신이라고 한다. 모두 작자 미상의 『산해경』에 기록되어 있는 동물들이다. 『산해경』에는 상상 가능한 세상의 모든 해괴한 동물과 사람, 식물들이 일대 혼잡을 이루고 있어 그 풍경에 입이 절로 벌어진다. 외팔에 외다리로 무릎은 심하게 꺾여 있고 발이 구부러진 사람도 등장하고, 키가 엄청 큰데 창자가 없는 이도 등장한다.

　고본 『산해경』은 32권이었으나 현존하는 것은 18권이다. 32권 모두가 전해졌다면 인간이 상상할 수 있는 기괴함의 결정판이 되었으리라 짐작된다. 『산해경』은 크게 「산경」과 「해경」 두 부분으로 되어 있다. 「산경」은 천하의 명산과 그곳의 산물에 대해 설명하고 있으며, 「해경」은 먼 나라 사람들의 독특한 형상, 풍속과 산물, 각가지 괴물을 흥미롭게 설명하고 있다. 『산해경』에 나오는 모든 사물과 인간은 계통 없이 아무렇게나 배치된 것이 아니라 지리적인 위치에 따라 질서 있게 배치되어 있으며, 그 배치에 따라 독특한 신화적인 성격을 부여한 것이 큰 특징이다.

　원래 『산해경』은 글과 함께 「산해도」라는 도판이 함께 있었으나 대부분 유실되고, 후대의 학자들이 복원을 했지만 그것도 제대로 보전되지 못해 현재는 청나라 학자 오임신의 『산해경광주』에 실린 그림을 차용하여 쓰고 있다는 것이 옮긴이 장수철의 설명이다. 그러나 책에 실린 그림만으로도 막대한 즐거움을 맛볼 수 있다. 그리스 로마 신화에 버금가는 계통과 질서를 확보하고 있는 『산해경』은 현대의 모든 컴퓨터 게임의 캐릭터를 능가하는 신선함이 독자의 눈을 사로잡는다. 인간의 욕망과 상상이 극대화되는 지점에 기괴함과 엉뚱함이 존재한다는 것을 확인할 수 있다. 규격화된 현대의 상상력이 왜 빈곤한지, 문화와 교양이라는 이름으로 배제했던 '기괴함의 세계'가 어떻게 매력적인 상상으로 다가오는지를 새롭게 발견할 수 있는 책이다.

작자 미상, 『산해경』,
장수철 역, 현암사, 2005

우리는 왜 사랑시에 열광하는가?

언제부터 사랑이라는 감정 혹은 관념이 시작된 것일까? 아마도 인간이 자신과 타인을 구분하기 시작한 때부터 사랑은 문제적인 것이 되었을 것이다. 나와 다른 한 존재를 갈망하고 그리워하고 기다리고 때로 그 존재를 잊으려 애쓰는 과정, 타인을 향한 육체적 충동으로 괴로워하며 모든 감각을 무방비 상태로 방출하고 싶은 욕망, 이 모든 알 수 없는 존재의 사태에 휘말린 자는 한동안 자신을 통제할 힘을 잃게 되며 자신의 의지와 자유를 의심할 겨를 없이 '너'에게 헌신한다. 이때 사랑에 빠진 '나'는 '너'의 가치를 끊임없이 시적인 언어로 칭송한다. 굳이 시적인 언어라고 말하는 이유는 연인들의 비밀스러운 대화가 근본적으로 비일상적 미감을 좇기 때문이다. 되도록 상대의 아름다움을 잘 표현하기 위해 연인들은 노력한다. 분별력과 판단력을 잃지 않은 사람에게 사랑에 몰입한 연인들의 언어가 이질감을 주거나 간혹 견딜 수 없이 유치하게 느껴지는 것은 이 때문이다. 연인들은 객관 세계를 벗어나 자신들의 교감만으로 이루어진 하나의 성채를 짓는 신비한 활동 가운데 있는 존재들이다. 그들은 여기에 있지만 여기와는 전혀 다른 눈짓과 언어와 육체의 세계를 탐닉한다. 칭송을 교환하는 일이 계속되고 사랑받는 자는 자신도 몰랐던 자신의 존재성을 인정받으며 그것이 거짓이든 진실이든 상관하지 않은 채 칭송의 떨림을 만끽한다. 이 같은 존재의 상태를 가능하게 하는 유일한 사건이 사랑이다. 사람들이 지치지 않고 사랑을 갈망하는 까닭은 사랑을 통해 최초로 자신이 미적인 대상이 되기 때문이라 생각한다. '너'를 사랑하는 일이 곧 '나'의 아름다운 가치를 사랑하는 일과 다르지 않음을 알게 하는 것이 바로 사랑이다.

그러나 사랑은 영원하지 않다. 인류가 영원한 사랑의 가치를 지속적으로 담론화했던 것은 이 소중한 순간이 영원하지 않기 때문에 벌어진 역설이다. 타인에 대한 열정과 자신의 비밀한 가치의 확인을 계속할 수만 있다면 얼마나 좋겠는가! 그러나 시간이 지나가면 그러한 과정은 다시 권태로운 반복이 되고 연인들은 자신들의 시들함을 고통스러워하기 시작한다. '나'와 '너'의 흐릿했던 구분점이 점차 선명해지기 시작하면서 연인들은 이제 시인의 상태에서 철학자의 상태로 내면을 옮긴다. 그들은 질문하기 시작한다. 도대체 예전의 그 감정들은 다 무엇이란 말인가? 내가 어떻게 완전히 나를 잊을 수 있었나? 그때의 나는 지금의 나와 왜 이렇게 다른가? '너'는 누군가? 진실은 무엇인가? 왜 모든 것을 탕진한 기분이지? 내가 도대체 무엇을 한 걸까? 왜 일상은 무미건조하기만 한 걸까? 나를 이렇게 만든 사랑이란 도대체 무엇인가? 등등. 사랑을 잃은 연인들은 빠르게 일상으로 복귀하지 못한다.

사랑의 가치는 한 존재가 자신을 망각한 채 타인에게 전폭적으로 헌신하는 그 도취적 아름다움에만 있지 않다. 사랑은 타자에 대한 사유를 가장 집중적으로 하게 하는 인생의 사태이다. 그것은 집중화된 광기의 시간이다. 사랑이 끝났다고 생각되는 그 허탈한 순간조차 상대에 대한 생각은 집요하게 이어진다. 이러한 생각들은 너와 나의 관계, 나아가서 인생을 진지하게 묻게 하는 통로가 된다. 깊은 사랑을 경험한 자는 그것을 경험하지 않은 자와 다른 내면을 가질 수밖에 없다. 그는 이전의 그가 이미 아닌 것이다. 그는 생의 아름다움과 상처를 동시에 내면화하고 막막하게 펼쳐진 일상으로 되돌아와야 하는 쓸쓸함 속에서 휘청거린다. 이 모든 것을 포함한 것이 사랑의 가치이다.

이 같은 사랑의 상승과 하강의 곡선은 마약처럼 또다시 사람들을 유혹한다. 시간이 지나면 다시 그 알 수 없는 감정 속에서 누군가를 미치도록 사랑하고 싶은 마음이 되살아나는 것이다. 다시는 반복할 수 없을 것 같은 절체절명의 사랑을 또다시 갈망하다니! 인간의 진화를 불식시키는 이 같은 행위에는 인간의 본질적 국면이 내포되어 있다. 이유는 간단하다. 외롭기 때문이다. 개체의 고독을 가장 확실하게 넘어서게 하고 가장 확실하게 각인시키는 것이 사랑의 양가성이다. 사랑은 외로움을 잠재우고 반대로 증폭시키는 역설을 내포한다. 그런 의미에서 사랑과 외로움은 한몸의 쌍생아다. 인간에겐 사랑만큼 고독을 추구하는 마음도 있다는 사실. 사랑은 고독을 가장 깊게 알게 하는 매개이다. 누군가를 절박하게 사랑하다 무참히 버려지는 환상을 꿈꾸기도 하는 것은 이 때문이다.

한편 사랑의 반대말은 증오가 아니라 환멸이다. 아름다움이 환멸로 돌아섰을 때, 그 상처가 지나치게 깊게 새겨진 자는 더 이상 사랑을 원하지 않을 수도 있다. 모두가 사랑을 갈망한다는 생각은 잘못된 것이다. 사랑은 자유의지를 빼앗고 사람을 수동화한다. 연인들은 상대와의 동일화를 추구함으로써 '너'와 '나'의 고유성을 포기한 채 공동으로 제삼의 존재 상태를 고수하고자 한다. 그런 의미에서 사랑은 '나'라는 주체를 빼앗기는 일이기도 하다. 이러한 인식이 강해지면 매번 동일하게 전개되는 사랑의 상승과 하강의 시나리오를 거부하거나 무가치한 것으로 여기게 된다. 사랑을 거부하는 자에게 사랑은 낭비이거나 부질없는 환상일 뿐이다. 이 또한 사랑에 대한 하나의 태도이다. 그럼에도 대부분의 사람은 여전히 사랑을 원한다. 그리고 사랑에 대한 가치를 포기하지 않는다. 그것이 쓰디 쓴 고통일지라도. 프랑스 구조주의 철학자이자 비평가인 롤랑 바르트Roland Barthes, 1915~1980는 『사랑의 단상』에서 '너'의 부재가 안겨주는 고통을 다음과 같이 설명한다.

떠나는 것은 그 사람이고 남아 있는 것은 나 자신이다. 그 사람은 끊임없는 출발, 여행의 상태에 있다. 그의 천직은 철새, 사라지는 자이다. 그런데 사랑하고 있는 나, 나의 천직은 그 반대로 칩거

자, 그 사람의 처분만을 기다리며 자리에서 꼼짝하지 않는 미결 상태로 앉아 있는, 마치 역 한구석에 내팽개쳐진 수화물마냥 아무도 찾으러 오지 않는 그런 사람이다. 사랑의 부재는 일방통행이다. (…) 가끔 부재를 잘 견디어낼 때가 있다. 그러면 나는 '정상적인' 사람이 된다. '소중한 이'의 떠남을 감수하는 '모든 사람'의 대열에 끼게 되는 것이다. (…) 이 잘 견디어낸 부재, 그것은 망각 외에는 다른 아무것도 아니다. 나는 간헐적으로 불충실한 것이다. 그것은 내가 살아남을 수 있는 조건이기도 하다. 망각하지 않는다면 죽을 것이기에. 가끔 망각하지 않는 연인은 지나침, 피로, 기억의 긴장으로 죽어간다(베르테르처럼).[*]

바르트의 『사랑의 단상』은 젊은 베르테르의 절박한 심경을 바탕으로 한 사랑에 관한 에세이이다. 사랑에 빠진 자의 고통과 기쁨, 슬픔, 충동, 후회, 미움 등을 이처럼 잘 해명한 철학적 저술도 드물다. 사랑이 무엇이냐고 묻는 학생들에게 나는 언제나 이 감동적인 에세이를 권하곤 한다. 위에 인용한 부분은 연인의 부재를 견디는 자의 외로움과 고통을 설명한 대목이다. 바르트는 "가끔 망각하지 않는 연인은 지나침, 피로, 기억의 긴장으로 죽어간다"고 말한다. 망각하지 않으면 죽을 수도 있는 강렬한 끌림이 사랑이다. 그러니 사랑을 '늪'이라고 말하는 것이 아니겠는가. 그 늪은

---

[*] 롤랑 바르트, 『사랑의 단상』, 김희영 역, 문학과지성사, 1991, pp. 27~29.

우리를 끌어당긴다. 운명적이라고 서슴없이 말하는 자는 사랑의 늪에 빠진 사람이다. 불가항력적 끌림은 사랑의 비밀한 힘이다. 사람들이 사랑에 관한 이야기에 지치지 않고 귀 기울이는 이유가 여기에 있다. 사랑시에 열광하는 이유 또한 이 불가항력적 끌림을 확인하고픈 욕망 때문이다. 이때 인생은 더 이상 시시하지 않다.

우리 시의 역사를 보면 수많은 사랑시가 유산으로 남아 있다. 김소월의 「진달래꽃」, 한용운의 「님의 침묵」, 백석의 「나와 나타샤와 흰 당나귀」, 서정주의 「新綠」, 윤동주의 「사랑의 殿堂」, 박목월의 「이별가」, 오규원의 「한 잎의 女子」, 정현종의 「그 여자의 울음은 내 귀를 지나서도 변함없이 울음의 王國에 있다」, 기형도의 「빈집」, 허수경의 「폐병쟁이 내 사내」, 장석남의 「묵집에서」 등등. 대부분의 사랑시에는 슬픔과 아름다움이 겹쳐 있다. 고약하게도 기쁨보다 슬픔이 겹쳐질 때 아름다움의 호소력은 강화된다. 사람들은 사랑의 기쁨보다 사랑의 슬픔에 더 끌린다. 쓸쓸함과 애잔함과 그리움과 외로움으로 물든 서정을 확인할 때 감동이 더 커지는 것이다. 이러한 감정의 요소가 기쁨보다 더 보편적 지속성을 갖기 때문이다. 사랑시의 위력은 이 같은 보편성을 실감나게 관통할 때 발휘된다.

너를 껴안고 잠든 밤이 있었지, 창밖에는 밤새도록 눈이 내려 그 하얀 돛배를 타고 밤의 아주 먼 곳으로 나아가면 내 청춘의 격렬 비열도에 닿곤 했지, 산뚱 반도가 보이는 그곳에서 너와 나는 한 잎의 불멸, 두 잎의 불면, 세 잎의 사랑과 네 잎의 입맞춤으로 살았지, 사랑을 잃어버린 자들의 스산한 벌판에선 밤새 겨울밤이 말달리는 소리, 위구르, 위구르 들려오는데 아무도 침범하지 못한 내 작은 나라의 봉창을 열면 그때까지도 처마 끝 고드름에 매달려 있는 몇 방울의 음악들, 아직 아침은 멀고 대낮과 저녁은 더욱더 먼데 누군가 파뿌리 같은 눈발을 사락사락 썰며 조용히 쌀을 씻어 안치는 새벽, 내 청춘의 격렬비열도엔 아직도 음악 같은 눈이 내리지

박정대,「음악들」전문
(『내 청춘의 격렬비열도엔 아직도 음악 같은 눈이 내리지』, 민음사, 2001)

우리가 몽상하는 아름다운 사랑의 빛깔은 어떤 것일까? 이 시의 화자는 청춘의 한때를 회상하는 자이다. 그의 창밖에는 밤새도록 눈이 내린다. 적막하게 하얀 눈이 쌓여가는 밤 그의 돛배는 사랑의 기억을 따라 출항한다. '청춘의 격렬비열도'로 상징되는 이 섬의 공간은 세속을 차단한 아름다운 고립의 장소이다. 거기 '너'를 껴안고 잠든 불면의 밤이 있다. 겨울 벌판의 쓸쓸한 바람소리를 듣기도 했던 그곳에는 아직 '몇 방울의 음악들'이 눈발로 내린다. 불면의 밤을 지나 "누군가 파뿌리 같은 눈발을 사락사락 썰며 조용히 쌀을 씻어 안치는 새벽" 그는 이러한 청춘의 사랑을 애잔하게 바라보다 그 끝에서 잠들 것이다. 사람들은 이 같은 아름다운 사랑의 기억을 갖고 싶어 한다. 아름다운 기억과 추억은 지금 여기에 존재하지 않더라도 그 자체로 소중한 것이다. 우리의 현존

을 풍부하게 하기 때문이다.

　　山(산) 보네 山(산) 보네 밤낮 山(산) 보네.
　　그대와 나 둘이서 바래 보기면
　　번갈아 보며 보며 쉬기도 할걸
　　그대 길이 잠들고 나 홀로 깨어
　　山(산) 보네 山(산) 보네 두 몫 山(산) 보네.

　　그대와 나 둘이서 맞추았던 눈
　　기왕이면 끝까지 버틸 일이지
　　무엇하러 지긋히 감고 마는가.
　　그대 감은 눈 우에 청청히 솟는 山(산)
　　山(산) 보네 나 혼자 두 몫 山(산) 보네.

　　　　　　　　　　　　　서정주, 「山査(산사)꽃」 전문
　　　　　　　　　　　　(『미당 서정주 시전집 1』, 민음사, 1983)

　위에 인용한 작품은 우리의 사랑시 가운데 백미로 꼽을 만한 숨어 있는 수작이다. 박정대의 작품이 청춘의 사랑을 노래한 시라면 미당의 「山査꽃」은 지긋한 나이에 이르러 경험할 수 있는 사랑의 아픔을 노래한 시이다. 이 시는 미당이 이순의 나이에 접어들 무렵에 쓴 시이다. 님의 부재를 이 시만큼 절실하게 표현한 작품도 드물다. 사랑하는 사람을 저승으로 보내고 홀로 청청히 솟은 산을 바라보는 쓸쓸한 심회를 이 시의 화자는 "山 보네 山 보네 두 몫 山 보네", "山 보네 나 혼자 두 몫 山 보네"라고 고백한다. 두 몫을 보다니! 함께 바라보았던 그 눈빛의 빈자리를 이처럼 말하고 있는 것이다. "그대 감은 눈 우에 청청히 솟는 山"에서 보이는 잦아듦과 솟아오름의 대비를 통해 우리는 이 화자의 서러움의 수직적 깊이에 공감하게 된다. 청청히 솟는 산의 여전한 생명감이 소멸의 아픔을 더 극대화하기 때문이다.

사유의 끈

인간들 사이에서 가장 은밀하게 그러나 가장 지속적으로 이야기되어 왔던 것은 사랑도 자유도 아닌 '에로티즘'이라 할 수 있다. 성에 관한 수많은 이야기들이 있었음에도 불구하고 성적 욕망은 여전히 다 알 수 없는 내적 체험으로 남겨져 있다. 인간의 에로스적 충동을 우리는 어떻게 이해할 수 있는가? 비논리적이고 신비하고 폭력적 인상을 남기는 성에 관한 모든 것을 과연 알 수 있는가? 바따이유는 인간의 성행위를 동물의 성행위와 구분한다. 그는 "부끄럼 없이 행하던 성행위를 부끄럽게 여기게 되면서 인간은 동물성을 벗어난 것이다"라고 말한다. 동물의 성행위가 자연의 한 부분을 이룬다면 부끄럼을 동반한 인간의 성행위는 그와 동일할 수 없다. 바따이유는 이러한 문제를 '금기'와 '위반'이라는 두 축의 상호성으로 설명한다. 그는 『에로티즘』에서 "위반이란 금기를 제거하는 것이 아니라, 그것을 한번 들쑤시는 행위"라고 말하면서 "금기를 준수하고, 금기에 복종하면, 우리는 더 이상 그것을 의식할 수 없다. 그러나 그것을 범하는 순간 우리는 고뇌를 느끼며, 고뇌와 함께 금기가 의식되고, 죄의식도 체험하게 된다. 이러한 고뇌와 죄의식 끝에 우리는 위반을 완수하고, 성공시킨다. 그런데 역설적인 것은 우리의 의식은 그 위반을 즐기기 위해 금기를 지속시킨다는 것이다. 금기를 어기려는 충동과, 금기의 밑바닥에 깔려 있는 고뇌를 동시에 느낄 때 비로소 에로티즘의 내적 체험은 가능한 것이다. 욕망과 두려움, 짙은 쾌락과 고뇌를 긴밀히 연결짓는 그것은 종교적 감정과도 다르지 않다"고 설명한다. 금기와 위반, 쾌락과 고뇌, 생식과 죽음, 파열과 수축, 신성과 고독, 그리고 아름다움과 수수께끼라는 대립 쌍들의 역학관계를 통해 바따이유는 인간 보편의 내적 체험으로서 에로티즘을 심도 있게 밝혀낸다. 인간의 성을 이해한다는 것은 인간의 생물학적 차원 이상의 내적·문화적 국면을 이해하는 것이라 할 수 있다. 바따이유의 『에로티즘』은 그에 대한 해답을 제시한 20세기 고전이다.

죠르쥬 바따이유(Georges Bataille, 1897~1962), 『에로티즘』,
조한경 역, 민음사, 1989

우리 시에서 결핍된 것은?

현대문학 100년의 역사 동안 우리 시에 가장 결핍된 것은 '웃음'과 '성애'로 판단된다. 이는 우리 시의 주요한 흐름이 '눈물의 시학'으로 엮어졌음을 뜻한다. 눈물이 내포하는 정한과 좌절, 절망, 우울, 분노의 감정으로 얼룩진 슬픔의 시구들 이면에는 우리의 가슴 아픈 근대사가 함께 놓여 있다. 우리의 근대사는 식민지와 전쟁, 그리고 산업화와 독재체제의 탄압이 연속되는 과정을 겪으며 지금에 이른 것이다. 이 모든 파행적 역사는 자발적이라기보다 강제된 측면이 농후하다. 위기감과 불안의식으로 점철되었던 근대의 역사 속에서 생존투쟁을 지속하면서 우리가 상실한 것은 무엇인가? 우리가 잃은 것은 하나의 상징으로서 '고향'이다. 고향은 인간적 위안과 안식과 행복을 느끼게 하는 근원적 자양이다. 상징으로서 고향은 물리적 공간의 상실 이상의 의미를 함의한다. 상징의 빛이 사라진 어둡고 황폐한 세속에서 시인들의 영혼은 삶의 진실을 찾기 위해 고뇌했으며 슬퍼했으며 분노했다. "거북이여! 느릿느릿 추억을 신고 가거라/슬픔으로 통하는 모든 路線(노선)이/

너의 등에는 지도처럼 펼쳐 있다"(「The Last Train」)고 비탄했던 오장환의 시 구절은 다름 아닌 어두운 역사를 걸머진 우리들의 슬픈 초상을 형상화한 것이다.

 이 같은 역사의 그늘 속에서 우리 시가 무겁고 진지한 태도를 견지할 수밖에 없었던 것은 당연한 귀결이다. 웃음과 성애에 대한 탐구가 결핍된 것은 이 때문이다. 긍정과 낙관과 농담이 들어설 여지가 없는 곳에서 웃음이 넘쳐나기는 어렵다. 웃음에는 물론 냉조와 자조, 실소와 같은 쓴웃음도 포함되지만 여기서 말하는 웃음은 행복감이나 즐거움, 혹은 흥겨움의 표현으로써 웃음을 말한다. 웃음은 정신의 여유에서 비롯되는 감정의 한 표현형식이다. 그것은 눈물만큼이나 소중한 인간적 진실 가운데 하나이다. 그러나 우리의 경우 근대의 충격 속에서 주로 생성된 것은 세계에 대한 부정의식을 내포한 쓴웃음이라 할 수 있다. 그렇다면 근대 이전은 어떠한가? 한민족의 정서적 뿌리를 '한(恨)'으로 설명하는 것은 온당한가? 한의 미학을 부정하긴 어렵지만 다시 생각해볼 일이다. 이는 전통 시가에 담겨 있는 골계와 해학의 비중을 폄하하는 근대인들의 시각에서 비롯된 것은 아닐까? 근대 역사의 파행적 과정의 누적이 전통 해석에 대한 편향적 지향과 조건을 만들어낸 것은 아닐까? 우리의 근대는 전통적 골계와 해학의 계승은 물론 웃음을 생성시킬 수 없었던 시대적 상황의 연속이었다고 할 수 있다. 이 같은 역사의 그늘에도 불구하고 몇몇 시인에게서 각기 다른 웃음의 미학을 발견할 수 있는 것은 매우 다행한 일이 아닐 수 없다. 서정주를 비롯하여 정현종, 오탁번, 신현정, 이종문의 시에서 보이는 유머와 전영경, 송욱, 황지우, 박남철, 김영승, 장경린, 유하의 시에서 보이는 웃음을 동반한 날카로운 풍자성 등은 우리에게 매우 소중한 유산이라 할 수 있다.

  웃음은 이완의 심리로부터 발생한다. 고상하고 진지한 것은 우리를 긴장시킨다. 웃음을 촉발시키는 가장 주요한 원리는 '불일치'와 '격하'라 할 수 있다. 둘은 상보적이다. 예를 들어 코나 궁둥이가 지나치게 큰 배우가 무대 위에 나타나면 관객은 웃는다. 상식적 미감과 어긋난 불일치가 웃음을 촉발시키는 것이다. 이처럼 희극에서 신체의 특정 부위가 과장된 기형적 인물은 바보, 현자, 괴물, 신과 같은 존재를 상징한다. 상식에서 벗어난 이러한 인물이 완벽에 가까워질수록 웃음은 사라지게 된다. 공포나 경외심이 발생하기 때문이다. 희극적 대상은 무언가 부족한 결함을 지녀야 하며 그 결함 때문에 격하되어야 한다. 이때 이 인물을 바라보는 자의 심리는 이완된다. 한편 대상만이 아니라 대상을 서술하는 화자가 격하될 때도 웃음이 촉발된다. 근엄하거나 심각한 화자는 웃음과 거리가 멀다. 희극적 화자는 엉뚱하거나 뭔가 부족함을 통해 자신을 격하시킴으로써 웃음을 자아낸다. 이처럼 결함을 지닌 화자를 내세운다는 게 시에서는 다른 예술장르와 달리 쉽지 않은 요구일 수 있다. 시적 화자는 시인과 동일시되는 경향이 있으며 웃음은 종종 헛소리, 실없음, 농담, 가벼움 등과 무관하지 않게 치부되기 때문이다. 이때 말하는 자는 품격을 잃을 위험을 지닌다. 때문에 진지하거나 고상한 화자가 주류를 이루었던 우리 시의 풍토에서 희극미를 부각시키는 일은 각별한 선택일지도 모른다.

하나님 거기서 화 내며 잔뜩 부어 있지 마세요

오늘따라 뭉게구름 뭉게뭉게 피어오르고

들판은 파랑물이 들고

염소들은 한가로이 풀을 뜯는데

정 그렇다면 하나님 이쪽으로 내려오세요

풀 뜯고 노는 염소들과 섞이세요

염소들의 살랑살랑 나부끼는 거룩한 수염이랑

살랑살랑 나부끼는 뿔이랑

옷 하얗게 입고

어쩌면 하나님 당신하고 하도 닮아서

누가 염소인지 하나님인지 그 누구도 눈치채지 못할 거예요

놀다 가세요 뿔도 서로 부딪치세요.

신현정, 「하나님 놀다 가세요」 전문
(『자전거 도둑』, 애지, 2005)

 이 시의 화자는 감히 "하나님 거기서 화내며 잔뜩 부어 있지 마세요"라고 말함으로써 하나님의 권위를 격하시킨다. 거추장스러운 권위나 위엄 따위는 벗어던지고 파랑물이 드는 들판에서 한가로이 풀이나 뜯자고 그는 말하는 것이다. 아울러 염소의 수염과 뿔을 하나님의 형상과 일치시킴으로써 은근슬쩍 신과 동물의 위계를 지워버린다. 염소의 형상을 한 하나님의 모습은 웃음을 자아내게 하며 이를 연상하는 가운데 독자의 심리는 느슨하게 풀어지게 된다. 신현정의 이 같은 유머에는 지배와 예속이 사라진 세계를 꿈꾸는 호모 루덴스Homo ludens의 지향이 담겨 있다.

 '웃음'과 더불어 우리 시에 '성애'가 결핍된 원인에는 근대의 파장과 더불어 유교이념의 영향이 큰 비중을 차지한다. 생존투쟁이 전면화되는 상황에서 성애에 대한 상상력을 적나라하게 표현하기란 결코 쉬운 일이 아니며 더욱이 유교주의와 연동된 정신주의의 품격과 엄숙함이 시의 우아미를 추동하는 저류로 작용하는 시대

분위기 속에서 성애를 강조하는 것은 일종의 묵계적 금기를 위반하는 행위일 수 있다. 이 같은 조건이 내면화되었을 때 에로티즘은 억압되고 육체성의 세계는 감금된다. 육체의 억압은 쾌락의 억압이다. 우리의 현대시에서 사랑을 테마로 한 작품은 무수히 많지만 사랑을 갈구하는 자의 육체적 욕망이 거의 보이지 않는 것은 이 때문이다.

우리 시에서 몸 담론이 전폭적으로 공론화된 것은 1990년대에 이르러서이다. 이는 억압된 여성성의 해방을 구가하는 페미니즘 운동만이 아니라 갑작스럽게 도래한 감각적 문화주의와도 깊은 관련을 갖는다. 90년대 이후 거리낌 없이 몸에 대해 이야기하는 풍토가 형성되기까지는 그리 오래 걸리지 않는다. 정신주의를 견지하는 태도가 오히려 낡은 것으로 여겨질 정도로 육체성의 세계가 급속도로 전면화되기 시작한 것이다. 그런데 여기서 한 가지 강조하고 싶은 것은 90년대 이후 전폭적으로 시에 수용된 육체성은 아름다운 신체미와 거리가 멀다는 점이다. 신체는 해부되거나 기형적 형상으로 우리 앞에 전시되곤 한다. 혐오스럽고 불길한 신체 이미지는 스펙터클을 원하는 현대인의 권태로운 욕구와 맞물려 있으면서 동시에 이 세계의 이면에 감추어진 위악을 알레고리하는 역할을 담당하기도 한다. 그러나 이것이 어쩔 수 없는 시대의 흐름일지라도 90년대 이후 유행한 해부학적 몸의 전시가 안타까움과 우울을 남긴다는 사실을 숨길 수 없다. 우리의 예술사를 볼 때 인간의 아름다운 신체미를 풍성하게 드러냈던 때가 있었던가? 아름다운 신체미에 대한 탐구가 이루어진 후에 신체를 해부학적으로 다루는 것과 그러한 과정을 생략한 채 신체를 왜곡시키는 것은 아주 큰 차이를 지닌다. 몸이 개방되자마자 해체되는 처절함만이 있는 예술세계는 얼마나 척박한가! 아름다운 인간의 몸을 기억할 수 없는 역사는 얼마나 빈곤한가! 90년대에 등장하는 성애와 관련한 시편들은 거의 이와 같은 해부학적 시선에 의해 형상화된 예상치 못한 몸이 주조를 이룬다. 그것은 쾌가 아니라 불쾌를 환기하는 데 주력한다. 김언희의 시는 기괴한 몸이 환기하는 불쾌한 성$_{sexuality}$을 가장 과감하게 제시한 대표적 경우이다.

한다
한시간이고
두시간이고한다
물을먹어가며한다
히 품을해가며꾸벅꾸벅
졸아가며한다
한다깜빡
굴러떨어질뻔하면서그는
그가왜하는지
모른다무엇
과,하고있는지도
부르르진저리를치면서그가

한다무릎과팔꿈치가벗겨지면서이제는
목을졸라버리고싶지도
않으면서한다
한다밤새도록걸어다니는침대위에서
칠십네바늘이나꿰맨그가
죽다살아난그가
한다한다
한다천번이넘는

김언희, 「한다」 전문
(『트렁크』, 세계사, 1995)

색광色狂을 연상시키는 그는 "왜하는지/모른다무엇/과하고있는지도" 모른다. 대상이 누구든 상관없는 이 '독백'으로서의 몸은 에로스가 아니라 포르노그래피의 전형성을 드러낸다. '한다'라는 행위에 맹목적으로 미쳐 있는 역겹고 불쾌한 색광은 자의식이 완전히 제거된 욕망기계라 할 수 있다. 현대를 살아가는 우리가 혹시 이 같은 욕망기계는 아닐까?

사유의 끈

　나는 인간의 감정표현 방식 가운데 가장 특이하고 기이한 것이 '웃음'이라 생각한다. 미칠 듯이 웃는 사람을 객관적으로 관찰해보면 매우 그로테스크하게 느껴진다. 그것은 감정의 쏟아짐이라 할 수 있다. 동물도 즐거움과 기쁨을 표현하지만 인간의 박장대소만큼 그 표현이 풍부하지 않다. 우리의 삶이 무거우면 무거울수록, 심각하면 심각할수록 웃음의 가치는 커진다. 웃음은 휘발하는 속성을 지닌다. 날려버리기! 한숨과 슬픔과 고통을 날려버리는 힘을 웃음은 갖고 있다. 희극성은 경직된 것을 이완시키고 근엄한 것을 와해시킨다. 규칙을 변경시키고 상식과 습관을 엉뚱한 곳으로 이동시킨다. 이러한 희극성은 비극의 위대함에 견주어 평가 절하되었던 것이 사실이다. 이런 가운데 베르그송의 『웃음』은 희극의 원천과 가치를 새롭게 복원해낸 저서이다. 그는 "희극적 상상력이야말로 생기 충천한 에너지로, 문화가 그로 하여금 가장 세련된 예술 작품과 겨루도록 해주기를 기다리면서, 사회라는 토양 중에서도 척박한 부분에서 기운차게 자라난 나무와도 같은 것이다"라고 말한다. 가장 척박한 곳에서 자라난 생명나무가 웃음이다. 사람들은 어떤 상황에서 웃을까? 웃음을 자아내게 하는 것들은 무엇 때문에 웃길까? 웃음의 비밀과 미학을 이 책은 철학적으로 그러나 어렵지 않게 알려준다. 혼자 웃는 사람은 이상한 사람이다. 웃음은 언제나 '함께' 할 때 가능하다. 베르그송은 "사실 웃음은 실제적으로 존재하든, 혹은 상상적으로이든 다른 사람들과의 합의, 즉 일종의 공범 의식 같은 것을 숨기고 있는 것이다"라고 설명한다. 우리 사회가 웃음에 대해 여전히 인색한 것은 무엇 때문일까?

앙리 베르그송(Henri Bergson, 1859~1941), 『웃음』,
정연복 역, 세계사, 1992

비실용적인 것의 가치는?

"내가 좋아하는 것은 지난 여름 해변에 가져갔던 책의 갈피에서 모래가 흘러내릴 때……. 내가 좋아하는 것은 아침에 계란 프라이를 할 때 노른자가 터지지 않고 동그랗게 구워지는 모양……." 오래 전에 보았던 프랑스 단편영화에 나오는 주인공의 대사이다. 한국어로 번역된 제목이 〈쓸모없는 것들〉로 기억된다. 총 길이가 10분 정도를 넘어가지 않는 이 영화는 '내가 좋아하는' 아주 사소한 일들의 나열로 시작해서 그것으로 끝난다. 사건다운 사건도 없이 전개되는 이 영화의 내용은 시적 본성과 많이 닮아 있다. 주인공이 좋아하는 것들이 모두 실용적 목적을 벗어나 있다는 점에서 그러하다. 그에게 모래나 계란 노른자는 무엇을 위한 도구나 수단이 아니다. 그 자체가 '좋음'으로 존재한다. '현실의 원칙'을 벗어난 사사로운 사물이 주는 기쁨은 그것이 현실의 원칙을 벗어났기 때문에 가능하다. 그것은 현실의 다양한 구속으로부터 '나'를 해방시키고 무엇이 되어야 한다는 부담으로부터 벗어나게 한다. '있음'이 곧 '좋음'이 되는 것! 여기에 비현실적인 것, 비실용적인 것의 가치가 있다. 수단이 되지 않고 그 자체 존재가 되는 것, 시의 가치도 이와 상통한다.

  그런데 이러한 가치의 당위성을 설명하기는 쉽지만 그것을 정신화·내면화하는 일은 결코 쉽지 않다. 학생들은 간혹 나에게 '시를 읽는 게 무슨 가치가 있나요?'라고 질문한다. 이 질문은 우리 삶에서 시가 무슨 가치가 있느냐는 물음과 동일하다. 질문 앞에서 나는 일말의 위기감을 느낀다. 나의 답이 자칫하면 현실감 없는 호소 따위로 전달되기 십상이기 때문이다. 일반적으로 사람들은 시인에 대해 이중적 의미를 동시에 부여한다. 하나는 위대한 영혼의 소유자, 다른 하나는 뜬구름이나 잡는 몽상가가 그것이다. 이는 시인이 현실을 넘어선, 현실 밖에 존재하는 어떤 존재로 인식됨을 말해준다. 우리의 보편적 인식 속에서 시인은 현실과 거리가 먼 어딘가에 위치해 있다. 아주 틀린 생각은 아니다. 그러나 시인을 어느 날 갑자기 구름 위로 공중부양한 존재로 보는 것은 대단한 오해다. 그들이 무목적성에 헌신하는 근본적 이유가 속악한 현실과의 예리한 마찰에서 비롯되기 때문이다.

  현대를 살아가는 우리에게 가장 가치 있는 것은 무엇인가? 아니 우리는 무엇에 가치를 부여하는가? 이 시대의 보편 가치는 두말할 것 없이 물질에 편중되어 있다. 정신적 가치를 추구하는 것이 물질을 추구하는 것보다 의미 있다는 사실을 알고 있음에도 실제 삶에서 정신과 물질의 가치 전도는 매우 순식간에 이루어지곤 한다. 물질의 위력을 무시할 수 없는 시대에 우리는 살고 있는 것이다. 그런 의미에서 모든 정신적 가치가 위기에 직면해 있다고 해도 과언은 아니다. 모든 정신적 가치는 세속화의 기류로부터 자유롭지 못하다. 종교와 예술만이 아니라 사랑을 포함한 가족애, 우정 그리고 어느 누구도 침해할 수 없다고 생각되는 감정마저도 물질주의의 용광로 속에서 뒤범벅이 되고 있다. 자신이 소속해 있는 조직의 기능 내에서 이제 감정은 개인의 것이 아니라 조직을 위해 조절되고 표현되어야 하는 가면으로 역할한다. 감정노동emotional labour이라는 이 낯선 용어가 이미 우리 사회에서 실현되고 있은 지 오래인 것이다. 극단적으로 말해, 모든 정신이나 이념의 세속화는 물질적 가치로 환원되는 과정에 지나지 않는다. 신성과 신비함은 질식하고 그 자리에 보다 즉각적이고 명료한 물질이 대체된다. 이것이 우리의 현실이다.

　이러한 현실은 우리에게 게으름을 허용하지 않는다. 우리는 열정적으로 사는 사람과 부지런한 사람을 동급으로 생각한다. 그런데 진정한 열정이란 무엇인가? 세상에서 가장 혐오스러운 자는 열정만 있고 정신이 결여된 사람이다. 그런 사람은 백 퍼센트 가짜다. 더욱이 자기 스스로를 감동시키는 열정으로 타자를 억압하는 무서운 가짜다. 가짜는 자신을 진짜처럼 보이기 위해 최선을 다한다. 그것이 그의 열정의 실체이다. 최악의 속물주의snobbism는 이로부터 탄생한다. 현대사회는 오로지 두 개의 삶 가운데 하나를 선택하라고 강요한다. 하나는 무한경쟁에서 승자가 되는 길과 다른 하나는 인생을 완전히 포기한 낙오의 길이 그것이다. 대부분의 사람은 승자가 되기 위해 달려간다. 한국사회에서 열심히 살지 않는 사람이 얼마나 되겠는가? 게으름이 없는 지옥, 열정만 있고 정신이 결여된 사회. 이런 비관론을 나는 접을 수 없다.

  모든 시가 그러한 것은 아니지만, 아니 더 정확히 말해 시에도 가짜가 있지만, 시는 근본적으로 깊은 정신의 소산이다. 시는 모든 속물주의에 대항하는 가장 "가난하고 외롭고 높고 쓸쓸한"[*] 예술 장르이다. 간혹 시가 대중과 너무 멀다는 것을 우려하는 문학인들이 있다. 나는 이러한 우려가 부질없다고 생각한다. 시 자체가 지닌 근본 속성이 대중성과 멀기 때문이다. 끝끝내 상품이 될 수 없는 시의 자질을 나는 사랑한다. 대부분의 시집은 삼 년 혹은 오 년을 공들여야 한 권으로 묶인다. 그리고 출판된 시집은 몇백 부, 혹은 많아야 천 부나 이천 부 정도가 소비된다. 이러한 시의 소외가 오히려 고귀함의 징표라고 나는 믿는다. 비천한 세계에서 이런 것 하나쯤은 지니고 살아야 하지 않을까? 나는 세계가 차이만으로 이루어진 것이라는 저 민주적 발언에 대해 때로 회의한다. 인간 사회에는 분명 저급한 것과 평범한 것과 비범한 것이 존재한다. 비루한 것과 고귀한 것이 존재한다. 모든 고귀한 정신을 질식시키는 것이 대중적 평등주의라면 우리는 이에 대해 오히려 대항해야 한다.

  부지런함과 사회적 성공을 강요하는 현실을 체감하는 자가 '시

---

[*] 이 부분은 백석의 시 「흰 바람벽이 있어」에 나오는 "나는 이 세상에서 가난하고 외롭고 높고 쓸쓸하니 살아가도록 태어났다"에서 따온 것이다.

를 읽는 게 무슨 가치가 있나요?'라고 물을 때 그것은 '시가 현실에 무슨 보탬이 되나요?'라고 묻는 것과 같다. 이때 어떻게 답하는 것이 시의 '있음' 자체가 곧 '좋음'이 된다는 사실을 말하는 것이 되는가?

시 안 써지면
그냥 논다
논다는 걱정도 없이
논다
놀이를 완성해야지
무엇보다도 하는 짓을
완성해야지 소나기가
자기를 완성하고
퇴비가 자기를 완성하고
虛飢(허기)가 자기를 완성하고
피가 자기를 완성하고
연애가 자기를 완성하고
잡지가 자기를 완성하고
밥이 자기를 완성하듯이

죽음의 胎(태) 속에
시작하는 번개처럼

정현종, 「시를 기다리며」 전문
(『떨어져도 튀는 공처럼』, 문학과지성사, 1984)

"논다는 걱정도 없이/논다". 이 무한한 자유정신은 '현실의 원칙'을 완전히 따돌릴 수 있는 내공이 있어야 가능하다. 현실의 논리에 좌우되지 않고 오로지 존재의 내적 요구에 충실하고자 하는 마음이 존재를 완성한다. 무엇에 속박되지 않은 존재의 순수자유정신에 의미부여하는 일, 그것은 "죽음의 胎 속에/시작하는 번개"를 우리의 삶속에 존립시키는 일이다. 이것이 무목적성의 가장 큰 가치이다.

사유의 끈

실용주의 관점에서 보면 놀이야말로 가장 무용한 낭비이다. 실용주의자들은 놀이조차 실용성으로 환원한다. 소위 말하는 '재충전'이라는 말이 그것이다. 재충전이라니! 텅 빈 배터리를 채우기 위해 놀이의 전원을 연결한다는 것 아닌가. 놀이조차 일을 위한 수단으로 강등시키는 이 용어에는 비인간의 냄새가 가득하다. 놀이는 그 자체 목적을 갖지 않는다는 데 가치가 있다. 인간의 행위 모두가 목적 지향적이라고 한다면 우리는 결코 자유로운 기분을 맛볼 수 없을 것이다. 문화사가 호이징하는 호모 사피엔스나 호모 파베르보다는 호모 루덴스 즉 놀이하는 인간의 자유정신과 창조성이 더 인간의 본질을 잘 말해준다고 본다. 그는 『호모 루덴스』에서 "놀이에 이렇게 열광하거나 몰두하는 것, 즉 미치게 만드는 힘 속에 놀이의 본질, 원초적인 성질이 깃들어 있다. (…) '재미'라는 요소는 어떠한 분석이나 논리적인 해석도 거부한다. 하나의 개념으로서 '재미'는 다른 어떤 정신적 범주에도 환원시킬 수 없다. (…) 인간은 이성적 존재 이상이다. 왜냐하면 놀이란 비이성적인 것이기 때문이다"라고 놀이의 본질을 밝히고 있다. 아울러 그는 모든 놀이는 자발적 행위로 이루어진다는 점을 강조하면서 "아이와 동물은 놀이하는 것을 즐기기 때문에 논다. 그리고 거기에 바로 그들의 자유가 있는 것이다. (…) 놀이는 언제고 연기될 수 있고 중지될 수 있다. 왜냐하면 결코 물리적 필요나 도덕적 의무로 부과되는 것이 아니기 때문"이라고 말한다. 『호모 루덴스』는 '놀이'라는 독특한 인간 행위 양식의 본질을 규명한 기념비적 저술이다. 놀이하는 인간은 순수하다. 그가 무용성에 헌신하기 때문이다. 그런데 어떻게 하는 게 잘 노는 것일까?

J. 호이징하(Johan Huizinga, 1872~1945), 『호모 루덴스』, 김윤수 역, 까치, 1981

에필로그

나는 왜 시를 추구하는가?

나는 왜 시를 추구하는가? 굳이 고백하자면, 나는 시를 정서로 배웠고 아픔으로, 슬픔으로 배웠다. 그것이 이십대에 내가 본 아름다움의 전부였는지도 모른다. 이러한 고백은 매우 사적인 것에 불과하지만 예술과의 깊은 만남은 공적 지평에서 이루어지지 않는다. 지극히 사적인 관계처럼 개별 작품과의 만남은 그렇게 이루어진다. 비평가의 입장에서 자신의 감동을 내세우는 태도는 매우 위험한 일이다. 객관성이 없기 때문이다. 그럼에도 내가 시를 추구히게 된 최초의 동기가 감동에 있었음을 부인하기 어렵다. 나는 지금도 '감동하시라!'라고 말하고 싶다. 나의 비평문이 감동비평일 따름이라는 비난을 받은 적도 있지만 아무런 감동 없이 어떻게 수많은 작품들을 읽고 생각하는 일이, 더욱이 작품에 대한 존경과 애정이 가능하겠는가. 해서 감동은, 적어도, 내게 감동은 여전히 시를 추구하게 하는 가장 큰 동력이다.

그렇다면 구체적으로 나는 무엇에 감동하는 것일까? 시는 선악을 넘어선 차원 속에 있다. 옳고 그름으로 판단할 수 없는 인간의 내면에 이토록 헌신하는 예술장르가 또 있던가? 목적성이 두드러진 시에서조차 대상에 관여하는 시인의 내면성은 완전히 제거되지 않는다. 시인은 울고 분노하고 기뻐하고 사랑하는 자기를 드러낸다. 시인은 자기 자신을 감출 수 없다. 나아가 그는 인간 일반이 아니라 자기 자신을 가장 문제적인 것으로 대상화한다. 그는 감정을 노출하고 그것을 풍부하게 만든다. 만일 인간적인 감정이 인간의 약점이라면 시인은 위대한 정신에 이르고자 하는 도정 가운데 그 약점과 고뇌를 동시에 드러내는 것을 두려워하지 않는다. 내면에서 일어나는 절박한 감정과 그 감정에서 헤어나지 못하는 한 고독한 예외자에 의해 인간의 감정은 의미부여된다. 그 약점들을 끝까지 자기의 존재론적 지평으로 밀고 가는 자가 바로 시인이다. 그는 자신의 약점을 기만하게 하는 것들과 싸우면서 내면적 약점의 순수를 쟁취한다. 이 헐벗은 용기는 고통 속에서 강화되곤 한다. 이것이 나를 감동케 한다.

> 외진 별정우체국에 무엇인가를 놓고 온 것 같다
> 어느 삭막한 간이역에 누군가를 버리고 온 것 같다
> 그래서 나는 문득 일어나 기차를 타고 가서는
> 눈이 펑펑 쏟아지는 좁은 골목을 서성이고
> 쓰레기들이 지저분하게 널린 저잣거리도 기웃댄다
> 놓고 온 것을 찾겠다고

아니, 이미 이 세상에 오기 전 저 세상 끝에
무엇인가를 나는 놓고 왔는지도 모른다
쓸쓸한 나룻가에 누군가를 버리고 왔는지도 모른다
저 세상에 가서도 다시 이 세상에
버리고 간 것을 찾겠다고 헤매고 다닐는지도 모른다

신경림, 「떠도는 자의 노래」 전문
(『뿔』, 창작과비평사, 2002)

이 허전한 배회에는 삶을 오래도록 지켜본 자의 쓸쓸함이 묻어 있다. 시인은 채워질 수 없는 삶에 대한 아쉬움과 미련을 이렇게 내보인다. 오랜 경륜에도 불구하고 "버리고 간 것을 찾겠다고 헤매고" 다니는 마음은 완성되지 않는다. 결론에 도달할 수 없는 미완의 심회 속에 시인은 존재한다. 그는 이미 진리에 도달한 도인과 다르다. 완성을 꿈꾸지만 미완을 사랑하는 자, 이것이 시인의 매력이다. 시인은 늘 과정 중에 활동한다.

성당의 종소리 끝없이 울려퍼진다
저 소리 뒤편에는
무수한 기도문이 박혀 있을 것이다

백화점 마네킹 앞모습이 화려하다
저 모습 뒤편에는

무수한 시침이 꽂혀 있을 것이다

뒤편이 없다면 생의 곡선도 없을 것이다

천양희 『뒤편』 전문
(「너무 많은 입」, 창작과비평사, 2005)

  삶의 '뒤편'을 보는 자, 그가 바로 시인이다. 성당의 종소리 뒤편에 박혀 있는 간구를 보는 자, 마네킹의 뒤편에 꽂혀 있는 시침의 고통을 보는 자, 그리고 멀고 먼 뒤편의 길을 통과하며 인생의 아름다운 곡선을 발견하는 자, 그의 시선이 머무는 곳, 거기에 시가 있다.

겨울 산을 오르면서 나는 본다.
가장 높은 것들은 추운 곳에서
얼음처럼 빛나고,
얼어붙은 폭포의 단호한 침묵.
가장 높은 정신은
추운 곳에서 살아 움직이며
허옇게 얼어터진 계곡과 계곡 사이
바위와 바위의 결빙을 노래한다.

조정권, 「山頂墓地(산정묘지)·1」 부분
(『산정묘지』, 민음사, 1991)

시인은 가장 뜨거운 내면을 가지고 추운 곳으로 오르는 자이다. 얼음처럼 빛나는 '山頂'의 고독 속에서 결빙되는 높은 정신의 세계, 그곳에서 시인의 내면은 모든 속물주의를 넘어선다. 그의 고독은 거대한 침묵 속에서 언어의 생금生金을 캐낸다. 막스 피카르트Max Picard, 1888~1965는 "무목적적인 침묵은 지나치게 목적 지향적인 것의 곁에 있다. 그 무목적적인 것이 지나치게 목적 지향적인 것 곁에 갑자기 나타나서, 그 무목적성으로써 놀라게 만들고 목적 지향적인 것의 흐름을 중단시킨다. 그것은 사물들 속에 들어 있는 만질 수 없는 어떤 것을 강력하게 만들어주며, 사물들이 이용당함으로써 입게 되는 손실을 줄여준다. 그것은 사물들을 분열된 효용의 세계로부터 온전한 현존재의 세계로 되돌려보냄으로써 사물들을 다시금 온전한 것으로 만든다. 그것은 사물들에게 성스러운 무효용성無效用性을 준다. 왜냐하면 침묵 자체가 무효용성, 성스러운 무효용성이기 때문"[*]이라고 침묵에 대해 말한다. 침묵에서 태어난 말이 목적지향적이라면 시는 침묵의 본성처럼 모든 말 가운데 유일하게 무목적이다. 침묵의 가장 성스러운 자식인 것이다. 바로 이 무목적적 자질이 속물주의의 목적성을 견제하는 정신의 힘이 된다. 이것이 내가 시를 추구하는 이유이다.

인간의 감정이 진보와 무관하듯 시는 낙후하거나 진보할 수 없는 존재 상태를 유지한다. 시의 존재성이 지닌 이 원시적 상태를,

---

[*] 막스 피카르트, 『침묵의 세계』, 최승자 역, 까치, 2010, P. 21.

나는 사랑한다.
그 자체 '있음'이 곧 '좋음'이 되는 시의 존재성!

시_대학생들이 던진 33가지 질문에 답하기

초판 1쇄 발행 | 2011년 3월 1일
초판 5쇄 발행 | 2025년 10월 1일

지은이 엄경희
발행인 한명선

주소 서울시 종로구 평창길 329(우편번호 03003)
문의전화 02-394-1037(편집) 02-394-1047(마케팅)
팩스 02-394-1029
전자우편 saeum2go@hanmail.net
블로그 blog.naver.com/saeumpub
페이스북 facebook.com/saeumbooks
인스타그램 instagram.com/saeumbooks

발행처 (주)새움출판사
출판등록 1998년 8월 28일(제10-1633호)

ⓒ 엄경희, 2011
ISBN 978-89-93964-29-5 03810

이 책은 저작권법에 따라 보호받는 저작물이므로 무단전재와 무단복제를 금지하며,
이 책 내용의 전부 또는 일부를 이용하려면 반드시 저작권자와 새움출판사의
서면동의를 받아야 합니다.

- 잘못된 책은 바꾸어 드립니다.
- 책값은 뒤표지에 있습니다.